Jane Kramer – Unter Deutschen

Jane Kramer lebt in New York und Paris und schreibt seit 1964 Reportagen. Die vorliegenden Texte erschienen zuerst im »New Yorker« als »Letters from Europe«. Buchveröffentlichungen u.a.: »The Last Cowboy«, New York 1978, »Unsettling Europe«, New York 1980 und »Europeans«, New York 1988, »Sonderbare Europäer«, Frankfurt 1993.

Edition
TIAMAT
Deutsche Erstveröffentlichung
Herausgeber:
Klaus Bittermann
1. Auflage: Berlin, 1996

Grimmstr. 26 — 10967 Berlin
Druck und Buchbindung: Litosei s.r.l., Bologna
Buchumschlag unter Verwendung eines Bildes von
Michael Sowa, »Ostbahnhof«
ISBN: 3-923118-94-5

Jane Kramer

Unter Deutschen

Briefe aus einem kleinen Land in Europa

Aus dem Amerikanischen von
Elke und Gundolf S. Freyermuth

»Die Stasi auf dem Prenzlauer Berg«
wurde von Eike Geisel übersetzt

Critica
Diabolis
63

Edition
TIAMAT

INHALT

Die Politik der Erinnerung
August 1995
– 7 –

Deutsch sein
November 1984
– 61 –

Neo-Nazis und das Chaos in den Köpfen
Juni 1993
– 88 –

Das wiedervereinigte Berlin
November 1991
– 145 –

Die Stasi auf dem Prenzlauer Berg
Mai 1992
– 219 –

Die Politik der Erinnerung

Es ließe sich sagen, daß in den fünfzig Jahren, seit der deutsche Generalfeldmarschall Wilhelm Keitel seinen Marschallsstab und seine Mütze auf einen Berliner Tisch legte und damit der Krieg in Europa zu Ende war, die Deutschen versucht haben, sich aus einer unaussprechlichen Vergangenheit herauszureden und wieder in das hinein, was sie gerne Geschichte nennen. Sie haben dabei hauptsächlich zu sich selbst gesprochen. Geschichte ist eine deutsche Obsession, ein deutsches Metier. Manche Leute behaupten, daß dank Hegel und den großen Historikern des neunzehnten Jahrhunderts die Deutschen eigentlich die Geschichte erfunden haben, und es stimmt zweifelsohne, daß das Land nun Historiker hervorbringt wie Italien Anwälte oder Argentinien Psychoanalytiker – in einer aggressiven, gar Streit suchenden Disproportionalität. Mit Geschichte meinen Deutsche die deutsche Geschichte. Sie nennen sie eine *Wissenschaft*, obwohl Geschichte eher Alchemie als eine Wissenschaft sein dürfte, denn sie hatte immer damit zu tun, die Mythen, die Erinnerungen und die Sprache des »Deutschtums« in eine Art kollektives Schicksal zu verwandeln, genannt die deutsche Nation. Es mag eine Rache der Geschichte sein, daß heute, fünfzig Jahre nach der Kapitulation, die Deutschen immer noch darüber streiten, was sie mit dem Schicksalsweg anfangen sollen, den sie erfunden haben.

Praktische politische Zwecke – Staatszwecke – ließen

die Verhandlung über eine neue deutsche Vergangenheit vor sechs Jahren beginnen, als die Mauer fiel, obwohl einige Deutsche den Zeitpunkt viel später ansetzen, irgendwo um die Zeit herum, als »Schindlers Liste« in Berlin Premiere hatte und die Aussicht auf das, was »die Vergangenheit der guten Deutschen« genannt werden könnte, auf einmal so deutlich und so verlockend vor Augen stand. Manche sagen, das sei die ganze Zeit über Helmut Kohls Vorhaben gewesen – dieses neue und revidierte Deutschland, das seinen Platz in der Geschichte findet, es sich in ihr bequem macht, sogar in seiner Geschichte. Nennen wir sie – dies ist eine Vergangenheit eigener Wahl – das Opfer Deutschland. Es ist das Deutschland, das Hitler 1933 »eroberte« und das er zwölf dunkle Jahre lang »besetzt hielt«; das Deutschland, das 1945 »befreit« wurde, als wäre es Holland gewesen oder ein Konzentrationslager. Und es mag ein unvermeidliches Deutschland gewesen sein, denn nachdem im November 1989 die Mauer fiel, stellte sich heraus, daß dieses Deutschland die einzige Version ihres Selbstbildes war, auf die sich Ost- und Westdeutsche einigen ließen. Die beiden Deutschlands mögen sich nicht besonders, nun, da sie ein Deutschland sind, und sie stimmen in kaum etwas überein, das über Vorlieben bei Autos hinausgeht, doch sie haben eins gemeinsam: Sie sind entschlossen, ihre Verbrechen zu einem Teil der »Geschichte« werden zu lassen. Sie wollen dabei ihre Pflicht zur Erinnerung und ihre Sehnsucht nach dem Vergessen aufheben, als wären Pflicht und Verlangen die These und Antithese in einer Dialektik des Schicksals. Sie besitzen einen starrköpfigen, beinahe unschuldigen deutschen Glauben, daß es sich mit ihrer Vergangenheit wie mit ihrem Diskontsatz oder ihrem Bruttosozialprodukt verhalte – daß sie etwas sei, das bei guter Planung und mit viel Einsatz den Verhältnissen angepaßt werden kann, aufgefrischt, in die Dienste der neuen deutschen Nation gepreßt. Nach fünfzig Jahren haben sie die Geduld für die schmerzhaft schlichten Wahrheiten des Erinnerns verloren. Sie ziehen die symbolischen Vereinfachungen einer Objektivierung vor – die Monumente, Denkmäler und »Gedenkstätten«, die die Erinnerung nehmen und sie sozusagen in der Landschaft deponieren, wo sie zu angemessenen zeremoniellen Gelegenheiten besucht werden kann, wo sie aber nicht auf unangemessene Weise das Geschäft des alltäglichen Lebens stört.

Die Etikette des Gedenkens ist in Deutschland stets heikel, und in diesem Jahr ist sie besonders heikel gewesen – wobei den Deutschen ihre polnischen Nachbarn hätten zur Warnung dienen können, die am 26. Januar, dem Tag der Befreiung von Auschwitz, die erste der europäischen Fünfzig-Jahre-Feierlichkeiten veranstalteten und die das Ereignis gründlich vermasselten, als Lech Walesa eine lange Rede in Krakau hielt, ohne ein einziges Mal Juden zu erwähnen. (Fünfzehnhundert überlebende Insassen des Lagers, die für den Jahrestag eigens nach Polen gekommen waren, boykottierten die offiziellen Feierlichkeiten und veranstalteten eine »alternative Zeremonie« auf einem Feld in der Nähe des Lagers.) Für keine der beiden Feierlichkeiten waren jedoch Deutsche in größerer Zahl nach Polen gereist. Kein offizielles Gedenken an die Befreiung von Auschwitz gab es auch in Berlin, wo man damit beschäftigt war, den neunzigsten Geburtstag eines lokalen Schauspielers namens Bernhard Minetti zu feiern, der einer von Hitlers Lieblingsschauspielern gewesen war; am nahesten kam einer Gedenkfeier irgendwo in Deutschland noch ein Abend voller Reden im Frankfurter Stadttheater.

Die erste große Feier anläßlich eines Jahrestages fand hier am 13. Februar in Dresden statt, am Ende eines Tages, an dem Tausende von Leuten mit brennenden Kerzen in der Hand durch die Stadt zu den Ruinen der Frauenkirche marschierten, um der Bombardierungen

Dresdens zu gedenken – Bombardierungen, die die Demonstranten als eine Grausamkeit erinnerten, von der die Stadt aus Gründen heimgesucht wurde, die zu erklären die meisten von ihnen große Schwierigkeiten hatten. Dem deutschen Bundespräsidenten Roman Herzog – dessen Job in der Hauptsache darin besteht, bei Feierlichkeiten wie jener in Dresden aufzutreten und der Menge moralische Sprüche zu verabreichen – blieb es vorbehalten, sie an London und Coventry zu erinnern und an die Tatsache, daß der Zweite Weltkrieg nicht von den Leuten begonnen worden war, die Dresden bombardierten. Dresdner glauben ohnehin nicht unbedingt, daß sie 1945 befreit wurden. Die meisten meinen, sie seien 1989 befreit worden, als die Mauer fiel, und die wenigen, die vom 8. Mai 1945 tatsächlich als dem »Tag der Befreiung« sprechen, bringen allesamt auf bequeme Weise durcheinander, ob sie von den Alliierten befreit wurden oder ob man sie von den Alliierten befreite. Doch egal. Heute verbindet sich mit Befreiung weniger eine Vorstellung des Nicht-gewinnen-Könnens als eine des Nicht-verlieren-Könnens, und gewiß nicht verbindet sich mit ihr die Vorstellung, die Richard von Weizsäcker vor Augen hatte, als *er* Bundespräsident war und den Begriff in einer Rede zum vierzigsten Jahrestag der Niederlage der Nazis einführte. Von Weizsäcker ist ein anständiger, komplizierter, introspektiver Mann, der Sohn eines Nazi-Staatssekretärs und einer der wenigen christdemokratischen Politiker, die noch öffentlich darauf beharren, über die Vergangenheit in einer Form zu sprechen, die sich als »angemessener Schrecken« bezeichnen ließe. Als er 1985 über die »Befreiung Deutschlands« redete, wollte er, daß die Deutschen verstehen, daß 1945 nicht das Ende Deutschlands bedeutete – wie es vielen von ihren Eltern erzählt worden war –, sondern der einzig mögliche Neubeginn für Deutschland. Diese Ansicht teilte er mit vielen deutschen Intellektuellen (darunter Jürgen Habermas und Hans Magnus Enzensberger), doch sie hat sehr wenig mit dem politischen Verständnis von »Befreiung« zu tun, damals wie heute. Die Politik der Befreiung ist immer Helmut Kohls Abteilung gewesen, und Kohl war über dreizehn Jahre als Kanzler hinweg entschlossen, den Deutschen nicht nur ein vereintes Land zu hinterlassen, sondern auch ein heldenhaftes. (»Er will Deutschland auf die Seite der Sieger stellen; so einfach ist das«, drückte es hier ein junger Historiker aus.) Man könnte sagen, daß er damit der erste wirklich erfolgreiche Revisionist in der deutschen Nachkriegsgeschichte gewesen ist.

Kohls Genius bestand darin zu begreifen, daß die Deutschen sich keine weiteren Erklärungen – auch keine freundlichen Erklärungen – ihrer vergangenen Entscheidungen anhören wollten. Die Deutschen hatten die alten Historiker der deutschen Rechten satt, die sich gerne in Hypothesen ergingen, daß der Nationalsozialismus eine Reaktion auf den Bolschewismus war oder auf die Weimarer Inflation oder den Börsenkrach an der Wall Street oder den Vertrag von Versailles. Kohl stellte die neue deutsche Rechte dar. Er verstand, daß die Deutschen, wie alle anderen Menschen auch, von ihren vergangenen Entscheidungen entlastet werden wollen. Man könnte sagen, daß sie von ihren vergangenen Entscheidungen »befreit« werden wollen, und wenn das stimmt, dann ist es verständlich, daß sie sich diese Befreiung mittlerweile bequem wünschen – etwa in der Art der weitgeschnittenen Hosen aus dem Levi-Strauss-Dockers-Werbeplakat, das in diesem Befreiungsjahr überall in Deutschland auf Reklametafeln auftauchte. »Try them on«, hieß es auf dem Plakat: »They may even liberate your soul.« Die Deutschen wollen, daß ihre Vergangenheit ihnen zugestoßen ist. Sie wollen unter sich selbst gelitten haben, so wie alle anderen unter ihnen litten.

Zwei Jahre, bevor die Mauer fiel, verkündete eine hiesige Fernseh-Talkmasterin mit Namen Lea Rosh, daß Berlin eine Gedenkstätte für die sechs Millionen Juden bekommen solle, die in Europa während des Zweiten Weltkriegs starben. Sie versammelte eine Liste berühmter Namen – darunter Willy Brandt, Günter Grass und Christa Wolf – und startete eine Zelebritäten-Version dessen, was Deutsche eine »Bürgerinitiative« nennen. Binnen weniger Jahre hatte sie einen Zwölf-Millionen-Dollar-Etat für ihre Gedenkstätte beisammen. Sie hatte ein Versprechen von Helmut Kohl über ein Berliner Grundstück im Wert von hundertvierzig Millionen Dollar, auf dem sie sie errichten konnte – über zwanzigtausend Quadratmeter zwischen Pariser Platz und Leipziger Platz in der Nähe des Brandenburger Tores, die einst Niemandsland waren und die nun die Mitte der Stadt bilden. (Es hieß, das Land läge über den Ruinen von Hitlers Bunker, doch nachdem verkündet worden war, daß »an der Stelle des Täters der Opfer gedacht werden sollte«, stellte sich zu jedermanns Beschämung heraus, daß das Land über dem Bunker von Hitlers Fahrer liegt.) Bonn beteiligte sich. Der Berliner Senat beteiligte sich. Trotz (oder vielleicht wegen) Lea Roshs eigener Berühmtheit und ihrer unablässigen Werbekampagne gab es so viel Kontroversen um ihr Holocaust-Gedenkstätten-Projekt, daß das Projekt selbst zu einer scheußlichen öffentlichen Unterhaltungsveranstaltung wurde. Als das Befreiungsjahr gekommen war, wetteiferten fünfhundertachtundzwanzig Künstler und Architekten um die Chance, die Gedenkstätte zu errichten – »die Seele Deutschlands«, sagte der Berliner Schauspieler und Schriftsteller Hanns Zischler trocken, nachdem er ihre Entwürfe gesehen hatte –, und jeder in Berlin stritt darüber, wie die Definition eines Holocaust-Opfers lauten sollte.

Rosh ist eine Grande Dame der Medien von achtundfünfzig Jahren, mit einer Neigung zu straßbesetzten Bifokalbrillen, tiefausgeschnittenen, schwarzen Bustiers und himbeerfarbenen Kostümen, die zu dem goldgesprenkelten, nierenförmigen himbeerfarbenen Acryl-Tisch in ihrem Hannoveraner Büro passen, in dem sie Besucher empfängt und den Holocaust diskutiert, während sie an einem Glas Weißwein nippt, Post beantwortet und Autogrammfotos signiert. Sie ist in Deutschland berühmt dafür, wie sie sich selbst einen Namen gemacht hat, und sie zeigt einigen Eifer, wenn es um ihr Image und ihren Ruf geht. Manchmal sagt sie, daß ihr die Idee zu einer Holocaust-Gedenkstätte gekommen sei, als sie und ein Stuttgarter Historiker namens Eberhard Jäckel gemeinsam an einem Dokumentarfilm über Kollaboration arbeiteten. Manchmal sagt sie, sie sei darauf gekommen, als sie die Gedenkstätte von Yad Vashem in Israel besuchte. Doch sie läßt nie Zweifel daran, daß die Idee von *ihr* stammt. Leute, die ihre Karriere von der Gastgeberin einer Talkshow zur Programmdirektorin des Norddeutschen Rundfunks verfolgt haben, sagen, gleichgültig welche Inspiration sie nun beansprucht, nachdem sie die Idee einmal hatte, habe kein Weg mehr an dem Projekt vorbeigeführt.

Rosh ist im, wie ihre Kritiker es nennen – immer auf englisch – »Shoah-Business« (wie in, bedauerlicherweise, »There's no business like Shoah business«), obwohl festgehalten werden muß, daß viele dieser Kritiker selbst in dem Geschäft sind, Teil eines florierenden neuen deutschen Industriezweigs für Bücher und Aufsätze und öffentliche Kunst und Gedenkfeiern, die dem Holocaust gewidmet sind. Gegenwärtig werden die Deutschen von einer komplizierten Übung in »Solidarität«, wenn nicht gar Identifikation mit Hitlers Opfern absorbiert. (Der Schriftsteller Eike Geisel nennt das den »Juden-Neid«.) Juden leben kaum in Deutschland. Es gab lediglich rund achtundzwanzigtausend vor dem Fall der Mauer; jetzt sind es sechzigtausend. Aber es gibt eine erstaunliche Zahl von Deutschen, die ihre Solidarität mit den Juden verkünden, indem sie in Synagogen sprechen und ihre Freunde zu Seder-Feiern einladen und ihren Kindern gar hebräische Namen geben – den Polen vorführend, erzählte mir hier jemand, daß es in einem Land ohne Juden ebenso leicht fällt, Juden zu lieben wie sie zu hassen. Lea Rosh gab sich, passenderweise, *selbst* den jüdischen Namen. Sie ging auf das Berliner Standesamt und legte »Edith« ab – und wurde rechtmäßig zu »Lea«. Sie erzählt den Leuten gern, daß ihre beste Freundin eine Jüdin namens Rachel und daß ihr Mann »Jakob« ist. Sie scheint jüdisch zu »fühlen«. Sie fühlt jüdisch nicht so sehr, weil sie selbst teilweise jüdisch ist – der Vater ihrer Mutter war ein Berliner Jude –, sondern mehr, weil sie die Identifikation mit dem Jüdischsein als eine deutsche Pflicht erfüllt. Manche Deutsche gehen ganz einfach davon aus, daß sie jüdisch ist – wegen ihres Namens und weil sie, wie es in der verkrampften Rhetorik heißt, die Philo- und Antisemiten gemeinsam ist, jüdisch »aussieht«. Sie ist dreist und ein wenig ordinär. Und sie zeigt sich auf eine entnervende Weise enthusiastisch beim Thema des jüdischen Leidens – ein Enthusiasmus, der manche Juden, die ich in Berlin kenne, gerührt hat und andere schockiert; von letzteren erinnern sich viele an den Tag, an dem sie in ihrer Talkshow eine Überlebende aus den Lagern namens Cordelia Edvardsson interviewte und sie in einer heiteren, wenig Umstände machenden Fernsehstimme fragte: »Fräulein Edvardsson, wie sind *Sie* nach Auschwitz gekommen?« Fräulein Edvardsson schaute kühl auf und sagte: »Mit dem Zug, Fräulein Rosh.«

Ich traf Rosh im vergangenen Winter an dem Tag, als sie den Schnitt eines Kurzfilms über die Befreiung Bergen-Belsens abschloß. Der Film war aus einem berühmten Stück Filmmaterial des British Imperial War Museum zusammengestellt, das Filmfans als die Hitchcock-Rolle kennen, weil Alfred Hitchcock beim Schnitt geholfen hat. Rosh erwähnte Hitchcock allerdings nicht. Sie zeigte kein großes Interesse an irgend jemand anderem, von dem sich sagen ließe, daß auch er im Shoah-Business sei. Sie gab mir zu verstehen, daß auf Grund ihrer Initiative die Stadt Hannover ein Holocaust-Denkmal in der Nähe des Opernplatzes besaß, in das die Namen aller aus Hannover Deportierten in Stein gemeißelt waren, und ich hatte bereits in Berlin Gerüchte gehört, daß sie und ihr Mann Jakob – Jakob Schulze-Rohr ist Stadtplaner – dabei waren, ein weiteres Denkmal zu bauen, ein kleines Denkmal, das ganz allein ihr Werk war, und das sie der Station Grunewald stiften wollten, wo einst die Züge für die Lager warteten. Lea Rosh hatte Schwierigkeiten in Hannover bekommen, wo manche Leute überhaupt kein Denkmal wollten und wo die Leute, die eines wollten, sich unaufhörlich darüber beklagten, daß sie herrisch und ungeschickt sei. Und sie hatte ganz gewiß Probleme in Berlin. Viele Berliner Intellektuelle standen ihrem Projekt von Anfang an ablehnend gegenüber. Sie schrieben Artikel im *Tagesspiegel* und hielten Reden im Literaturhaus, in denen es hieß, daß Deutschland kein »Recht« auf die Erinnerung an seine Opfer habe. »Andere Leute«, sagten sie, »aber nicht Deutschland.« Sie argumentierten, daß die Erinnerung an den Holocaust den Juden gehörte, die ihn überlebt hatten – daß es nicht nur eine Frage der Identität war, sondern auf eine gewisse Weise des Eigentums. Sie versuchten, Rosh davon zu überzeugen, daß eine Holocaust-Gedenkstätte in Israel etwas ganz anderes bedeutete als eine Gedenkstätte in der Mitte dessen, was einmal Hitlers Reich war. Sie meinten, daß die Errichtung eines solchen Denkmals im Schatten des Brandenburger Tores lediglich zu jener Verwirrung zwischen »Tätern« und »Opfern« beitragen würde, die Kohls Vorhaben kennzeichnete, die Vergangenheit aufzuheben, indem er die Niederlage in eine Befreiung verwandelte und Nazi-Deutschland in ein Deutschland, das Hitler erobert hatte.

Berlin ist bereits voller Denkmäler – wenn es auch, wie oft betont worden ist, nur wenige gibt, die eine gemeinsame oder eine stolze Geschichte evozieren oder gar eine wirkliche Geschichte. Die Ost-Berliner errichteten Gedenkstätten als Musterbeispiele für die neue ostdeutsche Vergangenheit, in der »Opfer Hitlers« die *kommunistischen* Opfer Hitlers bedeuteten; und die West-Berliner waren – dem sichtbaren Zeugnis zum Trotz, das die Kaiser-Wilhelm-Gedächtniskirche am oberen Ende des Kurfürstendamms und der Schuttberg im Grunewald abgaben, der jedem hier als Teufelsberg bekannt ist – ebenso wie die Ost-Berliner in der Regel wenig willens zu akzeptieren, daß die Hauptstadt des Dritten Reiches eine Ruine aus eigener Schuld war. Und nachdem die Mauer gebaut war, dienten die Denkmäler, die West-Berlin errichtete, einem bequemen, wenn auch mehrdeutigen politischen Zweck – allein ihr Vorhandensein vermischte den wirklichen Krieg und den Kalten Krieg, den Täter und das Opfer. Es muß festgehalten werden, daß die Westdeutschen, hätten die Ostdeutschen keine Mauer errichtet, sie vielleicht für sie hätten bauen müssen, denn das eingemauerte West-Berlin war weniger eine Stadt in irgendeinem normalen urbanen Sinne als ein Schauplatz der Politik, eine riesige Aufführungsbühne, auf der Generationen von Kalte-Kriegs-Politikern die Rhetorik der Teilung und Vereinigung übten, mit der sie ihre Reputation zu begründen hofften. West-Berlin war nicht verantwortlich – für seine Vergangenheit, für seine Zukunft –, solange die alliierten Armeen es besetzt hielten und Bonn alles bezahlte. Die Leute machten in Berlin kurz Station, um Ideologie und Verhaltensweisen in sicherer Entfernung von der Bundesrepublik auszutesten, wo sich das »wahre« Deutschland befand. Wenn man Westdeutscher war – ein geschäftiger, produktiver, nach vorne schauender Westdeutscher –, bezeugte die Stadt nicht so sehr die eigene vergangene Schande als vielmehr den eigenen gegenwärtigen Wert als wiedergeborener Demokrat, der einem finsteren Osten trotzte, welcher im eigenen Hinterhof begann und sich achttausend Kilometer weit bis nach Wladiwostock erstreckte. West-Berlin war gut für einen – erhebend und sogar kathartisch –, doch es war nicht die wirkliche Welt, nachdem erst einmal die Mauer erbaut worden war und John F. Kennedy einflog und die West-Berliner mit den Bürgern des alten Rom verglich, wobei er die magischen Worte sprach *»Ich bin ein Berliner«* und so die Stadt in ein Symbol verwandelte, das sich gänzlich im Besitz der Demokratie befand und von ihr in Gang gehalten wurde. Nun hat auf einmal in der psychologischen Archäologie der Stadt, die erneut die deutsche Hauptstadt ist, die Vergangenheit die Mauer ersetzt, und niemand weiß wirklich, wo er die Vergangenheit hintun oder wie er sie ansprechen oder was er mit so viel Erinnerung anfangen soll, während die Leute, die sich noch erinnern, sterben.

Der Historiker Reinhard Rürup erzählte mir einmal, daß der richtige Weg, die wirkliche Vergangenheit wiederzugewinnen und sich ihr zu stellen, seiner Meinung nach darin bestehe, buchstäblich nach ihr zu graben – sich durch den rhetorischen Bodenbewuchs des Kalten-Krieg-Berlins zu graben, bis man auf das stieß, was von Nazi-Berlin übrig war – und genau das tat er. Er grub auf einem Kreuzberger Grundstück, wo die Gestapo, die SS und der Staatssicherheitsdienst der Nazis ihr Hauptquartier hatten, und verwandelte das Grundstück zu einem Archiv und Ausstellungszentrum, das er *Topographie des Terrors* nannte. Bei dem Projekt, sagt er, ging es um die »Geschichte der Täter«, womit er meint, daß es ganz anders war als die Sorte von Projekten, die Lea Rosh im Kopf hatte.

Rürup kam als junger Mann aus Westfalen nach Berlin. Er hatte gerade damit begonnen, ein Buch über die Emanzipation des deutschen Judentums im achtzehnten Jahrhundert zu schreiben, und er hegte, was er ein nagendes Interesse nennt, dafür, »wie ein emanzipatorisches achtzehntes Jahrhundert zu einem antisemitischen zwanzigsten Jahrhundert wurde«. Seine Sicht der »Befreiung« war, daß das, »was die Deutschen brauchten, die Befreiung von sich selbst war«. Und er glaubte, daß der Ort, um damit anzufangen, dort lag, wo Deutschlands Polizisten und Bürokraten und SS-Angestellten an ihren Schreibtischen gesessen und ihre Arbeit erledigt und die Befehle des Naziterrors ausgegeben hatten. Er wollte, daß die Deutschen wußten, worin »die täglichen Details dieses kriminellen Systems« bestanden – wer neben wem saß und wer die Post einsammelte und wer in der Cafeteria aß. »Nicht Gedenken, sondern Geschichte«, so beschreibt er sein Projekt. Es war kein einfaches Projekt. Die meisten der bekannten deutschen Historiker, die sich mit der Kriegszeit beschäftigten, waren an dem interessiert, was Rürup »die grundsätzlichen Verfahrensweisen« des Nationalsozialismus nennt, aber er war mehr ein »Grab-wo-du-stehst«-Mensch. Er wollte sich »die Orte« des Nationalsozialismus anschauen, und der Ort, der ihn besonders interessierte, war so groß, daß er sich über den sowjetischen und amerikanischen Sektor erstreckte und damit auch über die Mauer hinweg. Niemand wußte damals, wo genau die Nummer acht der Prinz-Albrecht-Straße – die Adresse der Hauptquartiere – anfing. Die Straße war von den Stadtplänen verschwunden, nachdem die Ostdeutschen sie dem Erdboden gleich gemacht und eine neue Straße mit einem angemessen proletarischen Namen gebaut hatten: Niederkirchnerstraße nannten sie sie, nach der Näherin Käthe Niederkirchner, die in der kommunistischen Widerstandsbewegung gekämpft hatte und acht Monate vor der deutschen Niederlage in Ravensbrück ermordet worden war. Das nächstgelegene Gebäude auf der westlichen Seite der Mauer war ein zerfallenes Stadtmuseum, der Martin-Gropius-Bau. Doch Rürup überredete die Stadt dazu, mit den Grabungen anzufangen, und schließlich wurden Keller entdeckt, die sich als ein Waschraum und eine Küche der Gestapo herausstellten. 1987 hatte er die Wände dieser Keller mit Dokumenten und Fotos bedeckt und konnte eine kleine vorläufige Ausstellung über die Männer und Frauen eröffnen, die ihre Zeit damit zugebracht hatten, Todesschwadrone zu rekrutieren und sich eingängige Slogans für eine Endlösung auszudenken (der Befehl, der jüdische Ladenbesitzer dazu verpflichtete, für die Schäden der Kristallnacht aufzukommen, wurde eine Operation »zur Wiederherstellung des Straßenbildes« genannt) und sich neue Feinde auszudenken wie etwa, daß »nach Zigeunerart umherziehende Deutsche sich einer erbbiologischen Untersuchung unterziehen« müßten. Die *Topographie des Terrors* war nicht gerade das, was die Deutschen eine Gedenkstätte nennen oder eine *Kranzabwurfstelle*. Sie war, wie Rürup selbst, belehrend, steif und ein bißchen streng. Doch sie lag auf der Touristenroute, und sie war seltsamerweise beliebt, und als die Deutschlands sich dann vereinten (und Helmut Kohl zu verlangen begann, daß die Niederkirchnerstraße und die meisten anderen Straßen mit »kommunistischen Namen« ihre »ordentlichen« historischen deutschen Namen wiedererhielten), waren Rürup und seine *Geschichte-der-Täter*-Mannschaft soweit, daß sie die Planung für ein ständiges Archiv, viermal so groß wie die Keller, in denen sie nun ausstellen, in Angriff nehmen konnten.

Rürup sagt, daß Lea Rosh »meine einzige Kontroverse« war. Rosh wollte das Gelände für ihr Holocaust-Denkmal. Sie lieferte ihm darum einen Kampf. Sie setzte ihre Berühmtheit ein. Sie umwarb deutsche Juden, die ebenfalls Berühmtheiten waren. (»Ich erhielt ihren Brief und mein Gefühl war: Warum zum Teufel haben wir keine Gedenkstätte in Berlin?«, erzählte mir Hellmut Stern, der alte Berliner Philharmoniker), und sie umwarb gewöhnliche deutsche Juden, die keine Berühmtheiten waren und, wie Rosh es ausdrückt, »keine

Aufmerksamkeit auf sich ziehen wollten, nicht bemerkt werden wollten, bis wir klarstellten, daß dies eine *deutsche*, nicht eine jüdische Angelegenheit ist«. Rürup hatte nichts gegen die Idee einer Holocaust-Gedenkstätte in Berlin, doch er hielt es für »unpassend«, auf dem Gelände der Prinz-Albrecht-Straße Nr. 8 ein Denkmal für eine Gruppe von Opfern zu errichten, »wo doch alle Verfolgungen dort ihren Ursprung nahmen«. Rosh ließ auf der anderen Seite keinen Zweifel daran, daß sie ein jüdisches Denkmal wollte. »Hitlers Mordprogramm war *für* die Juden, es ging *um* die Zerstörung der Juden«, heißt das in ihren Worten: »All das andere Morden folgte daraus.« Sie würde einer Gedenkstätte für »alle Opfer« nicht zustimmen. Sie war der Ansicht, wenn man anfinge, jeden, der wegen Hitler starb, ein Holocaust-Opfer zu nennen, stünde man am Ende mit einer »weiteren Neuen Wache« da, womit sie die Gedenkstätte auf Unter den Linden im Osten Berlins meinte, die nach den napoleonischen Kriegen als Wachhaus errichtet wurde und im Laufe der Jahre als Mahnmal des Ersten Weltkrieges gedient hat, dann als kommunistisches Mahnmal für »die Opfer von Faschismus und Militarismus« und gegenwärtig Helmut Kohls Mahnmal für »die Opfer von Krieg und Tyrannei« ist. (Kohl ließ einen großen Bronzeguß einer Käthe-Kollwitz-Pietà dort aufstellen und wurde von der Linken rundum wegen »der Verordnung christlicher Symbolik« kritisiert.) Kohl nannte *seine* Neue Wache ein Mahnmal der »Versöhnung«, doch das hatte das Ergebnis, daß einige der Kränze und Blumen am Fuße der Kollwitz-Bronze dem Gedächtnis von SS-Offizieren gewidmet sind, die im Krieg starben und deren Familien sie ebenfalls für Opfer halten.

Lea Rosh erzählte Rürup, sie würde, wenn erstmal eine jüdische Gedenkstätte errichtet sei, dafür Sorge tragen, daß ein Mahnmal für die anderen Opfer gebaut werde. Dies war kein Vorschlag, der dem Professor gefiel, denn er malte sich aus, wie sich, sagen wir, die

Zigeuner beklagten, weil das jüdische Mahnmal größer sei als *ihres*, und die Juden erwiderten, daß es letzten Endes mehr jüdische Holocaust-Opfer gegeben habe als Opfer unter den Zigeunern. Er sah vor Augen, wie die Gemeinde der Schwulen *ihr* Mahnmal verlangte, weil die Nazis auch versucht hatten, die Homosexuellen auszulöschen, und wie dann die Polen *ihr* Mahnmal verlangten und dann die Zeugen Jehovas, bis die neue Prinz-Albrecht-Straße von Mahnmalen wie von einem Teppich bedeckt wurde – Mahnmale, die sich endlos in die Ferne erstrecken wie Pyramiden in der Wüste. Er war der Ansicht, daß Gedenken und Trauer »an die Banalität sich widersprechender Forderungen verlorengehen« würden und verlorengehen an die Politik und verlorengehen auch an die Deutschen, die den Kopf schütteln würden und sagen: »Sieh dir das an, die Juden und die Zigeuner streiten sich. Was hast du anderes erwartet?« Und sich vorzustellen, daß das eintreten könnte, fiel nicht schwer, denn der Vorsitzende des Landesverbandes der deutschen Sinti und Roma hatte bereits davon zu sprechen begonnen, daß er, wo immer die Deutschen schließlich ihr Holocaust-Denkmal hinsetzen würden, dort »kreative und räumliche Nähe« für *sein* Denkmal beanspruche, und der Vorsitzende der Jüdischen Gemeinde sagte, nein, es müssen mindestens 25 Meter dazwischen liegen, denn für Juden sei eine Holocaust-Gedenkstätte wie ein Friedhof, und Rabbiner wurden dort beten wollen, und Kantoren würden Kaddisch sagen, und sie würden dies nur tun, wenn die Gedenkstätte »jüdischer Boden« wäre. Am Ende entschied Kohl das Problem der Grundstücke, indem er Rosh ihre zwanzigtausend Top-Quadratmeter in Berlins Mitte anbot. Es war ein perfekter Standort unter dem Gesichtspunkt von Prominenz und Status. Doch er beseitigte weder die Frage der Opfer noch beendete er den Streit.

Im Jahre 1933 gab es einhundertsechzigtausend Juden in Berlin. Heute gibt es zehntausend, und Lea Rosh hatte Recht, als sie sagte, daß die meisten dieser Juden nicht im Zentrum eines Streits über eine Holocaust-Gedenkstätte stehen wollten. Einigen von ihnen gefiel die Idee von Roshs Mahnmal. Einige von ihnen sagten sogar, daß Deutschland ihnen das Mahnmal »schuldete«. Ein paar von ihnen behaupteten, daß – als Kohl an der Neuen Wache »alle Opfer in ein Grab« warf und Ignatz Bubis, der Vorsitzende der Jüdischen Gemeinde in Deutschland, sich darüber beklagte – Kohl ihm tatsächlich versprochen habe, daß die Juden eines bekommen sollten. Doch vielleicht straften jene Juden schlicht durch ihr Dasein und ihre Furcht, Aufmerksamkeit auf sich selbst zu lenken, die offizielle Überzeugung Lügen, daß die Vergangenheit »Geschichte« sei. Eine Designerin namens Inge Borck – eine Berliner Jüdin, die Lea Rosh für ihre Fernsehshow einzukleiden pflegte und nun Geld für ihre Gedenkstätte sammelt – erzählte mir: »Sie wollen nicht Befürworter dieses Projektes sein. Sie wollen Privatpersonen bleiben, für ihre Familien leben, für ihre Geschäfte. Das ist alles, was sie wollen.« (Später fiel mir auf, daß sie auf diese Weise genauso gut in den dreißiger Jahren hätte reden können.) Borck sagte, es war viel einfacher, die Ausländer anzusprechen, die man »Berliner Ehrenjuden« nennen könnte – Leute wie Daniel Barenboim, der Generalmusikdirektor der Deutschen Staatsoper Unter den Linden ist und anbot, ein Wohltätigkeitskonzert für das Projekt zu veranstalten –, als normale jüdische Berliner Familien davon zu überzeugen, einen Scheck zu unterschreiben oder gar eine Petition. »Es fällt ihnen sehr schwer, jüdische Gefühle über jüdische Erfahrungen auszudrücken«, ist ihre Art, das darzustellen. Vielleicht verhält es sich einfach so, daß sie den Deutschen nicht trauen. Berliner Juden wahrten stets spöttische Distanz der Sorte von Leuten gegenüber, die Henryk Broder – ein jüdischer Journalist, der in Berlin lebt und seinen Lebensunterhalt als Kritiker im und am Shoah-Business verdient – »Wiedergutmachungs-Profis« nennt, auch wenn diese Experten selbst jüdisch sind, wie die blonde und blauäugige Borck, die ohne eine Spur von Ironie sagt, daß sie erfolgreicher Geld bei Christen einsammle, »weil ich wie eine normale deutsche Frau aussehe, ich sehe nicht jüdisch aus, ich entspreche nicht dem Stereotyp mit der langen Nase«.

Lediglich rund achthundert Menschen, die wirklich »Berliner Juden« genannt werden können, gibt es noch. Es leben fast ebensoviele Israelis in Berlin und mit Sicherheit genauso viele osteuropäische Juden, die entweder Überlebende der Lager sind oder die Kinder oder Enkelkinder von Überlebenden – von Juden, die als »displaced persons« nach Berlin kamen und aus Faszination oder freiem Entschluß oder aus Erschöpfung oder einfach aus Mangel an Hoffnung nie weggezogen sind. Die große Mehrheit der zehntausend Juden, die heute die offizielle jüdische Gemeinde Berlins bilden, sind russische Immigranten aus jüngster Zeit, und es ist zweifelhaft, ob viele von ihnen daran interessiert sind, für Lea Roshs Holocaust-Gedenkstätte zu bezahlen, oder ob sie sich überhaupt einmal die Mühe gemacht haben, in den Hof des Gemeindehauses in der Fasanenstraße zu gehen, wo die Juden von Berlin sich ein eigenes Holocaust-Mahnmal errichtet haben. Es ist ein einfaches Mahnmal – eine kleine bronzene Mauer, wie eine Klagemauer, über die die Namen der Todeslager verteilt sind. Zu jedem Jahrestag der Kristallnacht kommt die Gemeinde zuverlässig zu der Mauer, um zu trauern.

Estrongo Nachama, ein Überlebender von Auschwitz und der älteste Kantor Berlins, sagt in der Kristallnacht stets Kaddisch im Gemeindehaus, und ich erinnere mich, wie sein Sohn Andreas mir einmal sagte, daß er nach vierzig Jahren, in denen er seinen Vater hörte, zu dem Ergebnis gekommen ist, daß der Hof hinter dem Zentrum das einzige angemessene Holocaust-Mahnmal für Berlin sei, »denn du betrittst es durch eine lebendige jüdische Gemeinde« – eine Gemeinde von Überlebenden und ihren Kindern. Du bekennst dich zu *ihnen*. Heute hegt Andreas starke Zweifel an Lea Roshs Projekt. Er ging zu den ersten öffentlichen Versammlungen über die Gedenkstätte, um Fragen über jüdische Gebräuche zu beantworten (er ist selbst Historiker und, wie es der Zufall will, Rürups Stellvertreter bei der *Topographie des Terrors*), und die Künstler und Architekten, mit denen er gesprochen hatte, riefen ihn anschließend an, damit er hebräische Texte übersetzte. Es hat ihn amüsiert, daß zu Beginn alle Versammlungen am Donnerstag begannen und bis Samstagabend gingen – mit anderen Worten, bis in den jüdischen Sabbat hinein. »Amüsiert, aber nicht überrascht«, sagt er. Er vermutet, daß viele Deutsche mehr über tote Juden wissen als über die Juden, die in ihrer Mitte leben, und darüber, wie diese Juden sind und wie sie feiern und wie sie trauern oder wenigstens, warum sie hier sind.

Dieses »Warum?« ist oft eine Generationenfrage. Der Historiker Werner Angress, der 1937 mit siebzehn Jahren aus Berlin entkam, als eine jüdische Familie, die eine Tabakfarm in Virginia besaß, ihn mit einem Job und dem Visa eines Landarbeiters versorgte und der fünfzig Jahre später nach Berlin zurückkehrte, um dort zu leben, drückt es folgendermaßen aus: »Ich bin kein Opfer. Ich habe keine Kristallnacht erlebt. Ich habe hier keine Wurzeln mehr, doch ich habe Erinnerungen, und es sind keine schlechten Erinnerungen.« Hellmut Stern, der Berlin zwölf Tage nach der Kristallnacht in Richtung des chinesischen Charbin verließ und der als »Deutscher« gerettet wurde, weil der japanische Kommandant von Charbin keinen Unterschied zwischen »deutschen Juden und deutschen Deutschen« machte, erzählte mir: »Wenn man hier aus der U-Bahn kommt, nimmt man einen bestimmten Geruch wahr, und dieser Geruch bedeutete ›zuhause‹.« Inge Marcus, heute eine dreiundsiebzigjährige Berliner Großmutter, war von einer Engländerin, die sie 1936 bei einem Konzert in Marienbad getroffen hatte, aus Berlin »herausgeladen« worden, und sie kam früh zurück, 1951. Sie sagt: »Nun gut, es war nicht viel übrig, doch die leeren Räume erinnerten mich daran, was gewesen war, und die Luft war vertraut, und ich dachte, ja, hier könnte ich leben.« Jüngere Juden haben natürlich kein Berlin, an das sie sich erinnern können. Nicola Galliner, die vierundvierzig ist und das Erwachsenenbildungsprogram der Jüdischen Gemeinde leitet, wuchs in London auf und kam in den späten sechziger Jahren nach Berlin, und *sie* glaubt, daß Juden ihres Alters sich zu Berlin hingezogen fühlen, weil »die Stadt selbst ein Mahnmal ist«. Sie sagt, daß sie sich oft fragt, ob sie und ihre Freunde eine Art von spezieller, gar morbider Attraktion zur Hauptstadt des Dritten Reiches spüren – ob sie sich für Berlin entscheiden als dem »einzigen Ort, wo du deine Holocaust-Neurose voll ausleben kannst«. Vielleicht. Viele Juden sind nicht nach Berlin »wegen des Holocaust« gekommen, wie man so sagt. Es gibt Juden, die sich für Berlin ganz einfach aus den Gründen entschieden haben, aus denen sich gebildete, assimilierte Juden in den zwanziger Jahren für Berlin entschieden – weil Berlin kosmopolitisch war, experimentell, genau der Ort, an dem sie sein wollten.

Jene Juden sind eine Elite, die sich in ihrer Leidenschaft für die deutsche Kultur kaum von der Weimarer Elite unterscheidet. Zu ihnen gehören Dirigenten wie David Barenboim und Romanciers wie Irene Dische und Kuratoren wie Amnon Barzel, der in Kürze ein Jüdisches Museum eröffnen wird, das ein jüdischer Architekt namens Daniel Libeskind entworfen hat. Einige von ihnen sind deutsche Juden. Einige, wie die Theaterdirektoren Thomas und Matthias Langhoff, sind unverkennbar *ost*deutsche Juden. (Matthias' Tochter Anna, selbst Dramatikerin und Regisseurin, sagt, ihr Problem beim Aufwachsen in der Theaterszene von Ost-Berlin sei nicht gewesen, daß sie jüdisch war, sondern daß sie »anders« war, daß sie künstlerisch war, daß sie gelangweilt war.) Doch die meisten sind aus anderen Städten hierher gekommen und sogar aus anderen Ländern, und mit Ausnahme von Barenboim sind sie nicht in die lokalen Debatten über »Gedenkprojekte« wie Lea Roshs Mahnmal verwickelt. Sie halten Lea Roshs Mahnmal für eine Obsession des Establishments – für etwas, daß sehr wenig mit ihnen zu tun hat. Barzel sagt, daß die einzige Debatte über Juden, die *sie* interessiert, »die zwischen toten Juden und lebenden Juden« sei – womit er die zwischen jenem Establishment von Historikern und Shoah-Business-Leuten und den Künstlern und Intellektuellen meint, die wissen, daß so, »wie wir heute gemeinsam denken, die Zukunft ist«. Barzel, der zu Zeiten Museen der Modernen Kunst für Florenz und Prato aufbaute, hat bereits Schwierigkeiten mit der Stadt, weil er verkündet hat, daß sein Museum hier »lebende« jüdische Kunst fördern wird anstelle der eingefrorenen folkloristischen Stereotypen von Juden und jüdischer Geschichte, die seiner Meinung nach eine andere Art sind zu sagen, daß die jüdische Kultur mit dem Holocaust »gestorben« sei. Seine Sicht einer deutschen Holocaust-Gedenkstätte ist: »Ich bin gegen niemanden, der sich zu erinnern bemüht, doch ich meine, daß alles, was man mit diesem Stück Land machen kann, darin besteht, ein bißchen grünes Gras zu pflanzen und einen kleinen Stein in die Mitte zu stellen: ›Erinnere den Holocaust.‹« Alles andere wäre »Kunst«, und Barzel glaubt, daß Holocaust-Gedenkstätten sehr wenig mit Kunst zu schaffen haben – daß beim Versuch, einen Holocaust »auszudrücken«, jeder künstlerische Impuls abstirbt. Er sagt, alles, was ein Künstler mit dem Faktum des Holocaust tun kann, ist »›Ah!‹ zu sagen, und dann mußt du dich verstecken.«

Dennoch, als Lea Rosh ihre Gedenkstätte ankündigte, begannen viele deutsche Künstler über das nachzudenken, was Eike Geisel einmal »die deutschen ›Lösungen‹ für die Endlösung« genannt hat. Ein Künstler aus Kassel namens Horst Hoheisel begann, Steine zu sammeln – handtellergroße Steine wie jene, die Juden traditionell auf Gräbern hinterlegen –, und ein paar Jahre später verstaute er eintausendundsieben Steine in einem großen gläsernen Karren, wobei jeder einzelne in einen Brief an einen Kasseler Juden eingewickelt war, der in einem Konzentrationslager gestorben war. Schulkinder schrieben die Briefe. Hoheisels Plan in Kassel war gewesen, diese Schulkinder anzuregen, über den Holocaust nachzudenken, indem er jedem Kind die Verantwortung für ein Opfer anvertraute – das Kind dazu brachte, jenes Opfer als menschliches Wesen kennenzulernen, das einen Namen besaß und eine Familie und eine Geschichte, die Teil der Geschichte Deutschlands war. Die Kinder erhielten ein Buch mit dem Titel »Namen und Schicksale der Juden von Kassel«, aus dem, so scheint es, manche von ihnen einfach die Euphemismen der Endlösung abschrieben.

Ihre Briefe verwendeten Worte wie »Strafurteil« für den Deportationsbefehl, »verschickt« für die Deportation in ein Todeslager, »umgekommen« für vernichtet in einer Gaskammer. Hoheisel wollte ursprünglich, daß die Kinder weiter Steine sammelten. Er wollte alle Holocaust-Opfer Europas damit bedenken und am Ende sechs Millionen Steine haben. Er überlegte, die Steine als ein Holocaust-Mahnmal nach Berlin zu bringen, doch irgendwann muß er dabei seine Meinung geändert haben, denn er beteiligte sich an Lea Roshs Gedenkstättenwettbewerb mit einem Projekt, das den Abriß des Brandenburger Tores vorsah und die Verwendung *dieser* Steine für ein Mahnmal. Es war eine »Geschichte der Täter«-Art von Projekt, da es unterstellte, daß die Deutschen Opfer bringen müssen, um zu gedenken, und es war, symbolisch gesehen wirklich keine so schlechte Idee.

Eike Geisel erzählte mir von Hoheisels Steinen. Geisel ist nicht jüdisch, doch viele Deutsche nehmen an, er sei es, weil er etwas produziert hat, das einer Chronik des Shoah-Business in der deutschen Presse am nächsten kommt – und weil er wie Henryk Broder in seiner Kritik beißend ist. Er sagt, unentwegt verwundere ihn der Einfallsreichtum der »Lösungen« für die Endlösung – besonders solcher wie Hoheisels, die mit der beschwörerischen Magie von Numerierung und Namensgebung zu tun haben. Er spricht von ihnen in ihrer Gesamtheit und skeptisch als der »Adoptier-einen-Juden-Bewegung«. Er meint, in ihrer Betonung des »Wir als Deutsche tun das« haben sie mehr damit zu tun, daß Deutschland sich selbst neuerfindet, als damit, daß Deutschland über seine Opfer nachdenkt, und Lea Rosh, deren stehende Redewendung ist »Wir als Deutsche tun das«, dürfte es ziemlich schwerfallen, ihm zu widersprechen. Himmler hielt einmal eine berühmte Rede, in der er die Deutschen drängte, in ihrer Entschlossenheit gegenüber den Juden keine Schwäche zu zeigen, nur weil »jeder einen anständigen Juden kennt«, und Geisel vermutet, daß es bei einigen der Projekte, über die er nun schreibt, darum geht, diesen »anständigen Juden« wieder in das Leben der Deutschen zurückzubringen, während das wirkliche Drama des Holocaust – das der Mittäterschaft und sogar Begeisterung für den Holocaust – nahezu vollkommen unerforscht bleibt.

Auf eine gewisse Art ist der anständige Jude die Kehrseite der Münze namens »der gute Deutsche«. Der Historiker Werner Angress erzählte mir einmal, er frage sich, ob sein Vater der anständige Jude irgendeines guten Deutschen war – ob sein Vater nach Berlin zurückgekehrt wäre und in die Bank gegangen wäre, die er leitete, und denselben Kunden die Tür aufgehalten hätte und mit der Zeit Lea Rosh Geld für die Holocaust-Gedenkstätte geschickt hätte, die sie in der Stadt errichten wollte, die ihn nach Auschwitz in den Tod geschickt hatte. Angress selbst glaubt, daß zu diesem späten Zeitpunkt der Bau von Gedenkstätten an Deutschlands Opfer keine sehr gesunde oder nützliche Beschäftigung ist. »Die Leute werden müde«, sagt er. »Sie wollen etwas tun, etwas fühlen – aber es kommt ein Punkt, wo sie es nicht mehr länger tun können.« Er meint, die Gefahr, daß die Deutschen ihre Opfer vergessen, sei vielleicht geringer als die, daß sie sich bei der Erinnerung an sie erschöpfen. Das Ergebnis ist dieselbe Verleugnung.

Dies mag mit ein Grund sein, warum Lea Roshs Gedenkstätte so vielen Berliner Juden Sorgen bereitete – Sorgen um die Folgen dessen, was Nicola Galliner »diesen ultimaten, schrecklichen, forcierten Ersatzversuch für ein offizielles Angedenken« nennt – und warum sich auf verschiedene Weise andere Berliner sorgen. Sie sorgen sich, daß Denkmäler allmählich die echten *lieux de mémoire* ersetzen – die Lager selbst. Sie glauben, es sei nur eine Frage der Zeit, bis diese Lager in die Hände von Immobilienhändlern und Supermarktketten gegeben werden. Die Historiker, die in den Lagern von Ravensbrück und Sachsenhausen in der Nähe von Berlin arbeiten, haben bereits so etwas wie den Bankrott erklärt. Ihre Mittel für Forschung und Betriebskosten sind dieses Jahr beschnitten worden, und Sachsenhausen hat heute so wenig Geld, selbst für Reparaturen, daß einige der Gebäude verfallen – was bedeutet, daß sie für die Besuche der hiesigen Schulkinder zu gefährlich werden, die man im Rahmen ihres deutschen Geschichtsunterrichts routinemäßig in Bussen hierher bringt. Es bereitete Galliner einigen Kummer, daß Eberhard Jäckel, der mit Rosh zusammenarbeitet, nach einem Besuch von Yad Vashem zurückkam und im Fernsehen auftrat und sagte, daß er »so erbaut« war. Galliner erzählte mir, sie wolle nicht, daß sich Deutsche von Holocaust-Gedenkstätten »erbaut« fühlen. Sie will, daß sie in die Lager gehen und sich beschämt fühlen. Sie glaubt, daß eine riesige Holocaust-Gedenkstätte in Berlin der Unwürdigkeit des Holocaust eine Art von »Würde des Todes« verleihen werde, und wie vielen anderen Berliner Juden ist es ihr ein Rätsel, daß die Israelis (einschließlich der Leute von Yad Vashem) Roshs Projekt im Großen und Ganzen mit Enthusiasmus begegnet sind. Vielleicht verhält es sich so, daß dieses Projekt umso ansprechender erscheint, desto weiter man als Jude von der Politik der Erinnerung in Deutschland entfernt ist, und es ist sicherlich wahr, daß wenige Israelis dieselbe Verbindung herstellen wie die Berliner – zwischen den dahinschwindenden Etats für Orte wie Sachsenhausen und der Förderung von Kranzabwurfstellen in der neuen Hauptstadt. Dreiviertel der Menschen, die heute in Deutschland leben, wurden nach dem Krieg geboren, und die Lager sind wirklich alles, was materiell von den Nazi-Jahren übrig ist, so daß sie davon lernen können. Einige lernen selbstverständlich nicht. Eine Professorin, die ich kenne und die freiwillig bei einem Grundschulausflug nach Auschwitz half, erzählte mir anschließend, wie entsetzt sie mitansah, daß die Kinder schreiend und lachend durch das Lager rannten; und ein Freund, der an einem Wochenende in diesem Frühjahr Buchenwald besuchte, hörte wie Eltern *ihren* Kindern androhten: »Wenn ihr euch nicht benehmt, werden wir euch hierlassen.«

Vor kurzem dachten sich zwei junge Berliner Künstler namens Renata Stih und Frieder Schnock einen Plan aus, wie sie das Holocaust-Gedenkstättenprojekt dazu benutzen könnten, um die Leute zum Besuch der Lager zu bewegen. Sie nahmen an dem Wettbewerb mit einem Entwurf teil, der das Gelände mittels einer Einbahnstraße in zwei Hälften teilte, die von Bushaltestellen gesäumt wurden; ihre Idee war, es mit großen roten Bussen vollzustellen, die nach einem festen Fahrplan zu den verschiedenen Lagern abfahren und damit die Gedenkstätte zum Beginn dessen machen würden, was Stih »eine Reise zur wahren Sache« nannte. Sie beschrieb es mir gegenüber als einen »Anti-Vorschlag«, denn sie und Schnock rechneten nie damit zu gewinnen – genausowenig, was das angeht, wie der Künstler, der das Gelände mit Stacheldraht einzäunen und leer lassen wollte, so daß die Deutschen, die die Gedenkstätte besuchten, vor einem Rätsel stehen und sich unwohl fühlen würden und damit anfangen müßten, einander zu fragen: »Wo legen wir diese Blumen hin? Warum ist denn hier nichts da?« Stih und Schnock sind nicht jüdisch, und sie sind keine geborenen Berliner – Stih wurde in Zagreb geboren –, doch sie teilen eins mit vielen Leuten ihres Alters, die in Berlin leben und jüdisch *sind*: Sie sind auf der Hut vor dem, was Stih »das Holocaust-Genre« nennt. Ich kenne einen jüdischen Berliner Romancier namens Marc Svetov, der sich manchmal auf folgende Art selbst beschreibt: »Mein Großvater war ein Chicagoer Gewerkschaftsgauner aus Odessa, und er hielt sich selbst nicht für ein Opfer.« Svetov meint damit, daß sich die meisten Deutschen fünfzig Jahre, nachdem sie eine Holocaust-Gedenkstätte hätten bauen *können*, lieber mit den Juden als einer Art mythischem Kollektiv befassen – »das jüdische Opfer« – denn mit ihnen als normalen Menschen, die sogar Gangster als Großeltern haben könnten. (Das Problem nennt der Schriftsteller Wiglaf Droste das »Was passiert, wenn du ausgeraubt wirst und der Räuber ist Jüdisch«-Problem.) Svetov kam nach Berlin, wie so wie viele junge Juden nun kommen – mehr oder weniger durch Zufall. Er folgte einem Mädchen hierher, und als sie wegging, blieb er. Er bekam einen Job bei der amerikanischen Armee durch die Vermittlung eines jüdischen Obersten, dessen einzige Bedingung war, daß man jüdisch sein und zum Freitagabendgottesdienst in der Armeekapelle auftauchen mußte. Am Ende machte er einen Nebenerwerb daraus, Erdnußbutter aus dem PX an reiche Geschäftsleute in der Synagoge zu verkaufen, an der Estrongo Nachama Kantor ist – was ihn, wie er zugibt, selbst zu so etwas wie einem Gangster machte. Heute hat er eine deutsche Freundin. Sie stammt aus einem Dorf in Bayern, und während sie umeinander warben, lasen sie gemeinsam »ziemlich intensiv« über den Holocaust und besuchten einige der Konzentrationslager. Sie ist »*cool*, was den Holocaust angeht«, sagt Svetov, doch er glaubt nicht, daß die meisten Deutschen in dieser Hinsicht *cool* sind. Er glaubt, daß »die Deutschen etwas über die Juden im Kopf haben«, etwas, das sie dazu treibt, Gedenkstätten für ihre eigenen Opfer bauen zu wollen. In gewisser Weise stimmt er mit dem jüdischen Schriftsteller Rafael Seligmann in München überein, der sich gegen Lea Roshs Gedenkstätte ausgesprochen hat, indem er sagte, daß die meisten Juden damit aufhören wollen, sich selbst als Opfer anzusehen – daß Auschwitz keine jüdische Erfindung war; daß es Hitlers Erfindung war; daß Juden, wenn sie ihre Identität auf Auschwitz gründen, Hitler erlauben, ihre Beziehung zu sich selbst zu vermitteln. Rosh würde sagen, daß die Gedenkstätte eine deutsche Sache sei und »nicht deren Sache«.

In dem Jahr, in dem Lea Rosh begann, Unterschriften zu sammeln, begann die ostdeutsche Regierung sich zu fragen, was sie mit ihrem Geschichtsmuseum Unter den Linden anfangen sollte. Das Museum war mal ein preußisches Zeughaus gewesen. Ostdeutschland hatte es geerbt, zusammen mit Gewehren, Kanonen und rostigen Rüstungen aus acht Jahrhunderten, und hatte es im Laufe der Jahre in eine andere Art von Zeughaus verwandelt. Das Museum bot ein Sammelsurium von kommunistischem Kitsch mit schrecklichen Dioramen von dem, was man die größten Momente des Marxismus-Leninismus nennen könnte, einschließlich einer Reproduktion von Karl Marx' Londoner Arbeitszimmer. Es war nicht gerade die Sorte Ort, die im neuen, befreiten Berlin die Massen anziehen würde oder die viel für das Image der wiedergeborenen Demokraten tun könnte, die in dem kurzen Jahr, in dem ein freies Ostdeutschland tatsächlich existierte, sich um die Wählergunst bewarben, und niemand hier war überrascht, als die Ostdeutschen es im September 1990 abrupt mit der Begründung schlossen, es habe »vierzig Jahre Lügen« über die Geschichte verbreitet – als ob jene Objekte und nicht die Ostdeutschen gelogen hätten, die diese Objekte hergestellt hatten.

Es war damals allgemein bekannt, daß Helmut Kohl ein neues historisches Museum in Berlin haben wollte. (»Du mußt bedenken, Kohl hat die Verbesserung von Deutschlands Image Tag und Nacht im Kopf«, hatte ein Freund in Berlin gesagt, nachdem gemeldet wurde, daß Kohl dem Holocaust-Museum in Washington zehn Millionen Dollar unter der Bedingung angeboten habe, daß eine Sektion »der demokratischen Wiedergeburt Deutschlands« gewidmet würde. Die deutsche Regierung bestritt das.) Kohl baute bereits in Bonn ein historisches Museum, doch das Museum war hauptsächlich der Geschichte Westdeutschlands gewidmet. In Berlin wollte er ein Museum, das sich mit dem Deutschland beschäftigen sollte, welches Bismarck 1871 zusammengestückelt hatte, und das ihm eine Kohärenz und Kontinuität verleihen sollte – ein »Deutschtum« sozusagen, das Jahrhunderte weit zurückreichte. Er wollte, daß die Leute ein Deutschland sehen, das nobler und sicherlich dauerhafter war als das Deutschland, das in vierundsiebzig Jahren zwei Weltkriege begonnen und den Tod von nahezu fünfzig Millionen Menschen verursacht hatte. Das Museum, das er ursprünglich im Sinn gehabt hatte, sollte in West-Berlin stehen – ein extravaganter, von Aldo Rossi geplanter Komplex in den öffentlichen Anlagen in der Nähe des Reichstags, der Bonn fünfhundertfünfzig Millionen Dollar gekostet hätte. Doch angesichts der Kosten für Ostdeutschland konnte er sich Rossi nicht mehr leisten. Er übernahm statt dessen das Zeughaus und gab ihm einen neuen Namen, Deutsches Historisches Museum, und einen neuen Direktor, einen Münchner Museumsdirektor namens Christoph Stölzl. Letzten Dezember, am Vorabend der Befreiungsfeierlichkeiten, eröffnete Stölzl eine Ausstellung mit dem Titel »Bildnisse und Zeugnisse deutscher Geschichte«. Ein Kritiker nannte sie »Nationalismus Lite«.

Die Berliner neigen dazu, Kohl zu unterschätzen, weil er so provinziell ist. Er ist fleischig und sentimental und ein wenig ungeschickt, ein kleiner Doofer wie ein Postkarten-Bauer, der in einem Politikeranzug zurechtkommen will – was er in gewisser Weise ja auch ist. Sie schneiden Helmut-Kohl-Bilder aus und drucken sie auf T-Shirts. (Ich besaß eins, auf dem Kohls behelmter Kopf oben aus einem NATO-Panzer herausragte.) Sie erzählen sich Helmut-Kohl-Witze, die sich von, sagen wir, Polen-Witzen oder North-Dakota-Witzen nur insofern unterscheiden, als die meisten davon wahr sind. (Es ist beispielsweise wahr, daß Kohl zum Rhythmus von »Sag nicht keinmal« in die Hände klatschte, dem Lied des Aufstandes im Warschauer Ghetto, so geschehen auf der Party zu Simon Wiesenthals achtzigstem Geburtstag im New Yorker Marriott-Marquis-Hotel. Auf der anderen Seite ist es nicht wahr, daß er sein Glas zu Wiesenthal mit den Worten erhoben hat: »Für uns ist jede Nacht Kristallnacht.« Ein amerikanischer Rabbiner, der die Party besuchte, hat das getan.) »Gerissen« ist das höchste, was Berliner ihrem Kanzler in der Regel zugestehen – so wie in »nicht klug, aber gerissen« –, was vielleicht erklärt, warum er gerissen genug war, jeden aus der Berliner Szene zu meiden, als er sich nach einem Kustos umschaute, der entscheiden sollte, welche Deutschlandbilder andere Deutsche zu sehen bekommen würden. Stölzl galt in Historikerkreisen als zu sehr Ästhet für das Amt und in Künstlerkreisen als zu sehr

Bürokrat, doch Konservative im Westen hielten ihn für »kulturell inspirierend«: Er berichtete ihnen die guten Neuigkeiten über die deutsche Geschichte, die sie hören wollten. Er war – um einen Historiker zu zitieren, der mit Stölzl gearbeitet hat – jemand, bei dem die Ästhetik des »Deutschtums« nicht durch zu viel Wissenschaftlichkeit oder zu viel Seelenerforschung oder gar zu viel Akkuratheit abgeschwächt werden würde.

Stölzl sagte zu Kohl, daß für ihn die deutsche Geschichte damit begann, daß »Luther sich hinsetzte und die deutsche Bibel schrieb«. Er sagte zu *mir*, daß für ihn Deutschland als ein »Hauptstrom durch die Geschichte des Westens fließt«. Er sehe es »als einen Strom der Aufklärung«. Eines der ersten Ausstellungsstücke, die er für das Museum erwarb, war eine deutschsprachige Ausgabe der amerikanischen Unabhängigkeitserklärung von 1776; es war die Originalübersetzung, und er gab dafür eine Dreiviertelmillion Dollar aus. Wenn jemand wissen wollte, was die amerikanische Unabhängigkeitserklärung mit der deutschen Geschichte zu tun habe – oder, so gesehen, was der Diderot aus Terrakotta bei der Haupthalle des Museums mit der deutschen Geschichte zu tun habe oder die George-Washington-Statue von Houdon, von der er verkündet hatte, daß er sie zu erwerben beabsichtige –, erwiderte Stölzl, der »pursuit of happiness«, das »Streben nach Glück«, sei ein Ziel der Aufklärung, das Deutsche und Amerikaner historisch teilten. (Wie der Zufall es will, war Hannah Arendt derselben Ansicht.) Stölzl sagte, aus der amerikanischen Unabhängigkeitserklärung »haben *wir* unsere Vorstellungen von Freiheit bekommen«; sie sei »Teil *unserer* Geschichte, wie die Französische Revolution und die Pariser Kommune und der Kristallpalast«; wenn sich das Museum erst einmal ausgedehnt habe, werde das Dokument einen Ehrenplatz einnehmen zwischen einem großen Kino, wo die Leute »demokratische Aufklärung in der übrigen Welt betrachten« könnten, und einer ständigen Ausstellung von Meisterstücken aus Deutschlands eigener Aufklärung. Stölzl ignorierte die Kritiker, die sagten, wie sie die Sache sähen, rührten Deutschlands Probleme gerade daher, daß es die Aufklärung *verpaßt* habe. Stölzl ignorierte die Historiker, die darlegten, daß Friedrich der Große in der Tat recht beunruhigt gewesen sei, weil Deutschland die Aufklärung verpaßt habe, so daß er Voltaire an seinen Hof rief, um sich von ihm unterrichten zu lassen, und daß er, nachdem er die Geschichtslektion gelernt und sein sehr gutes Französisch geübt hatte, wieder in seine bequemen autokratischen Verhaltensweisen zurückfiel und den Philosophen nach Hause schickte. Stölzl ignorierte jeden, der versuchte, ihn daran zu erinnern, daß Deutschland nie war wie England oder Frankreich, nicht einmal wie Italien; daß Deutschland stets eine ethnische Idee gewesen war und nur sehr selten auch eine Idee von Staatsbürgerschaft; daß Deutschland nie eine erfolgreiche Revolution gehabt hatte und bis Weimar nicht einmal ein demokratisches parlamentarisches System.

Stölzl erzählte mir, daß er Deutschlands »gemeinsame Geschichte« zurückgewinne, die beinahe verlorengegangen sei – an Hitler, an die Schande, die Hitler folgte, an den Föderalismus, der Hitler folgte. Er tat Jürgen Habermas ab, der darauf hingewiesen hatte, daß die einzige Geschichte, die die Deutschen gemeinsam gehabt hatten, bis die Bundesrepublik 1948 gegründet und eine rechtmäßige Verfassung geschrieben wurde, unglücklicherweise die falsche Geschichte gewesen war. Doch Stölzl war nichts als begeistert von Kohl. Er sagte, daß Kohl Deutschland auf eine Weise »verstand«, wie es, sagen wir, Richard von Weizsäcker nicht tat: von Weizsäcker hatte zu viele »nebulöse philosophische Gedanken« über Deutschland. Von Weizsäcker mit seinen komplizierten Vorstellungen von »Befreiung« war »ein grauhaariger Mann auf einem Thron« gewesen. Was Deutschland brauchte, waren Führer wie Kohl – geradlinige, hemdsärmelige *fortschrittliche* Führer, die wußten, wie ungesund es war, die »Nebenströmungen« aus Deutschlands schlechten Momenten mit der mächtigen Hauptströmung zu verwechseln, die das Deutschland von 1995 hervorbrachte. Man darf sich eben nicht dran stören, daß es die alliierten Armeen waren, die, indem sie das alte Deuschland besiegten, ein neues Deutschland schufen. Stölzl möchte nicht, daß sein Museum ständig die »Tiefen« eines Jahrhunderts betont, welches in seinem Ausstellungsprogramm beschrieben wird als »eine Periode mit Höhen und Tiefen, die noch immer Teil der Erfahrung von vielen Menschen sind«. Er ist der Ansicht, daß die Lager so ein Teil sind – was mit Gewißheit stimmt. »Hier kann man nach nebenan in ein Lager gehen und das authentische Objekt sehen«, ist seine Weise, es auszudrücken. Er sagt: »Die Amerikaner haben da in Washington wunderbare Arbeit geleistet mit Auschwitz, doch man muß bedenken, daß es ein nachgebautes Auschwitz ist.« Er spricht über »Authentizität« wie ein Antiquitätenhändler. Er will für sein Museum »die ästhetische Opposition authentischer Objekte«. Den Geschmack teilt er mit Kohl, der dafür sorgte, daß sein Museum in Bonn den Pullover ausstellte, den Gorbatschow trug, und die Strickweste, die Kohl selbst trug, als sie an einem kühlen Tag in der Gegend von Stawropol auf einem Spaziergang darüber diskutierten, wieviel Geld Kohl für Ostdeutschland an Gorbatschow bezahlen sollte.

Ein Historiker mit Namen Hans Wilderotter, der drei Ausstellungen für Stölzl zusammenstellte, bevor er und Stölzl ihre Zusammenarbeit beendeten, sagt, daß Geschichte in dem Museum nun Geschichte über »Gaga-Führer und nette Leute« ist: darüber, wie der Kaiser große Schiffe liebte, und so entstand die deutsche Marine; darüber, wie Hitler die Macht liebte, und so entstand der Nationalsozialismus. Er sagt, daß jedes Museum, das den Anspruch darauf erhebt, Deutschland im zwanzigsten Jahrhundert darzustellen, ein Verständnis für die vergangenen Entscheidungen beinhalten muß, die die Deutschen getroffen haben, während das Museum, das Stölzl für Kohl eröffnet hat, sich weigert, die Deutschen in irgendwelche vergangenen Entscheidungen zu verwickeln oder auch nur anzuerkennen, daß sie Entscheidungsmöglichkeiten hatten. Ein anderer Historiker, der eine Zeitlang an »Bildnisse und Zeugnisse deutscher Geschichte« mitarbeitete, sagt, daß für ihn das Problem nicht nur in Stölzl bestand – das Problem waren »die Deutschen«. Er glaubt, daß die Leute vom Museum nie wirklich begriffen haben, daß sie, indem sie Kunst und Objekte zu jenem ästhetisierten Deutschland arrangierten, das Stölzl wünschte, politische Wahrnehmung manipulierten, ganz zu schweigen von der Geschichte. Man gab ihnen ein fröhliches, fortschrittliches Modell, genannt der Westen, und wies sie an, Deutschland in dieses Modell einzubauen, und zum Schluß machte es keinen Unterschied, ob dieses Modell irgendeiner wirklichen deutschen Erfahrung entsprach oder nicht. »Viele der Angestellten verfügten nicht über die Kompetenz, die soziale und politische Signifikanz des Materials abzuwägen«, sagte er mir. »Von ›Revisionisten‹ zu sprechen, heißt ihre Fähigkeiten und Absichten zu überschätzen.« Wiglaf Droste drückte es so aus: »Es beweist, wenn man die Geschichte diesen Leuten überläßt, bedeutet es das Ende der Geschichte.«

»Bildnisse und Zeugnisse deutscher Geschichte« beginnt in einer langen, großen Halle, die, nach dem zu urteilen, was ich bei ein paar Besuchen herausfinden konnte, für den langen Hauptfluß steht, auf dem Helmut Kohl deutsche Geschichte fließen läßt. Die Halle ist mit Objekten des Lichts geschmückt, von Goethes Eßzimmerstühlen über ein raumgroßes Phantasiegebilde von der Reichsgründung im Palast von Versailles (mit den Regierenden der Welt in historischen Kostümen) bis zu einer Durchleuchtungsmaschine von Wilhelm Röntgen.

Alles andere ist sozusagen ein Nebenfluß. Stölzls Erster Weltkrieg besteht aus einer Sammlung von Helmen und einigen Plakaten, und sein Zweiter Weltkrieg beginnt mit einer Büste Hitlers, der durch Weimar hindurch zurück auf Fritz Erlers berühmtes Plakat eines behelmten Fanatikers mit brennenden Augen starrt. Weimar selbst ist in einen Raum dazwischen gezwängt. Es gibt einen Ständer mit kommunistischen Uniformen gleich neben einem Ständer mit Nazi-Uniformen. Es gibt einen gläsernen Mann, den man, laut Stölzl »von links und rechts, eugenisch, symbolisch und psychologisch erkunden kann«. Bei der Besichtigung von Stölzls Weimarer Republik fällt es schwer, sich vorzustellen, daß die Weimarer Republik auch eine Blütezeit für Kunst und Politik war, oder auch nur, daß es die erste deutsche Demokratie war. Stölzls Weimar ist »ausgewogen« (was heißt, daß es getreu der gängigen Mode aus Marx Stalin macht, bei seinem Wüten in einem früheren Leben), und es ist »unvermeidlich«. Es folgt »unvermeidlich« aus dem Ersten Weltkrieg, und aus ihm folgt unvermeidlich der Nazismus – als wäre es die Geschichte gewesen und nicht die Deutschen, die das Land auf seinen *Sonderweg* in den Faschismus führten. Selbst Stölzls Nationalsozialismus ist »ausgewogen«: ein Liebesbrief eines gefangenen deutschen Soldaten »wiegt« einen Brief aus Plötzensee »auf«; ein Foto eines toten Soldaten auf dem Schlachtfeld »wiegt« das Selbstporträt eines Juden auf dem Weg nach Auschwitz »auf«. Die zwölf dunklen Jahre Hitlers ereignen sich in einem kleinen, dunklen Raum, und die Lager sind durch eine militärische Karte vertreten, die so klein ist, daß die meisten durch den »Nationalsozialismus« gehen, ohne sie überhaupt wahrzunehmen.

Die Berliner erzählen sich einen Witz, in dem es heißt, die drei überfülltesten Schiffe der Geschichte seien die

Arche Noah, die Mayflower und der deutsche Widerstand im Zweiten Weltkrieg – denn in Wirklichkeit war der deutsche Widerstand kläglich klein. Er war klein, weil mit zu dem ersten, was Hitler 1933 in Deutschland tat, der Bau von Lagern gehörte, die er mit Leuten zu füllen begann, die vielleicht eine Widerstandsbewegung hätten bilden können, und er war klein, weil die meisten Deutschen, die nicht in den Lagern saßen, mit Hitler übereinstimmten. Die Bedeutung von »résistance« – *Widerstand* – ist in Deutschland bestenfalls mehrdeutig. Es gibt den »Widerstand« als eine Art von Immunität, und die Deutschen verwenden den Begriff, nicht immer ganz aufrichtig, für Leute, die »immun« gegen den Nationalsozialismus waren, Nonnen etwa, deren »Widerstand« darin bestand, »Heil Maria« statt »Heil Hitler« zu sagen. Und es gibt den echten Widerstand. In Ostdeutschland wurde das Wort ausschließlich für den kommunistischen Widerstand gebraucht, der sich auf über zwei Millionen militante Mitglieder der kommunistischen Partei stützte und in den dreißiger Jahren sicherlich die einzige Massenwiderstandsbewegung des Landes war. In Westdeutschland wurde es für alle anderen verwendet, die sich widersetzten – für die Sozialdemokraten des Kreisauer Kreises, für die Lutheraner der »Bekennenden Kirche« und vor allem für die Offiziere der Wehrmacht, die den einzigen echten Putsch gegen Hitler unternahmen, das Offizierskomplott vom 20. Juli 1944. Doch die Tatsache bleibt bestehen, daß wenn man über den *Widerstand* in Deutschland während des Krieges spricht, man von nicht mehr als zehn- oder zwanzigtausend Menschen redet. Es ist keine Zahl, die junge Deutsche, die nach Helden Ausschau halten, begeistert.

Und verkompliziert wird das noch durch die unbestreitbaren Beweise, daß sehr wenige der Offiziere, die nach dem 20. Juli 1944 verhaftet wurden, die Sorte von Leuten waren, von denen diese jungen Deutschen ihr Land heute regiert sehen wollten. Die Offiziere waren keine Demokraten. Sie mochten die Juden nicht. Viele von ihnen glaubten, daß es eine »jüdische Frage« gebe; manche von ihnen wollten die Lager leeren und die Juden nach Kanada verschiffen, mit der möglichen Ausnahme der Kaiserjuden – der Veteranen des Ersten Weltkrieges –, denen nach dem freundlichsten Plan eine beschränkte Form der Staatsbürgerschaft angeboten werden sollte. Die meisten der Offiziere hatten als Nazis angefangen und blieben Nazis, bis Deutschland zu verlieren begann. Einer von ihnen hatte eine Todesschwadron kommandiert, die den Auftrag hatte, gefangene russische Offiziere zu töten, und der Anführer des Putsches, Claus Schenk Graf von Stauffenberg – es war Stauffenberg, der die Bombe legte, die Hitler in die Luft sprengen sollte – wollte die Invasion der Alliierten sabotieren, weil die Alliierten, mit denen die Gruppe in Kontakt stand, vernünftigerweise verlangt hatten, daß die Wehrmacht sich ergibt, bevor die Kämpfe eingestellt würden. Worum es den Offizieren ging, war »Ehre« – Deutschlands Ehre, ihre eigene Ehre –, doch das beinhaltete nicht immer oder notwendigerweise das Streben nach Glück für die große Mehrheit des deutschen Volkes. Es gab so viele »Grafen« und »vons« unter den Offizieren, die zu spät versuchten, Hitler umzubringen, daß ihre Namen und ihre glatten, anspruchsvollen Gesichter eine Armee von Rittern heraufbeschwören – edel und rein und daher für die *Geisteswissenschaft*, die deutsche Geschichte heißt, auf mythische Weise »deutsch«. Marion Dönhoff, Herausgeberin der *Zeit* und selbst Gräfin, nannte sie Menschen aus »unserer besten Tradition«. Es war jedenfalls eine Tradition, die, so könnte man sagen, vom Dritten Reich verraten worden war.

Selbstverständlich gibt es ein Denkmal für die Offiziere des 20. Juli. Es ist eine bronzene Statue, die einen nackten jungen Mann mit geballten Fäusten und gekreuzten gefesselten Handgelenken zeigt, und sie steht im Hof des Bendlerblocks – des Oberkommandos der

Wehrmacht in der Nähe des Tiergartens, wo Hitler seine berühmte Rede darüber hielt, daß die Deutschen mehr *Lebensraum* im Osten bräuchten, und wo elf Jahre später die Offiziere des 20. Juli ihren Putsch gegen ihn planten. Wann immer ich den Bendlerblock besichtigte, stand ein Strauß Tulpen am Fuß der Statue. Heute gehört ein Teil des Bendlerblocks zu einem Archiv, das den Namen *Gedenkstätte Deutscher Widerstand* trägt; es gibt dort Vortragsräume, Leseräume und neunzehn Gallerien mit einer ständigen Ausstellung von fünftausend Fotografien und Dokumenten. Ein Passauer Historiker mit Namen Peter Steinbach führt die Aufsicht über das Zentrum. Er ist ein Widerstandsspezialist und arbeitete an dem Archiv ohne Unterbrechung seit 1983, als von Weizsäcker (der zu dieser Zeit Bürgermeister von Berlin war) ihn in die Stadt holte, um mit der Materialsammlung zu beginnen. Damals ging es nicht so sehr darum, den Widerstand neu zu erfinden – ihn größer zu machen, als er war oder wichtiger oder weitere Kreise ziehend –, als vielmehr zu erforschen, was in einem Land, in dem so wenige Menschen Widerstand leisteten, gewisse Männer und Frauen dazu bewegte, ihr Leben zu riskieren und es in der Regel zu verlieren, indem sie Hitler trotzten. Steinbachs Aufgabe bestand darin, die Sache gerade zu rücken – zum Teil deshalb, weil die Kommunisten in Ost-Berlin dem Putschversuch der Offiziere nicht wirklich die angemessene Ehre erwiesen –, und es mag sein, daß er die Sache zu gerade gerückt hat, denn am Ende wurden die zwölf Jahre dessen, was der Deutsche Widerstand genannt werden könnte, größtenteils zu einer Fußnote in der Legende des 20. Juli. Im Bendlerblock erhält man heute den Eindruck, daß der Wille aller »guten Deutschen« ganz und gar in jenen jungen Männern zum Ausdruck kam, die am 20. Juli versuchten, ein Stück Deutschlands für sich selbst zu retten; daß die Bedeutung von tausend kleinen Widerstandsakten ihnen anvertraut wurde; daß sie »Deutschland« waren. Tatsächlich waren sie einfach Deutsche, die *faute de mieux* die einzigen Leute sein sollten, die dicht genug am Machtzentrum der Nazis dran waren, um den Versuch zu unternehmen, sie zu ersetzen.

Als die Gedenkstätte Deutscher Widerstand 1989 eröffnet wurde, kam die meiste Kritik von links. Sie kam von liberalen Deutschen, die, in den Worten eines von ihnen, »tiefes, pädagogisches Leiden an den Verzerrungen der Geschichte« spürten, die geschahen, wenn die Soldaten von Deutschlands *Lebensraum* – zur »Befreiung« erst konvertiert, als Deutschlands Schande direkt bevor- und vor Augen stand – zu *dem* Deutschen Widerstand erklärt wurden, während die Männer und Frauen, deren Widerstand bis auf das Jahr 1933 und den Reichstagsbrand zurückgeht, zu ihren Akoluthen gemacht wurden. Heute nun kommt die Kritik von rechts, und sie kommt von denselben Leuten, die einst Kohl zusammen mit Ronald Reagan nach Bitburg schickten, von Leuten wie dem alten hessischen Abgeordneten Alfred Dregger, der der Ansicht ist, daß 1995 ein Jahr der Trauer um die Niederlage eines »größeren Deutschland« sein sollte, um den Verlust von Ostpreußen und um seinen eigenen Bruder, der einen Monat vor der Kapitulation »im Kampf gegen die Russen« starb. Der Ärger begann letztes Jahr, als Stauffenbergs Sohn – ein berühmt-beschränkter konservativer Politiker, der manchmal als Deutschlands Randolph Churchill beschrieben wird – während der Feierlichkeiten zu einem Jahrestag in der Berliner Staatsbibliothek Steinbach angriff. Er beschuldigte den Professor, Deutschlands Namen und den Namen Stauffenberg zu »entweihen«, indem er Bilder von kommunistischen Kriminellen wie Walter Ulbricht an die Wände der Dienststelle seines Vaters hänge. Ein paar Tage später wurde die Ausstellung ins Ausland geschickt. Es war eine vereinfachte Version der Bendlerblock-Ausstellung, die hauptsächlich mit der Offiziersverschwörung zu tun hatte, und den Leuten, die sie damals gesehen haben, schien es so, als ob wieder die Verschwörung in eine Revolution transformiert wurde – man könnte sagen in eine Unabhängigkeitserklärung –, in der die Zukunft, das demokratische Deutschland sich ankündigte. (»Das Alte Testament der deutschen Demokratie«, nannte hier das jemand.) Mittlerweile war Kohl in die Sache verwickelt. Kohl befahl seinem Botschafter in Washington, ein paar Telefonate zu machen, und der Botschafter muß überzeugend gewesen sein, denn ruckzuck hing die Ausstellung des Deutschen Widerstands an den Wänden der Library of Congress, die sie zuvor schon einmal abgelehnt hatte (mit der Begründung, sagen einige Leute in der Bibliothek, daß es sich um Propaganda handelte). Sie reiste dann an die Columbia Universität, wo der Generalinspekteur der deutschen Bundeswehr bei der Eröffnung eine Rede hielt. Steinbach selbst tauchte dabei nicht auf. Inzwischen boykottierte er die Tournee. Er behauptete, daß seine Archive für »politische Zwecke« benützt würden, und er hatte recht.

Wiglaf Droste sagt nun, wenn er über die Ausstellung spricht, daß bis Ende 1995 der kommunistische Widerstand vermutlich überhaupt aufgehört haben dürfte zu existieren. Ersetzt haben wird ihn »Helmut Kohls Widerstand«. Im Januar dieses Jahres brachte Kohl einen Kranz zu einer Gedenkfeier im alten französischen Sektor von Berlin – eine Feier für, neben anderen Helden des Widerstands, Julius Leber, der ein Sozialdemokrat war und eins der führenden Mitglieder des Kreisauer Kreises. Kohl hielt eine kurze Rede und rezitierte die Namen der »Christen«, die ebenfalls im Widerstand gestorben waren. Dann überreichte er seinen Kranz »im Namen der Christlich-Demokratischen Partei« – *seiner* Partei. Er nannte sie »die Partei des christlichen Widerstandes«.

Helmut Kohl bekommt nun nachträglich Bedenken, was Lea Rosh angeht. Mittlerweile ist er nicht mehr so sicher, daß die Existenz einer Holocaust-Gedenkstätte in der Hauptstadt das neue Bild Deutschlands in der Welt wirklich fördern wird. Als er Rosh das teure Stück im Zentrum von Berlin präsentierte, dachte er vermutlich an einen netten Park mit einer weiteren sentimentalen Kollwitz-Statue – etwas Diskretes, etwas, mit dem man der Welt zeigen konnte, daß, was auch immer irgend jemand über Juden und Deutsche sagte, ihre Beziehungen friedlich waren; sie waren alle am 8. Mai 1945 befreit worden, und der Rest war »Geschichte«. Doch Rosh wollte eine Gedenkstätte errichten, die, wie sie einmal sagte, »so groß wie das Verbrechen« war. Sie wollte eine große Öffentlichkeit. Einen großen Etat. Große Diskussionen. Große Ideen. Ihre eigene Idee war ein riesiger unterirdischer Judenstern, den man durch Tore betreten würde, die wie die Tore von Konzentrationslagern waren – Tore, auf denen *Arbeit macht frei* stand. Der Architekt ihres Sterns war ein Schweizer namens Harry Szeemann. Sein Plan, und der von Rosh, bestand darin, in dem Stern eine Reihe von Räumen mit Klagemauern und »symbolischen Installationen« zu bauen und für das Gelände eine »monumentale« Skulptur bei jemandem wie Richard Serra in Auftrag zu geben. Der Entwurf war schrecklich, selbst nach den Standards, die für Monumente gelten. Er erzeugte viel Protest und viel schwarzen Humor, und er wurde denn auch sofort fallengelassen, als sich der Berliner Senat 1993 an dem Projekt beteiligte, indem er vier Millionen Dollar zusicherte. Der Senat wollte etwas veranstalten, das man einen Wettbewerb so groß wie das Verbrechen nennen könnte, weil Berlin (das ist die offizielle Bezeichnung) »eine demokratische Wettbewerbskultur« besitzt, und auch weil die Gedenkstätte mit einem Gesamtbudget von zwölf Millionen Dollar das teuerste Denkmalsprojekt in der Berliner Geschichte werden würde, und die Stadt wollte ein

Wörtchen dabei mitreden, wessen Projekt es werden würde. Bonn, das ebenfalls vier Millionen Dollar zugesichert hatte, wollte auch ein Wörtchen mitreden. Und genauso natürlich Lea Rosh. Der Ärger begann, als es an der Zeit war, eine Jury zu benennen: Bonn wählte fünf Leute aus, Berlin wählte fünf Leute aus, und Lea Rosh wählte fünf Leute aus, und die Übereinkunft lautete, daß niemand bei der Auswahl der anderen ein Veto einlegen konnte. Stefanie Endlich, die über öffentliche Kunst schreibt und sich selbst als »die einzige Spezialistin für öffentliche Kunst« in der Jury bezeichnet, war einer der Berliner Juroren. Sie sagt, es war kein Job, den sie sich gewünscht hatte. Sie sagte dem Senat: »Eine Gedenkstätte ist nicht das, was wir brauchen.« Sie war immer der Ansicht gewesen, daß die Stadt ihr Geld für ein Museum oder ein Holocaust-Dokumentationszentrum oder für die Lager in der Nähe Berlins, etwa Sachsenhausen, ausgeben sollte. »Ich fühlte mich schrecklich, weil ich dieser Jury beitrat«, sagte sie zu mir. »Ich hatte Alpträume.« Sie machte sich Sorgen darum, daß die Gedenkstätte zu einer *Ereignisstruktur* werden könnte – eine Art von »Erlebnisort«, wo die Leute durch die Erfahrung von Opfertum gelotst und danach einkaufen oder zu einem netten Mittagessen nach Hause gehen würden. Sie stand dem formulierten Projektauftrag skeptisch gegenüber: »Die Macht der zeitgenössischen Kunst soll eine Synthese schaffen, die es uns erlaubt, diesem Thema mit Trauer, Erschütterung und Respekt gegenüberzutreten und sich seiner mit Scham und Schuld zu erinnern. Ein Ort soll geschaffen werden, an dem Einsicht wachsen kann.« Sie wußte nicht, was »Synthese« und »Einsicht« bedeuteten, wenn man vom Holocaust sprach, und sie sagte das auch. Als Rosh erfuhr, daß Endlich in der Jury war, schrieb sie einen offenen Brief und schickte ihn nach Bonn, an die Jüdische Gemeinde, an den Senat. Darin hieß es, Endlich sei »gegen das Gedenken«.

Die Jury begann ihre Zusammenkünfte im Januar dieses Jahres – ein Mischmasch aus Politikern, Bürokraten, Historikern, Künstlern, Architekten und Journalisten mit unterschiedlichen Geschmäckern, unterschiedlichen Prioritäten und unterschiedlichen Leuten, denen gegenüber sie sich zu rechtfertigen haben. Einige dieser Leute hatten den Wettbewerb auf Deutsche beschränken wollen (»die Schule der Täter«), und einige hatten ihn für jeden in der Welt öffnen wollen, der einen Entwurf anzubieten hatte – dahinter stand die Idee, daß die Bedeutung von »Holocaust«, wie es der ostdeutsche Dichter Durs Grünbein ausdrückte, nichts war, das den Deutschen gehörte. Sie schlossen einen Kompromiß. Sie sagten, daß »Teilnehmer mindestens sechs Monate lang in der Bundesrepublik Deutschland gelebt oder gearbeitet haben müssen«, und dann wählten sie noch zusätzlich zwölf »internationale Künstler« aus und zahlten jedem von ihnen fünfunddreißigtausend Dollar für die Teilnahme. Rosh sagte zu mir, daß die Entwürfe »geheim« seien, doch wenn man einen Sonntagnachmittag in der Paris Bar zubrachte und dem Kunstklatsch lauschte, erfuhr man bald von Richard Serras ausgehöhltem Granitbunker und Rebecca Horns »Meditationsspirale« und Dani Karavans Garten mit gelbblühenden Mädchenaugen, gepflanzt in der Form eines Judensterns. Und am Ende begann man sich zu fragen, ob sie nicht besser geheim gehalten werden *sollten*. Walter Jens, ein Tübinger Philologe, der als Vorsitzender der Jury fungierte, räumte im März dieses Jahres ein, daß es »keine ästhetische ›Lösung‹« für das Gedenken an einen Massentod gebe. Doch es war offensichtlich, wie Henryk Broder später schrieb, daß die Jury entschlossen war, eine zu finden. Sie stimmten im März ab und einigten sich auf zwei Lösungen, und dann eröffneten sie in einer alten Ost-Berliner Regierungshalle eine Holocaust-Gedenkstätten-Ausstellung, und die Berliner bekamen endlich die fünfhundertachtundzwanzig Entwürfe zu sehen, die zu dem Wettbewerb eingesandt worden waren.

Eike Geisel schrieb in *Konkret*, daß er von der Ausstellung entsetzt gewesen sei – nicht zuletzt, erzählte er mir nach seinem ersten Besuch, weil er »als einziger nicht gelacht hatte«. Und Broder nannte sie im *Spiegel* »ein Steinbruch für Völkerkundler, Psychologen und Verhaltensforscher« und für jeden anderen, der an der Seele »einer verwirrten Nation« interessiert sei, »die den Opfern ihrer Geschichte ein Mahnmal setzen will, um mit sich selbst ins reine zu kommen«. Broder veranschlagte die Kosten der Gedenkstätte für Deutschland mit »2 Mark 50 pro Opfer«, doch seine Kalkulation war falsch. Die Modelle waren nicht nur grotesk, sie waren gigantisch. Eins war eine Art Silo – »ein Faß«, dem Mann zufolge, der es entworfen hat, »für das Blut von sechs Millionen Juden«. Ein anderes bestand aus einem Feld, das mit sechs Millionen Glasscherben bedeckt war. Es gab einen riesigen Ofen, der Tag und Nacht befeuert werden mußte, wie ein ewiges Licht, und es gab ein Riesenrad behängt mit Deportations-Güterwaggons anstelle von Körben; und es gab ein Salzmeer, ein Meer von Tränen, auf dem ein langsam rostender Klotz aus Stahl schwamm; und es gab ein großes versiegeltes Gebäude in der Form Europas mit zwölf Millionen »Augenhöhlen«, die in das Dach gebohrt waren. Einer der Teilnehmer zitierte Heidegger über das »Existenzielle«, und einer war der Ansicht, daß der Davidstern »ein jüdisches Symbol der Unterdrückung« sei, und einer sagte, daß er die Besucher an seinem Projekt »beteiligen« wolle, indem er fünf oder zehn Jahre lang ihre Kämme sammelte und aus *ihnen* ein Denkmal errichtete. Der Wettbewerb mag demokratisch gewesen sein, aber er half weder der Demokratie sehr noch der Kunst noch der Erinnerung noch Lea Roshs Etat, und er stellte nicht einmal den Anfang vom Ende des Streits über die »Opfer« dar. Die beiden Finalisten gingen zurück an ihre

Reißbretter mit der Anweisung, ihre »Machbarkeitsstudien« näher auszuführen, die keinesfalls eindeutig waren, doch was eindeutig *war*, daß sie verschiedener Ansicht über Opfer waren. Einer der Finalisten war ein Kölner Architekt namens Simon Ungers. Sein Entwurf war groß – »monumental, unvermeidbar gegenwärtig«, sagte die Jury. Genauer gesagt, es war ein 7200 Quadratmeter großes Viereck, eingeschlossen von doppel-T-förmigen Stahlträgern auf Betonblöcken, in die die Namen der Todeslager gestochen waren, so daß sie sich als Licht-und Schattenspiel auf dem Boden wiederholten. Es war nicht schön, und es war mit Sicherheit nicht »erbauend«, doch es schien die Definition der Opfer wieder zu öffnen, was der andere Entwurf nicht tat.

Der andere Entwurf – er stammte von einer Berliner Gruppe, die unter der Leitung einer lokalen Malerin namens Christine Jackob-Marks arbeitete – hielt sich sehr genau an den Auftrag der Jury, der darin bestanden hatte, eine Gedenkstätte speziell für »die ermordeten Juden Europas« zu schaffen. Er bedeckte das komplette Grundstück mit einer schrägen, zehntausend Quadratmeter großen Betonplatte – eine »Grabplatte, größer als ein Fußballfeld«, wie Broder es beschrieb –, in die am Ende die Namen von vier Millionen zweihunderttausend jüdischen Opfern des Holocaust eingraviert und auf der achtzehn Steine aus Masada verteilt werden sollten, einer für jedes Land, aus dem Juden in die Todeslager deportiert worden waren. Das Problem lag darin, daß Jackob-Marks' Steine Felsblöcke waren; Eike Geisel schätzte, daß – bedenkt man die Kosten des Transports von Felsblöcken aus Masada (vorausgesetzt es *gäbe* noch Felsblöcke in Masada) und die Kosten, um achttausenddreihundertundeinundsechzig Quadratmeter Beton zu gießen – Jackob-Marks nicht auf zwölf Millionen Dollar, sondern viel eher auf hundertwanzig Millionen Dollar kam. Er rechnete aus, daß es vermutlich dreißig Jahre dauern würde, die Namen einzugravieren, und daß man, um die Namen überhaupt lesen zu können, wahrscheinlich *drei* Fußballfelder benötigen würde. So viele Juden waren im Holocaust gestorben. Das war etwas, das die meisten Deutschen, wie er meinte, immer noch nicht begreifen konnten.

Ende Juni verkündete Lea Rosh, daß sie die Grabplatte bauen werde. Ihre Jury hatte sie nicht wieder einberufen. Sie hatte kein Interesse an weiteren Erlebnissen mit der »demokratischen Wettbewerbskultur« Berlins. Sie traf sich mit dem Vertreter des Bonner Innenministers, mit den Berliner Senatoren für Bauwesen und Kultur und mit einem Mitglied dessen, was als »Roshs Gruppe« beschrieben wurde, mit Edzard Reuter, dem ehemaligen Vorstandsvorsitzenden von Daimler-Benz (das angeblich zu ihrem Projekt beitragen wollte), sowie dem Pressechef von Daimler-Benz. Und dann entschied sie sich für den Grabstein, was sie wohl von Anfang an vorhatte. Der Vertreter des Bonner Ministers erhob Einwände – er mochte die Idee solch einer großen Grabplatte nicht wirklich, sagte jedoch, er könne mit der Grabplatte leben –, doch Rosh, die die Grabplatte liebte, kümmerte das nicht. Sie sagte später: »Es war die Vergangenheit, die gigantisch war, nicht die Gedenkplatte.« Sie war auf *etwas* Kritik gefaßt, jedoch sicherlich nicht auf das Kreuzfeuer, in das sie geriet. Die Kritik kam sofort, und sie kam von allen Seiten. Sie kam von einem Frankfurter Architekten namens Salomon Korn, der der einzige deutsche Jude in Roshs Jury gewesen war und der die Grabplatte haßte. Sie kam von Ignatz Bubis, der sagte, daß wenn Lea Rosh damit anfinge, die Namen von Holocaust-Opfern – und sonst nichts – in eine Grabplatte einzugravieren, dann würde sie am Ende mit einem Tausend »Moses Rabbinowitschen« dastehen, die niemand auseinanderhalten könnte. Sie kam von Amnon Barzel vom Jüdischen Museum, der das Konzept schon früh in Frage gestellt hatte, indem er sagte, daß Masada für einen Kampf stand, in dem jeder starb, und es nichts mit dem Holocaust zu tun hatte oder mit Juden, die den Holocaust überlebten. Sie kam von Journalisten, die Rosh »Stiefmutter Courage« nannten und sagten, ihre Grabplatte sei »ein großer Stein, der die Vergangenheit zudeckt«. Sie kam von Immobilienhändlern, die planten, an der Wilhelmstraße in der Nähe des Pariser Platzes Miethäuser zu errichten und die wollten, daß ihre Mieter auf die Goethestatue im Tiergarten hinabschauten und nicht auf eine zwanzigtausend Quadratmeter große Betonplatte, auf der die Namen von toten Juden geschrieben standen. Und sie kam von Politikern, die wußten, daß die Grabplatte angesichts all der Schwierigkeiten, die man in letzter Zeit mit den Skinheads in Deutschland hatte, nachts durch Flutlicht und Polizisten und vielleicht gar durch Hunde »beschützt« werden müßte, und die darauf hinwiesen, daß Flutlichter und Hunde und Polizisten noch nie viel für Deutschlands »Image« in der Welt getan hatten. Rosh gab in einigen Punkten nach: keine Felsblöcke aus Masada; mehr »Information« über die Opfer. Doch sie begann darauf zu bestehen, daß *sie* ebenfalls ein Opfer war – der Presse, der Berufspolitiker, sogar der Juden, die sich beklagten. Sie war nicht der Ansicht, daß Juden das Recht hatten, sich zu beklagen. Sie drückte es so aus: »Die Nachkommen der Täter bauen diese Gedenkstätte, nicht die Juden.« Es sah nach dem Anfang eines Skandals aus – was aus Helmut Kohls Sicht einen Skandal über Juden und Deutsche bedeutete, über den er bald auf den Titelseiten von *Le Monde* und der *Jerusalem Post* und der *New York Times* lesen würde. Zwei Tage später legte er sein Veto gegen den Grabstein ein. Er sagte, er freue sich auf eine Holocaust-Gedenkstätte in Berlin, doch er hielte das Denkmal, an das Lea Rosh dachte, für »monströs und ohne Würde«. (»Gigantomanie« war ein Wort, das er verwendete.) Er forderte eine »Pause zum Nachdenken ... mit einer anschließenden öffentlichen Diskussion«, um einen neuen Entwurf zu finden – einen, der »einen breiteren Konsens« wecken würde. Daraufhin sagte selbstverständlich der Bürgermeister von Berlin, er sei auch für Dinge wie Nachdenken und Diskussion und Konsens. Nach Ablauf weniger Tage war der einzige Politiker in der Stadt, der noch irgend etwas Gutes über den Entwurf von Christine Jackob-Marks zu sagen hatte, der Bausenator Wolfgang Nagel. Nagel war der Meinung, daß der Entwurf bestehen sollte; er sagte, ihm gefielen »die Namensnennungen«, doch sein Grund schien hauptsächlich der zu sein, daß er gerade eine Million Dollar von Berlins Geld für die Veranstaltung des Wettbewerbs ausgegeben hatte, um den Entwurf auszuwählen.

Kohl hält zur Zeit das Bauland zurück, das er Lea Rosh versprochen hat. Rosh auf der anderen Seite sagt, daß das Land ihr gehört. Sie hat den Berliner Senat um eine Entscheidung gebeten. Nach dreißig Jahren im deutschen Fernsehen, ist Rosh dickhäutig und unversöhnlich. Der Kampf reizt sie. Von Kohl läßt sie sich kein bißchen mehr einschüchtern, als sie sich von den Historikern einschüchtern ließ, die sagten, daß Lea Rosh »eine Amateurin der Erinnerung« sei und der Erinnerung keinen echten Dienst erweise.

Ihre Ansicht über die Historiker ist: »Sie glauben, ihnen gehört die Geschichte. Sie haben Angst davor, sie zu verlieren.« Und das ist vermutlich auch ihre Ansicht über Kohl. Ich erinnere mich, wie sie an dem Tag, an dem ich sie traf, einen Anruf machte, um auf eine Einladung zu einer Kulturpreis-Zeremonie zu antworten, in die die Hannoveraner Gedenkstätte verwickelt war, und wie sie verlangte, daß ihr Name »wie Rita Süßmuths Name« auf die Einladung gesetzt werde. Rita Süßmuth ist die Präsidentin des Bundestags, und sie überreichte den Preis. »Ich habe viel mehr getan als Rita Süßmuth«, bellte Rosh in das Telefon. Sie meinte, mehr für Deutschland. Sie wollte vor den Kameras stehen. Sie wollte ihre Sache vortragen. (»Es ist wirklich *ihre* Grabplatte«, sagte Eike Geisel später.) Fast hätte ich sie bewundert.

Rosh pflegte darüber zu reden, daß sie sich mit ihrem Projekt an das deutsche Volk wenden werde. Sie schaffte es, von einundzwanzig Fernsehstationen kostenlose »Sendeminuten für die Holocaust-Gedenkstätte« zu bekommen. Sie überredete den Bertelsmann-Verlag dazu, die Kosten von fünf Millionen Werbebroschüren zu übernehmen. Sie bekam kostenlose Anzeigenseiten in nahezu der gesamten deutschen Presse und sogar kostenlose Überweisungsformulare für ihre Spender, freundlicherweise zur Verfügung gestellt von der Landesbank Berlin. Sie lud, wie Geisel es vorhergesagt hatte, gar jeden Deutschen ein, mit seinem Scheck ein jüdisches Opfer zu adoptieren. Ihre Freundin und Spendensammlerin Inge Borck sagt, daß sie viele Umschläge von »normalen Leuten« erhielt – fünf Mark, zehn Mark, den Erlös vom Weihnachtskartenverkauf einer katholischen Kirche, die Sammlung eines Berliner Kindergartens –, jedoch kein »großes Geld«. Der Vorstandsvorsitzende von Bosch hatte versprochen, einen Beitrag zu leisten, doch das Geld kam nicht, und ebensowenig kam das Geld von Daimler-Benz, trotz der Tatsache, daß Rosh bedacht gewesen war, Reuter in ihren Gedenkstättenausschuß aufzunehmen und sie ihn sogar zu dem Treffen einlud, bei dem sie den Grabstein auswählte. (Stefanie Endlich sagt, Rosh hatte daran denken sollen, daß Daimler-Benz die Zahlung von Reparationen an Überlebende, die zur Arbeit in seinen Kriegsfabriken gepreßt worden waren, jahrelang verzögert und schließlich weniger als fünfzehn Millionen steuerlich absetzbare Dollars herausgerückt hatte.) Somit zählte Rosh auf das deutsche Volk. Am Ende gab es ihr zweihundertzwanzigtausend Dollar.

Mag sein, daß das deutsche Volk nie ein besonders vielversprechender Kandidat war, denn was in Deutschland nach all dem Revidieren und Zurückgewinnen und Umbenennen und Saubermachen übriggeblieben ist, ist immer noch die Vergangenheit und sind die Leute, die sie gerne behalten wollen. In diesem Frühjahr grub ein Mann vom Deutschen Fremdenverkehrsamt in New York eine Dienstanweisung aus, derzufolge Juden, Schwarzen, Asiaten und Hispano-Amerikanern von einem Besuch in Deutschland abzuraten sei, und er behauptet, er sei deshalb entlassen worden; ein alter Professor an der Technischen Hochschule in Aachen gestand, daß er der gesuchte SS-Haupsturmführer ist, der für die Lieferung von Geräten für medizinische Versuche in Konzentrationslagern verantwortlich war; das deutsche Bundeskriminalamt in Karlsruhe gab bekannt, daß die Zahl von antisemitischen Verbrechen seit einem Jahr beständig gestiegen ist. Die Liste ließe sich fortführen, und man braucht nicht lange, um zu begreifen, daß die jugendlichen Skinheads, die Ausländer abfakkeln und in Synagogen Brandbomben legen, nur ein Teil von Deutschlands »Naziproblem« sind. Das wahre Problem hat mit einer anderen Art von Liste zu tun, einer Liste von Fragen: Wann wird die Vergangenheit vorbei sein? Sollte sie je vorbei sein? Was passiert dann mit der Erinnerung? Wiglaf Droste sagt, daß er nach »Schindlers Liste« das Kino in einer Menge von Menschen verlassen hat, die ihre Nasen schneuzten und ihre Köpfe schüttelten, als ob sie nie etwas vom Holocaust gehört hätten, bis Steven Spielberg auf die Idee kam, ihnen davon zu erzählen – und das trotz der Besuche in den Lagern und der Bücher und der Filme und trotz des riesigen und profitablen und mehrdeutigen Gewerbes des Shoah-Business. Droste meint, wenn die Leute überall in Deutschland so ihre Nasen schneuzen und ihre Köpfe schütteln, werde eine Holocaust-Gedenkstätte die »jüdische Frage« in diesem Land nicht mehr beantworten, als die Offiziere des 20. Juli 1944 sie mit ein paar Schiffen nach Kanada gelöst hätten.

Im vergangenen Winter traf ich hier einen Professor namens Gert Mattenklott. Er war nicht in Roshs Jury, und er ist kein Historiker – er unterrichtet Vergleichende Literaturwissenschaft an der Freien Universität Berlin –, aber wie Rosh hat er einen jüdischen Großvater, und er erzählte mir, daß er sich immer für das interessiert habe, was er »die Kultur der Erinnerung« nennt. Vor zwei Jahren stellte er eine Ausstellung über Gedächtnis und Denkmäler zusammen, die durch ganz Deutschland reiste; heute ist er so eine Art »Denkmalexperte« von Berlin, und seiner Meinung nach hat »die Leidenschaft für Denkmäler in Berlin, wo alles symbolisch ist, wo Vitalität sich jedoch immer irgendwo anders findet«, eine Art neutralisierende Wirkung für die Bedeutung von allem, was hier gebaut wurde.

Mattenklott glaubt, daß es den meisten Denkmälern Berlins bestimmt ist, »Allzweckbehälter für Schuld« zu werden, deren Bedeutung sich alle paar Jahre entsprechend der Politik der Stunde und sogar entsprechend den Vorurteilen der Stunde ändert. Er sagt gerne, daß das einzig Wertvolle an Monumenten die Diskussion ist, die sie auslösen: Sie bringen frische Luft in das »Gedächtnis«. »Gedächtnis ist flüssig, wie das Schreiben«, sagte er zu mir. »Man kann Gedächtnis nicht in ein Denkmal stecken.« Da er selbst Schriftsteller ist und andere Schriftsteller studiert hat, sucht er nun nach Erinnerung »in Antiquariaten und in den Reminiszenzen alter Juden« – bei Leuten, die noch die Risse zwischen privater Erinnerung und öffentlichem Diskurs bewohnen. Er sagt, als er von einem Denkmal für den Holocaust in Berlin zu hören bekam, war sein erster Gedanke: »Wo ist das Geld für Buchenwald?« Er erzählte mir, an Buchenwald zu denken (wo der Stumpf von Goethes Buche in der Mitte des Lagers steht und die Fremdenführer einen gelegentlich fragen, ob man wegen des Dichters oder wegen des Holocaust gekommen ist) und dann an Lea Roshs Gedenkstätte zu denken, das

»war, wie wenn man einen Schritt vorwärts in die Realität machte und drei Schritte zurück in eine Vergangenheit, die sich wie eine riesige Wüste ausdehnt«. Er sagt: »Man kann kein Denkmal für ein Paradox bauen. Man kann reden, man kann sprechen, aber man kann aus dem Trauma des Holocaust heraus nichts ›erschaffen‹.« Er meint, daß lediglich ein deutscher Künstler das halbwegs verstanden hat: ein Bildhauer namens Jochen Gerz, der ein Mahnmal in Hamburg errichtete, für das er Säulen verwendete, die Stück für Stück im Boden versanken, und Materialien, die verschwanden – Materialien, die der tragischen Tatsache Rechnung tragen, daß das Gedenken wie das Gedächtnis fragil und flüchtig ist und in keinster Weise der »Geschichte« dessen angemessen, was geschah.

Es gibt ein Wort im Deutschen – eines jener langen zusammengesetzten Worte, die die Deutschen aneinanderreihen, um einen Begriff zu erweitern. Das Wort ist *Vergangenheitsbewältigung*, und es bedeutet »Management der Vergangenheit« – doch immer im Sinne von »die Vergangenheit beherrschen«, sogar im Sinne von »die Vergangenheit manipulieren«. Mattenklott gebrauchte es, als wir uns unterhielten. Davor hatte es Walter Angress verwendet. Er sagte zu mir, daß 1995 das Jahr der *Vergangenheitsbewältigung* sein werde, und daß ich auf sie bei allem stoßen würde, was ich mir hier ansehe – die Befreiungsfeierlichkeiten, die Widerstandsarchive, das neue Historische Museum, das Holocaust-Gedenkstättenprojekt selbst. Die meisten meiner Berliner Freunde sagten auf die eine oder andere Weise dasselbe. Hansjörg Geiger, der die Stasi-Archive in Ost-Berlin leitet, benutzte das Wort *Schlußstrich*. Er sagte, er fing an, sich für 1995 zu interessieren, weil es wie der *Schlußstrich* war, auf den er am Ende der Stasiakten gestoßen war. Er meinte, das Jahr 1995 werde »die Geschichte durchstreichen. Abgeschlossen. Vorbei und erledigt. Weg.« Geiger glaubt, daß einer der Gründe, warum die Deutschen so fasziniert von dem sind, was er »die Stasi-Vergangenheit« nennt – die Geschichte der Geheimpolizei in Ostdeutschland und ihrer Millionen Informanten und ihrer Dutzenden von Millionen Seiten an Berichten, Anschuldigungen und Überwachungsprotokollen –, darin besteht, daß die Stasi-Vergangenheit zur Metapher für die Nazi-Vergangenheit und für die deutsche Mittäterschaft geworden ist. Eine Metapher vielleicht, die die Deutschen »bewältigen« können. Vor ein paar Jahren fuhr Geiger nach Israel, und – wie Lea Rosh und Eberhard Jäckel – unternahm er eine Pilgerfahrt nach Yad Vashem. Er sagt, wenn er darüber nachdenkt, Deutsch zu sein, darüber, was es bedeutet, ein Mensch mit einem Holocaust in seiner Geschichte zu sein, er seither immer daran denkt, was er auf einer schwarzen Tafel am Ausgang von Yad Vashem las: »Das Geheimnis der Erlösung liegt in der Erinnerung.« Der Satz ist mehrdeutig, doch Geiger vermutet, daß alles, was wie dieses von einem galizischen Rabbiner des achtzehnten Jahrhunderts geschrieben wurde, mehrdeutig sein sollte, denn wenn *er* an eine Holocaust-Gedenkstätte in Berlin denkt, dann denkt er nicht »Erlösung«. Er denkt »ein Zehn-oder-fünfzehn-Sekunden-Freispruch«.

Jens Reich – ein Biologe, den Deutschen besser bekannt als der Mann, der die Bürgerbewegung in Ost-Berlin anführte, als die Mauer fiel – erzählte mir vor nicht langer Zeit, daß das Gedenkstättenprojekt von Rosh ihn »ratlos« hinterlassen habe. Er war besorgt angesichts »all dieser Verwaltung der Vergangenheit«. Er sagte: »Es scheint, daß je mehr wir gedenken, desto mehr verdünnen wir die Ernsthaftigkeit des Gedenkens; je besser wir beschreiben, desto weniger meinen wir.« Reich ist so etwas wie ein ostdeutscher Richard von Weizsäcker, insofern er ein Intellektueller ist wie Weizsäcker und zu der selben Art von »nebulösen philosophischen Gedanken« neigt. (Tatsächlich hoffte er, von Weizsäckers Nachfolger zu werden; er hat sich letztes Jahr um die Präsidentschaft beworben.) Reich sagt Dinge, die erfolgreiche Politiker in Deutschland niemals sagen. Manchmal sagt er, er sei sprachlos. Er sagte: »Ich bin sprachlos«, als er zum erstenmal ein Konzentrationslager besuchte und alle Anwesenden darauf warteten, daß er etwas sagte. Es gefiel ihm, daß Roman Herzog, der das Amt bekam, das er wollte, im Februar in Auschwitz sagte, daß *er* sprachlos sei. »Auschwitz zu verarbeiten, diese Information zu verarbeiten, in der Lage zu sein, sich etwas ›Originelles‹ in solch einem Zusammenhang einfallen zu lassen – wie ist das möglich?« fragte mich Reich. Er verbrachte den Krieg in Dresden, und er erinnert sich an die Bombardierungen. Er kann den schmelzenden Asphalt riechen und die ersten Leichen und die Leichenberge, die darauf warteten, verbrannt zu werden, doch er sagt, daß er diese Erinnerungen nicht in »Gedenken« verwandeln kann, oder er müßte sonst davon sprechen, wer zuerst bombardiert hat und er müßte Coventrys und Leningrads »gedenken«, und dann müßte er mit dem »Gedenken« fortfahren – Sarajewo, Ruanda, Tschetschenien – und zum Schluß wäre er dem Mysterium des Holocaust kein bißchen näher gekommen oder irgendeines Holocausts oder der Frage, die ihn verfolgt: »Wie konnte dies in der Mitte Europas in einem ›zivilisierten‹ Jahrhundert geschehen?«

Als Renata Stih und Frieder Schnock ihr Bushaltestellenprojekt bei Lea Rosh einreichten, hatten sie bereits ein Mahnmalprojekt für Berlin fertiggestellt – ein Projekt, das viele Berliner für das einzige Denkmal halten, das sich überhaupt der Erfahrung anzunähern beginnt, wie es war, in Deutschland unter Hitler jüdisch zu sein. Es ist kein Monument. Es besteht aus achtzig bedruckten Aluminiumschildern – übergroße Straßenschilder in Wirklichkeit –, die Stih und Schnock an Lampenposten über den ganzen ruhigen Wohnbezirk namens Schöneberg verteilt haben. Schöneberg war einst ein *bürgerlicher* jüdischer Bezirk. Es war reich und, wie sein Name sagt, schön – »jüdische Schweiz« pflegten die Leute es zu nennen –, und darin war er nicht viel anders als andere reiche schöne Berliner Bezirke, außer eben, daß sechzehntausend Juden dort lebten, Juden, die sich selbst für so »deutsch« hielten, daß eine Handvoll von ihnen 1943 immer noch in Schöneberg lebte und darauf wartete, daß andere Deutsche sie retten würden. Sie fuhren mit dem letzten Zug, der nach Auschwitz ging. Stih und Schnock wollten in Schöneberg den kleinen alltäglichen, »gewöhnlichen« Diskriminierungen nachspüren – den Befehlen und Verboten und Erlässen –, die zu Auschwitz führten, indem man sich mit sechzehntausend assimilierten deutschen Juden beschäftigte und sie langsam, methodisch außerhalb des deutschen Lebens und des deutschen Mitgefühls und des deutschen Mitleids stellte. Auf der einen Seite ihrer Schilder druckten sie heitere, einfache Bilderbuchbilder: einen Bühnenvorhang, ein Bund Radieschen, einen Badeanzung, eine Katze, eine Kanne Milch. Auf der anderen Seite druckten sie den Befehl, der zu den Bildern gehörte: Juden ist es verboten, in Theatern aufzutreten (5. März 1934); Juden ist es verboten, Gemüse anzubauen (22. März 1938); Juden ist es verboten, schwimmen zu gehen (3. Dezember 1938); Juden ist es verboten, Haustiere zu halten (15. März 1942); Juden ist es verboten, Milch zu kaufen (10. Juli 1942).

Das erste Schild, das ich sah, befand sich genau in der Mitte Schönebergs, auf dem Bayerischen Platz, in der Nähe des Rathauses. Es war das Bild einer roten Bank, und es hieß darauf: »Juden dürfen am Bayerischen Platz nur die gelb markierten Sitzbänke benutzen.« Ich besorgte mir eine Karte und ging los, und nach einer Weile gewöhnte ich mich an die Schilder. Ich verstand, wie »normal« es anderen Deutschen vorgekommen sein mußte, wenn im Laufe einiger Jahre den Juden alles verboten worden war außer zu sterben – und wie, als es soweit war, niemand außer den Juden sich noch viel dabei dachte. Ich folgte den Schildern durch den Bezirk, bis ich zu einem Schild mit dem letzten Schöneberger Deportationsbefehl kam – und schließlich zu einem Schild mit dem, was die erste offizielle Revision des Holocaust genannt werden könnte: Auf einer Seite war das Bild eines schwarzen Aktenordners mit einem unbeschrifteten Aufkleber. Auf der anderen Seite befand sich eine Anordnung, ausgestellt am 16. Februar 1945. Sie lautete: »Alle Akten, deren Gegenstand anti-jüdische Tätigkeiten sind, sind zu vernichten.« Die Leute in Schöneberg leben heute mit den Schildern. Sie sind keine »Kunst«. Sie sind wie kleine Erinnerungen, und in ihrer Tiefe und Einfachkeit lassen sie wenig zu sagen übrig.

August 1995

Deutsch sein

Jeden Sonntagabend haben sich in diesem Herbst (1984) fünfzehn Millionen Deutsche – in Ost und West – eine Fernsehserie mit dem Titel *Heimat* angeschaut. *Heimat* war Deutschlands Version einer Masterpiece-Theatre-Produktion. Die Serie beschrieb das Leben dreier Familien aus einem Bergdorf im Hunsrück über ein Jahrhundert hinweg, und sie handelte von dem, was die Leute in meiner Straße in Paris vermutlich *Allemagne profonde* – tiefgründiges Deutschland – nennen würden. Die Deutschen hatten überlegt, die Serie *Made in Germany* zu nennen, bis jemand beim Westdeutschen Fernsehen entschied, daß *Heimat* der beste Titel sei. *Heimat* bedeutet im Englischen soviel wie *home* (Heim), doch in dem Sinne wie deine Familie oder dein Land oder die Farm deines Urgroßvaters dein Heim ist. Es ist eins dieser verrücktmachenden Worte wie *Innerlichkeit* oder *Weltschmerz*, mit denen die Deutschen einem suggerieren, daß ihre Erfahrung zu kompliziert ist, als daß irgend jemand anderes sie verstehen könnte. Wenn ein Deutscher von *Heimat* spricht, dann bringt er Heim und Heimatland in einem anrührenden Gefühl zusammen. Das Wort nützte dem Dritten Reich, und man hörte es selten in zivilisierter Gesellschaft, nachdem das Reich im Krieg untergegangen war.

Vor ein paar Jahren wurden Heimat und Heimatland aus dem Schrank für verdächtige deutsche Enthusiasmen geholt und abgestaubt wie eine Dreißiger-Jahre-

Boa oder ein federngeschmückter Jagdhut. Die Leute sprachen davon, »wieder Deutsch zu sein«, von einer besonderen Qualität des Deutschtums, die durch Landes- und Sprachgrenzen definiert wurde – jedoch nicht notwendigerweise durch Kultur oder Bewußtsein oder gar Geschichte. Sie sprachen von einer neuen Art der *Ostpolitik*, von einer Sehnsucht nach »Deutschland« und davon, den Deutschen auf der anderen Seite der Mauer die Hand zu reichen, um dieses Deutschland gemeinsam mit ihnen zu erleben. Das Land, das sie meinten, war jenes Deutschland, das sie im Sonntagabendprogramm neu erfanden. Es war ein kleines Hunsrückdorf, in dem ehrliche Bauern ihren ehrlichen Dialekt sprachen und ihre alte, ehrliche deutsche Lebensart bewahrten und wohin die Kinder, weil sie unter dem Leben in der Welt draußen litten, unvermeidlich zurückkehrten, um willkommen geheißen zu werden und Vergebung zu erlangen. Es war das Deutschland der Romantiker, von Hölderlins Gedichten und Eichendorffs Geschichten, und da es jenseits von Zeit und Politik und Verantwortlichkeit zu existieren schien, war es ein Ort, an dem es sich erheblich bequemer leben ließ als in jenem anderen romantischen Deutschland, von dem Radikale wie Ulrike Meinhof vor zehn oder fünfzehn Jahren sprachen – ein Deutschland, das die Verpflichtung hatte, ein reinigendes moralisches Feuer zu entfachen und für seine Verbrechen zu brennen und sich selbst durch Selbstverwerfung und Buße wiederaufzubauen. Auf gewisse Art war *Heimat* ein Weg aus jenem aufreibenden, unmöglichen Unternehmen, das deutsche Vergangenheit heißt – nicht so sehr eine Flucht, mehr eine Kapitulation, ein Fallenlassen in Vereinfachungen hinein, die sich nicht sehr von den Vereinfachungen der heutigen Rechten in Amerika unterscheiden. V. S. Naipaul beschrieb in einem Artikel über den diesjährigen Parteitag der Republikaner einen politischen Fundamentalismus, der »viele unterschiedliche Ängste miteinander verrührte« und die

»einfachste, verschwommenste Lösung offerierte: Amerikanismus, die Behauptung des amerikanischen Selbst«. Man braucht nur »Amerikanismus« durch »Deutschtum« und »Behauptung des amerikanischen Selbst« durch »Behauptung der deutschen Seele« zu ersetzen, und man hat eine recht gute Beschreibung von *Heimat* im Dienste der deutschen Politik. *Heimat* ist heute ein Code für deutschen Fundamentalismus; er nimmt die Landschaft als seinen Text, einen Katalog einfacher, selbstsüchtiger, »ländlicher« Werte als sein Thema und das »Wieder-Deutsch-Sein« als seine Absicht.

Die Grünen mit ihrer pastoralen Politik sind Fundamentalisten. Die Bayern mit ihrem rauhen, rechtslastigen Patriotismus sind ebenfalls Fundamentalisten (auch wenn bei jedem anderen Thema außer »Heimat« zwischen den Grünen und der Christlich-Sozialen Union Bayerns eindeutig Welten liegen). Und viele normale Westdeutsche sind es genauso, liberale Deutsche in großen Städten wie Frankfurt oder Hamburg; sie reden auch von »Heimat« und davon, »wieder Deutsch zu sein«. Einige von ihnen sagen, daß der Wohlstand sie verführt habe, nicht mehr »Deutsch zu sein«. Sie sagen, daß sie gerade erst zu begreifen beginnen, daß die schreckliche Teilung Deutschlands nicht die politische Teilung war, sondern die gefühlsmäßige – daß der Kalte Krieg so schnell auf den Krieg folgte, den Deutschland gekämpft und verloren hatte, daß es binnen eines Jahres nach der Kapitulation für sie einträglicher war, die Kommunisten zu hassen als sich mit anderen Deutschen im Haß auf die Nazis zu vereinen. Sie geben oft Amerika die Schuld, weil es die Amerikaner waren, die sie dazu ermutigten, ihre Vergangenheit zu vergessen und sich auf die Russen zu konzentrieren. Die Tatsache, daß die Austreibung des Nazismus in Ostdeutschland ein zynisches Ritual war, durchgeführt aus politischen Gründen, tröstet sie nicht über das hinweg, was sie ihre amerikanische Verführung nennen. Auf gewisse Weise beneiden sie die

Ostdeutschen. Die harsche Welt, die die Ostdeutschen bewohnen, mag ihnen angemessen erscheinen. Ostdeutschland ist das Deutschland, das seine Verbrechen eingestanden hat und sich – zumindest dabei – wiedergefunden hat.

Vor fünf oder zehn Jahren war die Teilung Deutschlands in eine Deutsche Demokratische Republik im Osten und eine Bundesrepublik im Westen nicht so sehr ein Thema. Eines der Klischees des geteilten Deutschlands war, daß es sowieso nie ein »Deutschland« gegeben hatte, bevor Napoleon die dreihundert kleinen Königreiche, Herzog- und Fürstentümer sowie Stadtstaaten, die er auf seinem Weg nach Rußland überrannte, dazu zwang, sich zu etwa fünfunddreißig geringfügig größeren Königreichen, Herzog- und Fürstentümern sowie Stadtstaaten zusammenzuschließen, und bevor Bismarck wiederum diese »Deutschlands« in ein Deutschland hineinzwang, das in Wirklichkeit aus Preußen und seinen unwilligen Satelliten bestanden hatte. (Goethe schrieb einmal darüber, wie er in Weimar, als er Premierminister des Herzogtums und seiner fünftausend Einwohner war, bei dem Geräusch aufwachte, das sein Staatsschäfer verursachte, als er seine Staatsschafe auf die Weide trieb.) Doch die rhetorische Rede von einem Deutschland war immer ein Thema. Die Deutsche Einheit war, was Augustinus die bürgerliche Theologie genannt hätte. Nach dem Krieg wurde sie mehr zu einer millennialistischen als zu einer praktischen Theologie – »Nicht mehr in unserer Zeit«, lautete der warnende Hinweis, wann immer Politiker über die Vereinigung Deutschlands sprachen –, und sie war ein Thema, das Adenauer zu seinem großen Vorteil benutzte. Ich habe einen Freund in Hamburg, der sich an den Tag erinnert (er war elf Jahre alt, und es war Sommer 1953), an dem Konrad Adenauer zu den Baracken außerhalb der Stadt kam, in denen er und seine Mutter zusammen mit Tausenden anderer Flüchtlinge aus der Ostzone lebten.

Adenauer versprach, daß sie alle binnen eines Jahres wieder zu Hause sein würden, und mit diesem einen Satz gewann er sechstausend Wählerstimmen. Nicht, daß irgendeiner von den Flüchtlingen glaubte, daß sie nach Hause zurückkehren würden; sie glaubten an die Theologie, und Adenauer hatte sie mit seiner Reinheit und seinem Ansehen wieder ehrbar gemacht.

Die Vorstellung von einer deutschen *Volksseele* ist viel älter als die Vorstellung von einem deutschen Staat. Der Philosoph Johann Gottfried von Herder (der ein Schüler Kants und ein Lehrer Goethes war) glaubte, daß die Seele eines Volkes in der Sprache seiner Vorfahren lebe, in der überkommenen Dichtung, und dieser Glaube führte geradewegs zu Hegels Theorie von der Geschichte und Hölderlins Dichtung von der »Heimat«. Herder erfand das *Volk*, das zum deutschen *Volk* wurde, und er definierte die *Volksseele*, die beim Aufstieg des Nationalstaates und seiner Ideologie mit der Seele Deutschlands ineins gesetzt wurde. Seine im achtzehnten Jahrhundert verwurzelten Spekulationen darüber, daß die Volksseele immer dann degeneriere, wenn andere Sprachen in ihre Sprache »eindringen«, wurden im neunzehnten Jahrhundert zu den Wahrheiten des deutschen Nationalismus. Damals waren die Deutschen Meister darin, Historisches aus seinem Kontext zu reißen und es durch Sprachfilter zu passieren – romantische Sprachfilter , bis sie es soweit destilliert hatten, daß es Mythologie geworden war.

In diesem Herbst sagte Erich Honecker, Erster Sekretär der ostdeutschen SED, einen Besuch ab, den er bei dem westdeutschen Kanzler Helmut Kohl hatte machen wollen. Helmut Schmidt hatte die Einladung an Honekker im Jahre 1981 ausgesprochen, und Kohl hatte Honecker an die Einladung erinnert, als sie sich bei Andropows Beerdigung in Moskau trafen. Honeckers Besuch wäre der erste offizielle Staatsbesuch eines ostdeutschen Parteiführers in Westdeutschland gewesen, und wenn das zunächst nicht viele Westdeutsche über die Maßen aufregte, mag das vielleicht daran gelegen haben, daß sie annahmen, es habe früher schon mal einen solchen Besuch gegeben. Als Honecker seinen Besuch absagte – es war drei Wochen vor dem Termin, zu dem er in der Bundesrepublik sein sollte –, begann der italienische Außenminister Giulio Andreotti davon zu reden, wie gefährlich es ohnehin gewesen wäre, zwei deutsche Staatschefs unbeaufsichtigt zusammenkommen zu lassen. Dann erst regten sich die Westdeutschen auf. Andreotti hielt eine Rede über Deutschland bei einer politischen Versammlung in Rom im September, und niemand weiß, warum er es tat, es sei denn, er wollte etwas Aufregendes sagen, um sein Publikum zu unterhalten, und wählte zufällig Deutschland als Thema. Er hielt eine weitere Rede bei einer Pressekonferenz während eines Staatsbesuchs in Saudiarabien. Er sagte, zwar wünsche jeder zu erleben, daß die beiden Deutschlands gut miteinander auskommen, doch niemand wünsche zu erleben, wie ein »Pan-Germanismus« ermutigt oder der Status eines der beiden Deutschlands in Frage gestellt werde. Es war eine ziemlich vernünftige Feststellung, zieht man in Rechnung, daß niemandem in Europa bei dem deutschen Enthusiasmus für »Deutschland« wirklich wohl *ist*. Die Leute im Westen neigen dazu, die Familientreffen und Auswanderungsvisen und Handels- und Marketingvereinbarungen zu übersehen, die die wahren Erfolge der westdeutschen *Ostpolitik* darstellen. Sie glauben, daß jeder ostdeutsche Einfluß in Westdeutschland bestenfalls »neutralistisch« ist – was bedeutet, daß er Westdeutsche besorgt macht, weil bei ihnen Raketen stationiert sind oder weil Westdeutschland zum Schlachtfeld eines Dritten Weltkrieges werden könnte – und schlimmstenfalls kommunistisch. Wer liberal ist, meint entweder, daß Willy Brandts *Ostpolitik* verzerrt worden sei oder daß Kohl seine eigene Ostpolitik improvisiert habe – eine, die die Fakten der Niederlage nicht wirklich erfaßt, welche, wie Helmut Schmidt es einmal ausdrückte, »das Dach sind, unter dem Deutschland existieren wird«. Sie sind beunruhigt, aber nicht überrascht, wenn Kohls Innenminister Friedrich Zimmermann anfängt, vom »wahren« Deutschland in den Grenzen von 1937 zu reden.

Das Thema Deutschland kommt bei jedem Treffen des Europarats zur Sprache – und aller Wahrscheinlichkeit nach auch bei jeder Zusammenkunft des Warschauer Paktes. Günter Gaus, der 1974 die erste westdeutsche Vertretung in Ost-Berlin eröffnete, pflegt zu sagen: »Wir haben dies mit Ostdeutschland gemeinsam: Keiner von uns ist frei, unsere wichtigen Fragen, Fragen, bei denen es um Leben und Tod geht, selbständig zu entscheiden.« Die Russen haben sich angewöhnt, die *Ostpolitik* als »Revanchismus« zu bezeichnen. Sie betrachen jede freundliche Geste Kohls in Honeckers Richtung als Infiltration, und sie vor allem sind dafür verantwortlich, daß Honecker dieses Jahr Westdeutschland fernblieb. Die Amerikaner neigen dazu, jede freundliche Geste Honeckers in Kohls Richtung als ein Zeichen für Honeckers Sehnsucht nach Demokratie zu betrachten – ein aufmunternder Gedanke, doch keiner, der wohl ihren eigenen Beziehungen zu den Russen dienen wird. Europa mag der einzige Ort auf der Welt sein, wo die Kampflinien klar gezogen sind und die Bündnisse (relativ) respektiert werden. Tatsache ist, daß keine Seite besonders gewillt ist, einen Wandel zu riskieren. Die polnische Solidarität wurde im Westen öffentlich gepriesen, doch insgeheim betrachtete jede NATO-Regierung Lech Walesa und seine Arbeiterrevolution als ein Ärgernis – als einen Schrei nach Hilfe, den zu beantworten man sich ebensowenig erlauben konnte, wie man imstande war, seine Nichtbeantwortung zu erklären. In derselben Weise sorgt die Westeuropäer, die die Aussicht auf eine wiederbelebte und unabhängige deutsche Nation wirklich nicht beunruhigt, statt dessen die Aussicht auf einen instabilen und unsicheren Kontinent. Der Westen beabsichtigt kein bißchen mehr, Deutschland zu vereinigen, als das die Russen tun. Jeder weiß das, doch das bestehende Arrangement sieht vor, daß niemand das zugibt. Als Andreotti auf seine Weise über den Pan-Germanismus sprach, brach er, wie es ein irritierter Pariser Diplomat nannte, das »gentleman's agreement«.

Westdeutschland ist nicht wirklich ein Land. Das Arrangement ist eine Formalität, doch die Tatsache bleibt bestehen, daß das westdeutsche Grundgesetz eine provisorische Verfassung ist, die Hauptstadt in Bonn eine provisorische Hauptstadt und das Verfassungsgericht in Karlsruhe ein provisorisches Gericht. Rechtlich betrachtet warten die Westdeutschen darauf, wieder »Deutschland« zu werden mit Berlin als Hauptstadt. Die Alliierten haben nichts damit zu tun, wie Westdeutschland sein inneres oder diplomatisches Leben führt, doch als Unterzeichner der Pariser Verträge von 1954 verfügen sie über eine Machtvollkommenheit wie in keinem anderen Land der NATO – eine Machtvollkommenheit, die den Gebrauch von deutschem Land und die Stationierung von Truppen und Waffen beinhaltet –, und sie wollen diese Machtvollkommenheit behalten, solange die Russen in Osteuropa sind. Sie wollen in Westdeutschland bleiben, ob die Deutschen sie dort haben wollen oder nicht, und sie wollen die Frage Berlins offenhalten.

Was das alles wirklich bedeutet, ist, daß das Thema »Deutschland« kompliziert ist. Es heißt, daß die deutsche Wiedervereinigung in Westdeutschland nicht nur die bürgerliche Theologie ist, sondern die Begründung, auf der sämtliche politischen Institutionen Westdeutschlands basieren und mit dem die militärische Störung durch 350.000 ausländische Truppen und ihre Bomben und Raketen gerechtfertigt wird. Ein Grund, warum

Honecker Schwierigkeiten hatte – Schwierigkeiten zu Hause ebenso sehr wie in der Sowjetunion –, seinen geplanten Besuch bei Kohl zu erklären, bestand darin, daß Kohl sich geweigert hat, ihn im Bundeskanzleramt in Bonn zu empfangen, und darauf bestand, ihn außerhalb der Stadt in einem Hotel in Bad Kreuznach zu treffen. Damit bedeutete er, daß *er* nicht dazu verpflichtet sein wollte, Honecker in Honeckers Residenz in Ost-Berlin zu besuchen, wenn er den Besuch erwiderte. Solange westdeutsche Regierungschefs den Häusern der ostdeutschen Regierungschefs fernbleiben, vermeiden sie es, zugeben zu müssen, daß Ostdeutschland existiert und daß, zumindest im Augenblick, Ost-Berlin die Hauptstadt von jemand anderem ist.

Der Kritiker René Wellek nannte drei Kriterien für eine romantische Kultur: Glaube an Mythen, Glaube an die Kraft der poetischen Sprache, die Wirklichkeit zu vertiefen, und Glaube an die Einheit der Natur. Diesen Kriterien folgend, kann man behaupten, daß Deutschland sich nie wirklich vom Romantizismus erholt hat. Der Mythos von »Deutschland« und die Sprache von Heimat und Landschaft bedeuten jedem Deutschen etwas, ungeachtet dessen, was er von Kanzlerämtern hält und davon, wohin die Hauptstadt gehört. Irgendwie beschämte Giulio Andreotti die Deutschen, indem er so offen zugab, daß das wahre Interesse des Westens darin lag, die in Jalta gezogenen Grenzen zu erhalten – daß die rhetorische Rede von »einem Deutschland« eine strategische Bequemlichkeit war und nicht das Geringste damit zu tun hatte, das Land eines Tages zu vereinigen. Andreotti ist ein Politiker, dessen Name in der Regel dann in deutsche Zeitungen gerät, wenn ihn jemand zu Hause beschuldigt, er habe Freunde in der Mafia oder er mache verdächtige Geschäfte mit Michele Sindona – doch nach seiner Rede in Rom fand er sich im

Zentrum einer Debatte über Deutschland wieder, die lange anhielt. Horst Ehmke, ein führender Politiker der sozialdemokratischen Minderheit im Bundestag, versuchte, die Diskussion zu beenden, indem er sagte, daß es schließlich zwei Deutschlands *gab* und jeder das wisse und daß insofern Andreottis Gedanken zu diesem Thema kaum überraschend waren. Doch die Christdemokraten nahmen den Umstand übel, daß ein Italiener – und obendrein ebenfalls ein Christdemokrat – so redete, als ob Italien in Jalta zu den Alliierten gezählt hätte, als die Zentraleuropa aufteilten. Sie waren wütend über das Wort »Pan-Germanismus«, das inzwischen ein beschönigender Ausdruck für Nazismus ist, und über die Implikation, daß ihre Gefühle über das Deutschsein suspekt seien. Kohl selbst verlangte eine Entschuldigung. Sein Außenminister Hans-Dietrich Genscher zitierte den italienischen Botschafter zu sich – und machte aus »Entschuldigung« dann »Erklärung«. Der Botschafter rief seinen Ministerpräsidenten Bettino Craxi an, und Craxi schrieb einen, wie er es nannte, Brief der Klarstellung an Kohl, doch die »deutsche Frage« war immer noch nicht klarer, als sie es vierzig Jahre lang gewesen war.

Rudolf Augstein, der Herausgeber des wöchentlichen Nachrichtenmagazins *Der Spiegel*, sagt, Leute im Ausland hätten oft ein schlechtes Gewissen wegen der rätselhaften Sache, die sie die »deutsche Frage« nennen, er sei jedoch der Ansicht, ein schlechtes Gewissen wegen etwas zu haben, das so *ist* und nicht geändert werden kann, sei genauso, wie wenn man ein schlechtes Gewissen wegen des Wetters habe. Die Politik der beiden Deutschlands ist von einer solch verrückten, auf den Kopf gestellten Qualität, daß es nicht selten leichter fällt, sich vorzustellen, daß Helmut Kohl und Erich Honecker in der Traumwelt von »Alice hinter den Spiegeln« aufeinanderstoßen als in Ost-Berlin oder in Bonn. Rußland redet von zwei Deutschlands und will wahrscheinlich beide. Amerika redet von einem Deutschland und ist viel glücklicher mit zweien. Was Ronald Reagan unter »normalen Beziehungen« zwischen den beiden Deutschlands versteht, schließt nicht wirklich die Diskussion über ein »Deutschland« mit ein, zu der normale Beziehungen führen würden. Freimut Duve, ein Abgeordneter der Sozialdemokraten aus Hamburg, der eine wichtige Rolle in der deutschen Friedensbewegung spielt, sagt, daß sich das Land in einer klassischen Zwickmühle befindet: So wie die Gesetze zur Zeit lauten, könnte selbst Honecker während der Bürostunden in jede westdeutsche Polizeistation spazieren und einen westdeutschen Paß verlangen und ihn bekommen. Duve gefällt die Vorstellung von Honecker in einer Polizeistation. Manchmal gefällt ihm, sagt er, auch die Vorstellung, wie drei Millionen kommunistischer Bürokraten aus Ostdeutschland die Grenze überqueren und ihr Recht einfordern, weiter für die »deutsche« Regierung zu arbeiten. Das Problem in Deutschland ist, daß das Unnormale das Normale ist. Es wäre normal, wenn die beiden deutschen Regierungschefs sich besuchten, doch in Deutschland ist es »normaler« – irgendwie angebrachter –, daß Honecker Kohl nicht besucht und Kohl nicht Honecker, als es der Besuch gewesen wäre, den Honekker absagte.

Als Willy Brandt 1969 anfing, seine *Ostpolitik* zu verhandeln, sprachen die Leute in Deutschland davon, eine »Aufgabe der Geschichte« zu erledigen – die Aufgabe also, die Menschen zweier deutscher Staaten wieder miteinander in Kontakt zu bringen. Die Ostdeutschen (und die Russen) behaupteten fest, daß es nun unwiderruflich zwei deutsche Völker gebe – kapitalistisch und dekadent im Westen, kommunistisch und wertvoll zu Hause –, die sich wohl ohne Gefahr treffen könnten, aber Brandts Politik war subtiler, denn sie hatte mit der Kultur zu tun, die die Deutschen teilten. Der Umstand, daß Ostdeuschland so viel unternahm, um seine Ostpolitik zu untergraben – von der Stationierung scharfer Hunde an der Mauer bis zur Schikanierung von Reisenden an den Kontrollpunkten –, verdeckte den Fortschritt, der unter Brandt und später unter Schmidt erzielt wurde. Familien, die zwanzig oder dreißig Jahre lang getrennt waren, begannen, sich zu besuchen. Handelsverkehr setzte ein – in einem Ausmaß, daß Ostdeutschland heute zu einem der wichtigsten europäischen Märkte Westdeutschlands geworden ist. Geschäftsleute in der Bundesrepublik nutzten die niedrigen ostdeutschen Lohnkosten und begannen, Waren aus der DDR als geschützte »deutsche« Produkte in die Länder des Gemeinsamen Marktes zu exportieren – womit sie Ostdeutschland zu einer Art Juniorpartner in der Europäischen Gemeinschaft machten. Diplomaten begannen, über die Repatriierung der Millionen von Deutschen zu verhandeln, die über Osteuropa verstreut waren. Es kostete Westdeutschland eine Menge Geld (inzwischen beträgt der Preis pro Flüchtling ungefähr zwanzigtausend Dollar), doch das Ergebnis war, daß sechshunderttausend Deutsche aus Polen, Rumänien, der Tschechoslowakei und Rußland westdeutsche Staatsbürger wurden.

Leute, die Brandt und seiner Deutschlandpolitik mißtrauisch gegenüber standen (Helmut Kohl war einer von ihnen), sahen in seiner *Ostpolitik* eine Gelegenheit für die Sowjets, eine gewisse Begeisterung für Neutralität auszunutzen, die während Brandts Regierungszeit in Westdeutschland zu Tage zu treten begann und die im Laufe der Jahre stärker wurde, als sich die Linke gegen die NATO wendete und Brandt selbst mehr und mehr von einem neutralen Nordeuropa sprach. Doch Entspannung etablierte sich ebenfalls in diesen Jahren, und insoweit die Beziehungen zwischen Ost- und Westdeutschland damals wirklich den Stand der Ost-Westbeziehungen im Allgemeinen widerspiegelten, war die *Ostpolitik* ebenso zwangsläufig wie menschlich. Die

Stimmung in Westdeutschland fing in den späten siebziger Jahren an, sich zu ändern – genauso wie sie sich in Amerika änderte. Als Jimmy Carter mit dem Bau neuer Raketen begann – mehr als zweihundert davon waren für die Bundesrepublik bestimmt – und »nuklearer Kriegsschauplatz« zum Euphemismus für den Atomkrieg in Deutschland wurde, begann die deutsche Linke, über Stationierung und Neutralität zu streiten, und die deutsche Rechte entdeckte ihre Leidenschaft für »Deutschland«, die in gebildeten konservativen Kreisen als eine Art deutscher Gaullismus durchging, die jedoch in den *Bierstuben* Baden-Württembergs und Bayerns wie altmodischer Nationalismus klang. Für ein Land, das die Hälfte aller Soldaten in den Landstreitkräften der NATO bereitstellt, ist es nur vernünftig, ein Mitspracherecht bei den Plänen der NATO haben zu wollen, doch die NATO ist hier hauptsächlich ein Thema der Grünen und des linken Flügels der Sozialdemokraten. Die Wählerschaft, von der die Politiker des rechten Flügels getragen werden, eint mehr ihr tiefer, nahezu narkotisierter Anti-Modernismus, ihre Sehnsucht nach *Heimat*, als irgendeine bestimmte Politik. Ihre Vision ist allein »Deutschland«. Die ländlichen Werte, die sie verehren, sind in Wirklichkeit ländliche Simplizitäten. Bei ihnen handelt es sich um dieselben Werte, von denen junge deutsche Idealisten zu Beginn dieses Jahrhunderts schwärmten, während sie durch deutsche Wälder streiften und deutsche Berge erkletterten, dabei die Natur anbeteten und sich selbst *Wandervögel* nannten. »Deutschland« machte daraus die *Hitlerjugend*. Manche Leute sind der Meinung, die Grünen seien ein bißchen wie *Wandervögel*. Die Grünen zählen siebenundzwanzig Sitze im Bundestag, doch sie erscheinen zur Arbeit immer noch mit ihren Babies auf dem Rücken und Vollkornkeksen in der Tasche. Sie sind von einer holzknüppelartigen geistigen Gesundheit und verhalten sich oftmals intolerant. Sie können ihre Freunde – und erst

Recht den Rest des Parlaments – mit ihren Belehrungen über das gute Land versus die schlechte Stadt, über die gute Natur versus Zivilisation und über Kühe versus Elektrizitätswerke in Tiefschlaf versetzen. Viele von ihnen haben mehr »Wahrheit« im Kopf als Erfahrung, doch sie arbeiten hart, und sie kennen Deutschland bis in die kleinste Stadt hinein, und für den Augenblick scheinen sie das Gewissen des Landes zu sein und nicht sein Problem.

Helmut Kohl wurde zu Beginn des Jahres 1983 gewählt, ein paar Monate, nachdem Breschnew gestorben war und Andropow in Moskau die Macht übernommen hatte. 1983 war von der Entspannung nicht mehr viel übrig. Die Russen waren bereits in Afghanistan eingefallen und kräftig dabei, SS-20-Raketen für Ostdeutschland herzustellen. Amerika war kräftig dabei, Marschflugkörper und Pershing-2-Raketen herzustellen. Reagan hatte zwei Jahre seiner ersten Regierungsperiode hinter sich und schien Entspannung für eine trügerische Vorliebe zu halten – etwas, womit Liberale ihre Zeit zubringen. Kohl wußte nicht, was er davon halten sollte, als Reagan davon zu reden anfing, daß Entspannung ein Pakt mit dem Teufel sei, jedoch andeutete, daß Kohl seinen Teil unter einer anderen Bezeichnung weiterbetreiben könne – wie ein Spion im Auftrag. Kohl selbst ist einfachen Geistes. Manchmal klingt er wie ein guter Soldat Schweijk, der in eine Regierung geraten ist – einer, der immer versucht, das Angenehme, Patriotische zu tun, und der es immer falsch tut. Ein Dokumentarfilm mit dem Titel *Krieg und Frieden*, der vor ein paar Jahren in Westdeutschland gedreht wurde, zeigt Kohl während eines Armeemanövers in einem Panzer. Der Kanzler trug einen Kampfanzug der Bundeswehr, und ein Reporter fragte ihn, ob dies das erstemal sei, daß er eine Uniform trage. Kohl antwortete fröhlich: »Oh, nein, ich war mal Flakhelfer, und ich trug eine Uniform, eine richtige Uniform!« (Die Londoner *Times* nannte Kohl »den ersten deutschen Nachkriegsregierungschef, der nicht gegen die Franzosen gekämpft hat«, und man fragt sich, was Willy Brandt, der den Krieg im Exil in Skandinavien verbrachte, dazu zu sagen hätte.) Leute, die Kohl mögen, beschreiben ihn als aufrichtig und sagen, daß er ein wenig schwerfällig sei, ein wenig ungeschickt, verstärke lediglich seinen »deutschen« Charme und bestätigte diese Aufrichtigkeit. Leute, die ihn nicht mögen, sagen, daß seine Volkstümlichkeit eine List sei. Sie sagen, daß die deutschen Konzerne darauf vertrauen, daß Kohl ihre Interessen wahrt. Sie sehen die Tatsache, daß Kohl 1973 die Christdemokratische Union von einem Mann übernommen hat, der praktisch von Friedrich Karl Flicks Konzern mit einem Betrag von 700.000 Dollar dafür bezahlt wurde, daß er zu Gunsten von Kohl zurücktrat, als Beweis dafür an, daß seine Freunde ihn entweder für effizient oder für nützlich halten. Kohl selbst sagte letzte Woche vor dem Bundestag über Flick-Gelder aus, die *er* erhalten hat. Er gab zu, etwa 55.000 Dollar in Tausendmark-Scheinen erhalten zu haben, die in unbeschriftete Umschläge gestopft waren. Es hat sich herausgestellt, daß Flick den Christdemokraten über die Jahre hinweg 2,8 Millionen Dollar an Spenden ausgezahlt hat, zwei Millionen Dollar an die Freidemokraten und 1,5 Millionen Dollar an die Sozialdemokraten. Der Konzern wollte Steuerbefreiungen und Freunde in jeder Partei, ob sie an der Regierung war oder nicht. In Westdeutschland gibt es keine Gesetze, die die Offenlegung von Spendenzahlungen verlangen, doch es wird sie zweifellos bald geben.

Kohl verstand nicht wirklich, daß es mit der Entspannung vorbei war. Er war ein Amateur, was den Rest der Welt betraf. Was Reagan meinte, als er zu Kohl über sein »moralisches Konzept« in der Außenpolitik sprach, war schlicht, daß Ost- und Westdeutschland so lange

Feinde bleiben sollten, wie Rußland und Amerika nicht miteinander auskamen. Kohl, das muß zu seiner Ehre gesagt werden, schien allerdings verstanden zu haben, daß es für die beiden Deutschlands wichtig war, miteinander wenn nicht enger, so doch entspannter umzugehen. Nun, da er sie geerbt hatte, mochte er die Idee der *Ostpolitik*. Es war eine unpräzise Zuneigung; die *Ostpolitik* schien ihn an die fünfziger Jahre zu erinnern, als die Christdemokraten so populär waren und Politiker den Leuten vom »heimgehen« erzählen konnten und dafür bejubelt wurden. Seit damals haben eineinviertel Millionen Flüchtlinge aus Osteuropa begonnen, in Westdeutschland zu wählen. Sie lieferten den kleinen Vorsprung, der die Christdemokraten 1983 an die Macht brachte; und sie sind offen in ihren Vorurteilen: Sie hassen Kommunisten. Kohl, der gefallen will, haßt Kommunisten ebenfalls. Er redet nicht davon, Deutschland zu vereinigen, doch er scheint zu glauben, Deutschland ließe sich *wiederbeleben*. Der Krieg hörte auf, als er fünfzehn war, und das mag der Grund sein, warum er soviel Schwierigkeiten mit dem »Dach« der Geschichte hat, das Helmut Schmidt beschrieb. Bei Brandts *Ostpolitik* – und später bei der von Schmidt – ging es um ganz spezifische Vereinbarungen über den Handel und über West-Berlin und über Familienkontakte, und diese Vereinbarungen wurden in Verträgen mit Warschau, Moskau und Ost-Berlin ratifiziert. Nach dem Helsinki-Abkommen von 1975 wurden sie um die Menschenrechte erweitert – insbesondere um das Recht der Familien, die durch die Mauer zwischen den beiden Deutschlands getrennt waren, auf Zusammenführung. Kohls *Ostpolitik* war anders. Das Überraschendste an ihr war, daß sie so lange so problemlos vonstatten ging – über eineinhalb Jahre –, denn hinter ihr stand keine Politik, keine bestimmte Absicht. Kohl liest gerne seine Verträge mit den Ostdeutschen, doch, wie es ein Mann aus seinem Kabinett ausdrückte, er liest nicht zwischen den Zeilen.

Erich Honecker verwirrt viele Christdemokraten. Der Umstand, daß er Deutscher und Nationalist sein kann und zur gleichen Zeit ein leidenschaftlicher Kommunist, verwirrt sie, und der Umstand, daß er bereit ist, die russische Politik zu akzeptieren und sogar hinter ihr zu stehen, verwirrt sie, und desgleichen tut unweigerlich der Umstand, daß er wütend wird, wenn im Westen Ereignisse wie ein Bonnbesuch mit Sätzen angekündigt werden wie: »Erich Honecker wendet sich der Demokratie zu.« Günter Gaus, der Erich Honecker sehr gut kennt und ihn bewundert, sagt, um Erich Honecker zu verstehen, müsse man an jene deutschen Katholiken des neunzehnten Jahrhunderts denken, die Bismarck so viele Schwierigkeiten bereiteten, nachdem er Deutschland geeinigt hatte und versuchte, sie von ihrer patriotischen Pflicht zu überzeugen, an erster Stelle dem Kanzler zu gehorchen und erst an zweiter, wenn überhaupt dem Papst. Die Katholiken hielten sich selbst für ebenso deutsch wie Bismarck, doch sie hörten weiterhin auf den Papst, wenn es darum ging, wer ihre Bischöfe wählen und ihre Kinder erziehen sollte. Sie wurden Ultramontane genannt, denn Bismarck beklagte, daß sie immer über die Alpen hinweg auf den Vatikan schauten, und Gaus sagt, daß Honecker auf seine Art ein Ultramontaner ist, denn in Glaubensfragen schaut *er* hinüber zum Kreml. Gaus sagt auch, daß »über die Berge hinweg« nach Moskau zu schauen, ganz und gar nicht dasselbe sei, wie jeden Morgen Moskau anzurufen und um Erlaubnis zu bitten, sich rasieren oder ein weichgekochtes Ei zum Frühstück essen zu dürfen – was so ist, wie sich viele Westdeutsche Honeckers Handlungsweise vorstellen, jedenfalls wenn sie sich nicht gerade ausmalen, daß er sich von Moskau lossagt, indem er ihr Land besucht. Letztes Jahr erlaubte Honecker, daß Martin Luther mit einer über Monate andauernden Feier zum fünfhundertsten Geburtstag in die offizielle Hagiographie Ostdeutschlands aufgenommen wurde. Er ließ Friedrich den Großen und sein Pferd wieder auf ihren Marmorsockel Unter den Linden in Ost-Berlin zurückkehren. Er möchte, daß die Ost-Berliner ein Stück weit eine eigene Identität ausbilden, doch er weiß auch, daß sie lieber reisen würden als sich eine Pferdestatue anzuschauen oder eine Geburtstagsfeier für Luther zu erleben; sie wären lieber ein bißchen wohlhabender, und ihre Kinder würden lieber in amerikanischen Jeans zu japanischen Walkmans tanzen, als sich Marionettentheater-Inszenierungen des Reichstags zu Worms zu unterziehen.

Ostpolitik ist wichtig für Honecker. Ostdeutschland ist eine der zwölf industriellen Großmächte der Welt, und das gibt dem Land ein Maß an ökonomischer Freiheit und einigen Einfluß in Moskau, den Polen etwa oder die Tschechoslowakei nicht besitzen. Honecker kann die selben Argumente für die *Ostpolitik* anführen wie die Westdeutschen. Er kann sagen, daß Ostdeutschland die Last der Verteidigung Osteuropas trägt und die Last des Risikos in den Schlachtplänen und im Gegenzug dafür etwas Besonderes bekommen muß. Mindestens dreitausend Atomwaffen lagern in Ostdeutschland; vierhunderttausend sowjetische Soldaten sind dort stationiert. Viele Ostdeutsche glauben, daß sie für Moskau und den Warschauer Pakt geopfert werden, wie auch viele Westdeutsche glauben, daß *sie* für die Vereinigten Staaten und die NATO geopfert werden. Sie alle wissen, was »nuklearer Kriegsschauplatz« bedeutet, ob nun ein Russe oder ein Amerikaner davon redet. Sie wissen auch, daß Deutschland im Augenblick eine Schlüsselstellung für die politische Stabilität in Europa einnimmt. Ein französischer Diplomat, den ich kenne und der, wie man sagen könnte, am Kalten-Kriegs-Schreibtisch des Quay d'Orsay arbeitet, sagt, daß genauso wie die Ungarn 1956 und die Tschechen 1968 auch die Ostdeutschen mit Moskau einen Handel abschließen mußten – ihre politische Freiheit im Austausch gegen jeglichen ökonomischen oder auch persönlichen Kontakt mit dem Westen –

und daß sie sich nun in einer Position befinden, wo sie die Einlösung dieses Handels erleben können. Ihr Preis ist hoch, weil die Kommunisten in Ostdeutschland so unbeliebt sind wie die Griechen in der Türkei (die Westdeutschen schätzen, daß im Falle freier Wahlen in Ostdeutschland sich die Kommunisten glücklich erachten könnten, wenn sie zehn Prozent der Wählerstimmen erhielten), und weil die Russen noch größere Angst vor einem echten Verständnis zwischen den Deutschen haben als die Amerikaner. Die Russen wollen Deutschland alle Traumen des Kalten Kriegs durchleiden lassen. Sie wollen eine kleine deutsche Oase in der Mitte Europas verhindern, in der Nationalität über Ideologie siegen könnte, wie es eine Zeitlang in Polen der Fall war. Honecker kann zu den Russen sagen: »Zahlt nun Euren Teil«, denn er weiß, daß sie lieber zahlen, als einen deutschen Walesa an den Hals zu bekommen.

Als Honecker seinen Besuch absagte – das offizielle Wort ist »verschoben«, da er es augenscheinlich 1985 noch einmal versuchen will –, erzählte jeder in Westdeutschland eine andere Geschichte. Manche Leute sagten, er habe abgesagt, weil Alfred Dregger, der Führer der christdemokratischen Parlamentsmehrheit, ihn beleidigt hatte. (Dregger, der ein Reaktionär ist und zwar ein erbitterter, äußerte gegenüber der *Welt*, daß »unsere Zukunft nicht davon abhängt, ob uns Herr Honecker die Ehre eines Besuchs erweist oder nicht«.) Andere gaben Kohls Berater in innerdeutschen Angelegenheiten Philipp Jenninger die Schuld wegen einiger Dinge, die *er* gesagt hatte – unter anderem, daß die furchterregenden neuen Atomwaffen, die dieses Jahr in Ost- und Westdeutschland stationiert werden, die beiden Deutschlands in Wirklichkeit enger zusammenbringen werden. Weiterhin gab es die Debatten darüber, wo man sich treffen sollte (Staatsoberhäupter empfangen andere Staatsoberhäupter für gewöhnlich nicht in vorstädtischen Hotels), und die Störungen durch Zeitungen wie *Die Welt*, die Schlagzeilen druckten im Stile von WIE FREI IST HONECKER? Dann war da Kohls Widerwille, über die Probleme zu reden, über die Honecker, frei oder nicht frei, reden mußte, um die Russen zu besänftigen – Probleme wie jenes, ob Westdeutschland jemals Ostdeutschland anerkennen und damit aufhören werde, Ostdeutsche mit einer »deutschen« Staatsbürgerschaft zu locken. Da war die Frage, Botschaften anstelle von Vertretungen einzurichten, Botschafter anstelle von ständigen Vertretern zu entsenden. Da war die Frage der »Sicherheit« – die auf die Raketen zielte. Honecker wollte über Sicherheit reden. Er besitzt ganz und gar nicht die Freiheit, Ostdeutschland abzurüsten (er besitzt nur die Freiheit zu verlangen, daß Kohl Westdeutschland abrüstet), doch Abrüstung stand ganz oben auf seiner Tagesordnung, weil die Ostdeutschen sehr viel über sie reden, weil sie Amerika in Verlegenheit versetzt und weil sie sich hervorragend zur Propaganda eignet. Auf Kohls Tagesordnung stand sie nicht. Kohl war nicht willens, einer gemeinsamen Erklärung über die Zusammenarbeit der beiden Deutschlands in Fragen der Abrüstung zuzustimmen – eine Erklärung, die Honecker mit nach Hause nehmen wollte. Die einzigen Themen, die Kohl willens war, mit Honecker zu besprechen, waren Umwelt und Menschenrechte.

Die Leute hier sagen, daß Moskau den Besuch gestoppt hat, doch Honecker könnte ihn ebensogut selbst gestoppt haben, bevor Moskau Gelegenheit dazu hatte. Honecker ist in den Formen der Selbstzensur erfahren, die führende osteuropäische Politiker an der Macht hält, und die Debatten über seinen Besuch fielen im sowjetischen Block erheblich heftiger aus, als er es wohl zum Zeitpunkt seiner Einwilligung zu der Reise vorausgesehen hatte. Im Juli bereits druckte die *Prawda* Karikaturen von im Stechschritt marschierenden Westdeutschen in Nazi-Uniformen (in Wirklichkeit ist es die ostdeutsche Armee, die im Stechschritt marschiert, und nicht die westdeutsche), und der *Rote Stern* berichtete, die Bundeswehr übe »nach Hitlerischem Vorbild ... für einen Angriff auf die Sowjetunion und ihre sozialistischen Verbündeten«. Honecker hielt durch, solange er konnte. Er sorgte dafür, daß das Ost-Berliner *Neue Deutschland* jeden Standpunkt in der Debatte druckte, von den Leitartikeln der *Prawda* bis zu den Zurückweisungen der *Prawda* – die überraschenderweise aus Ungarn kamen. Nachdem er den Besuch abgesagt hatte, sagte Todor Schiwkow, der bulgarische Parteisekretär, *seinen* Besuch in der Bundesrepublik ab. Der einzige Osteuropäer, der Kohl diesen Herbst besuchte, war der rumänische Präsident Nicolae Ceauşescu, der sich selbst eingeladen zu haben scheint.

Ein Schweizer Dramatiker, den ich kenne und der viel Zeit in Westdeutschland verbringt, sagt, er habe aus Gründen, die er nicht erklären könne, jedem Deutschen, den er treffe, die folgende Frage gestellt: Wie definieren Sie Fortschritt? Die Ostdeutschen haben die Selbstschußanlagen aus ihren Stellungen in der Mauer entfernt und durch Waffen ersetzt, die, wie sie sagen, »besser« sind. Ist das Fortschritt? Sie haben die Eisenbahn, die durch West-Berlin führt, den West-Berlinern übergeben. Eine Zeitlang hoben sie sogar einige Auswanderungssperren auf – was sie nie taten, während Deutsche den Rest Zentraleuropas sehr wohl in Richtung Bundesrepublik verließen. Im Februar diesen Jahres überquerten zweitausendsechshundert Ostdeutsche die Grenze nach Westdeutschland; bis zum Mai waren fünfundzwanzigtausend Ostdeutsche hier angekommen. Die Auswanderung wurde dann gestoppt, weil für zu viele von Honeckers Untertanen »Deutsch sein« angefangen hatte zu bedeuten, westdeutsch zu sein. Die Zahl der Ostdeutschen, die auf ihre Ausreisevisen warten, liegt nun irgendwo zwischen 200.000 und 500.000 – einschließlich der 180 Ostdeutschen, die diesen Herbst begannen, in den westdeutschen Botschaften in Prag, Budapest, Bukarest und Warschau zu kampieren. Ist das Fortschritt? Ostdeutschland war in Schwierigkeiten, als Honecker anfing, davon zu reden, daß er Leute gehen lassen wolle. Das Land brauchte harte Währung – neues Geld nennen die Banker es heutzutage –, so wie Italien 1976 neues Geld gebraucht hatte, und wie es die Türkei zwei Jahre später gebraucht hatte. Gewissermaßen verkaufte Ostdeutschland dem Westen fünfundzwanzigtausend Ostdeutsche für West-Mark. Als die Auswanderung einsetzte, hatten westdeutsche Banken Ostdeutschland bereits eine Milliarde Mark geliehen – »Sehen Sie, wir sind keine kalten Krieger«, sagte Franz-Josef Strauß, der bayerische Ministerpräsident. Als die Auswanderung gestoppt wurde, kamen diese Banken zu der Ansicht, daß sie besser noch eine Milliarde mehr geschickt hätten.

Es war Strauß, der den ersten Kredit vereinbarte – nicht Kohl oder Jenninger oder Hans Otto Bräutigam, Kohls Ständiger Vertreter in Ost-Berlin. Strauß leitet die Christlich-Soziale Union, und seit Jahren geht er seinen christdemokratischen Partnern allein durch seine Anwesenheit auf die Nerven. Man pflegte ihn einen Faschisten zu nennen. Nun, da er sich mit Ostdeutschland beschäftigt, sagt man, daß er für den Faschismus »zu katholisch« sei – daß er eher ein verkrusteter alter Nationalist sei, ein gefühlsduseliger Verehrer von »Deutschland«. In der Tat scheint Strauß, bedenkt man die hiesige Stimmung, nicht annähernd so furchtbar wie vor fünf Jahren. Strauß haßt Kommunisten, doch mehr noch liebt er »Deutschland« – und das hat seine Politik immer exzentrisch gemacht. Er wollte Kanzler werden, doch er und seine Partei brachten die glatten Kapitalisten in Verlegenheit, die hinter jeder konservativen deutschen Regierung stehen. Er war 1956 Verteidigungsminister, und in den sechziger Jahren war er drei Jahre lang Finanzminister, doch das waren die einzigen Male, daß man ihn nach Bonn holte. Er ist fast siebzig. Immer noch schwirren Geschichten über wilde Parties auf seiner Jagdhütte herum, und ab und an veröffentlicht jemand einen Schnappschuß des fleischigen Herrn Strauß mit einer jungen Blondine auf dem Schoß, doch nun, da er sich entschlossen hat, seine Spuren in der deutschen Politik zu hinterlassen (er sagt, er wolle den Christdemokraten zeigen, wie man es macht), hat er angefangen, sich selbst auf »diplomatische« Missionen zu schicken, in der Art wie, sagen wir, Jesse Jackson. Er schickte sich selbst nach China und Albanien und Ungarn, und dann schickte er sich selbst nach Ostdeutschland. In Ostdeutschland hat er nicht über Staatsbesuche oder Staatsverträge oder Protokollfragen gesprochen. Er sprach über einfache deutsche Menschen, die ihr Geld mit ihren Nachbarn teilen, und über andere einfache deutsche Menschen, die ihre Siebensachen packen und gen Westen ziehen, wie Cowboys. Es war eine *Ostpolitik* nach Hausmacherart, die Strauß sich ausdachte: Mit ihr machte er die Runde bei Westdeutschlands Banken und verhandelte einen der aufsehenerregendsten – und kompliziertesten – Kredite in der Geschichte des Landes. Der Unterschied zwischen ihm und all den anderen Politikern, die Ostdeutschland »retten« wollten, besteht darin, daß Strauß nie seine Freiheit bezweifelte, überall einen Handel abzuschließen. Plötzlich wirkte er originell – avantgardistisch, sagten die Leute. Sogar ein paar Grüne kamen zu der Ansicht, er sei (in den Worten eines von ihnen) »ein netter alter Kerl«, und fuhren nach München, um ihn zu besuchen. »Ist das Fortschritt?« würde mein Schweizer Freund fragen. Ist es Fortschritt, wenn Strauß Beifall dafür erhält, daß er Andreotti »skandalös und verräterisch« schimpft, und wenn Horst Ehmke demonstrativ keinen Beifall dafür erhält, daß er sagt, was immer man vom italienischen Außenminister halte, Deutschland bestehe nun einmal aus zwei Staaten, und es sei Unsinn, das zu leugnen?

François Mauriac sagte einmal, er liebe Deutschland so sehr, daß er froh sei, daß es zwei davon gäbe. Glaubt man Strauß, würde Mauriac, wenn er Deutschland heute sehen könnte, einen anderen Weg finden, um seine Zuneigung auszudrücken. Wenn sich Franz-Josef Strauß mit François Mauriac beschäftigt (er tat es in einer speziellen »Deutschland«-Ausgabe des *L'Express*, die der *Heimat*-Ausgabe des *Spiegel* folgte und die die Worte *»Une nation dans ses états«* auf dem Titel hatte), bedeutet das, daß etwas Merkwürdiges in Deutschland passiert, etwas, daß in den Kunstwerken junger Deutscher auftaucht – selbst wenn sie weit von zuhause entfernt arbeiten. Wim Wenders gewann das Filmfestival in Cannes mit dem Film *Paris, Texas*, der von einem kleinen Jungen handelt, der ziemlich glücklich bei seiner Tante und seinem Onkel in Los Angeles lebt, bis sein leiblicher Vater – eine verlorene amerikanische Seele, ein Mann, der seiner Frau Kuhglocken umzuhängen und sie dann am Herd anzubinden pflegte, damit sie nicht herumstreunen konnte – den Jungen aus diesem glücklichen Leben rettet und ihn mit seiner leiblichen Mutter »wiedervereinigt«, einem reinen Mädchen in einem Bordell in Texas. Als sich Mutter und Kind treffen, scheinen sie vor Wenders Kamera eins zu werden, miteinander zu verschmelzen. Sie sind ein Fleisch, ein Blut. Der Film, so wird mir gesagt, lege Zeugnis über Amerika ab. Er mag ebensogut Zeugnis darüber ablegen, was Deutschland verwirrt.

Vor ein paar Jahren schrieb Walter Abish einen Roman mit dem Titel *Wie deutsch ist es*. Leute, die ich in Frankreich kenne und die das Buch gelesen haben, nennen es einen *roman policier*, einen Krimi, doch es ist so sehr ein *policier* wie, sagen wir, Henry James' *Die goldene Schale* eine Liebesgeschichte ist. Der Roman handelt von Ulrich Hargenau, einem jungen Mann aus einer Familie berühmter Deutscher. Ulrich ist Schriftsteller und selbst ein wenig berühmt. Sein Vater ist mehr als berühmt; er ist ein Held im »neuen« Deutschland, weil er vor vierzig Jahren ein Komplott von Offizieren gegen Hitler anführte und dafür erschossen wurde. Ulrich hat das »von« im Familiennamen fallengelassen und wenig gentlemanlike gegen einige Freunde seiner Frau ausgesagt, die in ihrer Wohnung herumzuhängen pflegten und dabei den Kühlschrank leer aßen und die sich als Terroristen einer Bande namens die Einziehgruppe herausstellten. Ulrich liebt seine Frau – inzwischen seine Ex-Frau – und versucht nun weniger, sie wiederzufinden, als herauszufinden, wie »deutsch« sie ist. Er bringt seine Frau in Verlegenheit, er bringt die Terroristen, die er durchzufüttern pflegte, in Verlegenheit, und ganz besonders bringt er den dritten berühmten Hargenau in Verlegenheit, seinen Bruder Helmuth, einen Architekten, der Polizeistationen entwirft und sich seine Aufträge erhalten will. Ein Grund, warum Ulrichs Gesellschaft sie so in Verlegenheit bringt, besteht darin, daß irgend jemand in einem gelben Porsche versucht, ihn umzubringen. Ständig schickt ihm jemand entweder Warnungen in Malbüchern oder jagt die Polizeistationen seines Bruders in die Luft oder führt Ulrich Geliebte zu, die ihn nicht mit anderen Männern hintergehen, sondern mit anderen Identitäten. Er weiß nicht, was er von diesem »Deutschland« halten soll, wo die Leute so mörderisch und so freundlich sind (und wo lediglich der alte Diener seiner Mutter, eine andere Art von Architekt, der im Keller ein Konzentrationslager aus Streichhölzern nachgebaut hat, für verrückt gehalten wird), und wo die entscheidenden Beobachtungen deinem Aufschlag beim Tennis gelten und die entscheidende Anschuldigung lautet: »Du liebst mich nicht mehr.«

Abish ist in Wien geboren, das er 1938 im Alter von

sieben Jahren verließ, und schließlich gelangte er nach New York, heiratete und blieb dort. Er war nie in Deutschland gewesen, als er *Wie deutsch ist es* schrieb, doch sein Roman ist die treffendste Beschreibung Nachkriegsdeutschlands, die ich gelesen habe. Wenn man Abish über das Buch befragt, sagt er, daß »Deutschland« immer ein imaginärer Ort gewesen sei, eine Idee von Deutschland. Er sagt, daß jeder, der irgend etwas über das Land weiß – über seine Sprache oder seine Geschichte oder seine Philosophen oder seine Greuel –, ein eigenes Deutschland erfinden wird, und es gibt daher keinen Grund, warum das Deutschland von Walter Abish weniger »deutsch« sein sollte, als, sagen wir, das Kohls oder Honeckers oder das von Strauß. Als Abish 1982 schließlich Deutschland besuchte, war er ein wenig irritiert. Er mochte Deutschland. Es war ein wunderschönes Land. Er fing an, sich zu fragen, ob die Amerikaner oder die Engländer, die 1943 und 1944 über Deutschland flogen, nach unten geschaut hatten, als sie die Bomben warfen, und gedacht, daß sie etwas Wunderschönes bombardierten. Als er nach Hause zurückkam und mit einigen von ihnen sprach, fand er selbstverständlich heraus, daß sie ganz und gar nicht an Schönheit gedacht hatten. Abish ist ein Jude und ein Intellektueller, und Fragen über Deutschland gehen ihm oft durch den Sinn. Er sagt, daß die Deutschen, die er traf, angenehm gewesen seien. Sie haben ihn herumgefahren, als er versuchte, sein Deutschland zu finden, doch es waren immer sie selbst, die fragten, »wie deutsch es ist«, wenn sie etwas Beunruhigendes sahen oder hörten. Er erhält immer noch Briefe über die Orte, die er sich ausdachte – die Polizeistationen, die zerbombt werden; die trostlosen neuen Vororte, die über Massengräbern und auf dem Gelände von Konzentrationslagern erbaut wurden; die friesischen Inseln, wo hübsche Terroristen sich zur Ruhe setzen und wo »gute« Deutsche und »böse« Deutsche mit einem Drink in der Hand gemeinsam am

Strand spazierengehen, in kühler Komplizenschaft. Die Deutschen, die ihm schreiben, haben diese Orte bei sich zu Hause entdeckt, exakt so, wie er sie beschrieben hat. Deutschland ist wohl das einzige Land auf der Welt, in dem die Menschen die Wirklichkeit mit einer solchen Beharrlichkeit untersuchen, mit solcher Ängstlichkeit und Sehnsucht.

November 1984

Neo-Nazis und das Chaos in den Köpfen

Vor ein paar Monaten rief Hans-Jürgen Ladinek von der Ludwigshafener Kriminalpolizei die Mutter eines Skinheads namens Gerhard Horn an, der gerade erst seine Gefängniszeit für etwas abgesessen hatte, das die Skins »Bordstein knacken« nennen; was heißt, daß er und ein Freund am Silvesterabend 1989, zwei Monate nach dem Fall der Mauer, einen Ausländer entdeckt hatten, den sie traten, bis er auf dem Bürgersteig lag, und dem sie dann mit ihren durch Stahlspitzen verstärkten Dog Martens solange auf den Kopf sprangen, bis sie die Knochen knacken hörten. Kriminalhauptmeister Ladinek erkundigte sich nach dem Stand der Dinge, tätigte einen freundlichen inoffiziellen Anruf, um zu hören, wie das Leben im Hause Horn verlief, nun da Gerhard seine anderthalb Jahre abgesessen hatte und aus dem Gefängnis entlassen war und vermutlich eine Arbeitsstelle besaß. Ladinek leitet eine spezielle Jugendabteilung der Ludwigshafener Polizei, und er hatte die Ermittlungen im Fall Horn geführt. Es war Ladinek gewesen, der dem »kleinen Metzger« – Horn war Metzger, »ein recht kleiner Kerl, den man kaum bemerkt, aber sehr schnell, sehr brutal«, sagt Ladinek – ein Geständnis entlockt und ihn dazu gebracht hatte, Namen und Orte und Gewalttaten so detailliert zu benennen, daß fünfzehn Neo-Nazi-Skinheads aus weit entfernten Orten wie Heidelberg oder gar Frankfurt festgenommen und für eine Serie von Verbrechen angeklagt wurden, die man zuvor nicht miteinander in Verbindung gebracht hatte und die von Körperverletzung bis zu Mordversuch reichten.

Ladinek hatte an diesem Tag an Horn gedacht, weil das Bordsteinknacken an jenem Silvesterabend das erste eindeutige Neo-Nazi-Verbrechen in der Geschichte Ludwigshafens gewesen war. Horn, der nach vier Stunden Verhör mit den Worten gestanden hatte, Ladinek sei »der erste Mensch, der mir je zugehört hat«, machte ihn neugierig, und wenn Ladinek auch einräumt, daß es schwerfällt, still dazusitzen und einem Mann wie Horn zuzuhören, wenn man nicht gerade ein Polizist ist, der ein Geständnis will, oder selbst ein Nazi-Begeisterter, so fragte er sich doch, wie Horn nach anderthalb Jahren Gefängnis über sein Leben in der Skin-Szene dachte. Außerdem hatte er ein Interesse für den Ausländer entwickelt, den Horn geknackt hatte – einen energiegeladenen jungen türkischen Arbeiter namens Ender Basaran, der das Knacken irgendwie überlebt hatte und versuchte, mit seinem Leben fortzufahren, trotz des Nervenschadens in seinem Gesicht und trotz einer weißen Narbe neben seinem linken Auge und trotz größerer Sehschwierigkeiten. Ladinek half Basaran gerade mit einem persönlichen Problem, wobei das Problem in einer deutschen Freundin bestand, die angezeigt hatte, Basaran habe *sie* tätlich angegriffen, nachdem sie eine Stelle in einer örtlichen Bar angenommen hatte, wo, wie Basaran behauptete, anstelle von Pretzeln die Mädchen zusammen mit den Getränken serviert wurden. Er hatte Mitleid mit Basaran, der in Deutschland lebte, seit er ein Jahr alt war, und der noch immer nicht eine Nutte von einem netten, offenen, liebevollen deutschen Mädchen unterscheiden konnte. Er mochte Basaran. Was er am meisten an Basaran mochte, war, daß der den Ludwigshafener Dialekt – pfälzisch nennen ihn die Leute in Rheinland-Pfalz – wie ein Einheimischer sprach und in der Tat so gut wie Ladinek selbst. Er sagte oft, daß die zwei Dinge, die ihm am meisten halfen, wenn er mit

Skinheads und ihren Familien fertig werden mußte, sein pfälzisch und seine Macho-Art waren – seiner Meinung nach ließen sich die Skins von einem großen bärtigen Polizisten in Jeans und Stiefeln, von einem Polizisten mit Ohrring und einem alten roten Sweatshirt am Leib, ein bißchen mehr einschüchtern als von einem steifen Kriminalbeamten in einem Anzug. Er verfiel sofort ins Pfälzische, als er mit Gerhard Horns Mutter telefonierte. Er freute sich zu erfahren, daß Gerhard nun Haare hatte und Arbeit und normale Kleider. »*Alles ist normal!*« sagte Frau Horn zu ihm. »*Wunderbar! Das ist wunderbar!*« sagte er immer wieder.

Sein Deutsch war voller Dialekt. Es war dröhnend und einschmeichelnd und voll pfälzischem Gefühl. Als Frau Horn ihn anlog und ihm eine falsche Adresse von Gerhard gab und eine falsche Telefonnummer, rief er sie lachend zurück. Man konnte ihn über den ganzen Flur der Polizeistation hören, wie er Frau Horn einwickelte. Ladinek gibt nicht viel auf die Vorstellung, Nazi-Skinheads zu rehabilitieren. Er mag Frau Horn eingewickelt haben, doch als er Gerhard Horn erreichte, sagte Gerhard zu ihm: »Leck mich am Arsch!« – und das war noch mit das Harmloseste, was er sagte. Ladinek weiß soviel wie jeder andere Polizist in Deutschland darüber, was gelangweilte oder verbitterte oder enttäuschte Jungs zu Killern macht, die Türken knacken und Asylanten verbrennen. Zugegebenermaßen ist es nicht viel, sagt er, doch eins weiß er: daß »sie Chaos in ihren Köpfen haben«, und die Idee, einen Therapeuten oder Sozialarbeiter oder auch einen Polizisten mit einem Skin in einen Raum zu setzen, um zu versuchen, seine Probleme zu lösen oder sein Bewußtsein zu erhöhen, oder auch nur, um ihm Angst einzujagen, amüsiert Kriminalhauptmeister Ladinek ebenso sehr, wie es die anderen Ludwigshafener Kriminalbeamten amüsiert, die Ladineks Meinung zuneigen, daß »es keinen Weg gibt, um diese Jugendlichen zurückzugewinnen«.

Die Leute im Westen Deutschlands, die nicht Polizisten sind, die Skinheads verhaften, und nicht Ausländer, die Skinheads aus dem Weg gehen, haben immer angenommen, daß die sanften Hilfsangebote des Wohlfahrtsstaates erfolgreich mit allen sozialen Problemen fertig werden, einschließlich des Problems, das sie nun haben. Doch die jugendlichen Skinheads mit ihren Hakenkreuz-Tätowierungen und ihrer alarmierenden Brutalität und einem Krankheitsbild, das Ladinek als das »Fehlen einer natürlichen moralischen Grenze von Ja und Nein« beschreibt, entziehen sich ihnen. Die Skins heute haben nichts gemein mit den Skins, die die Deutschen zu kennen glaubten – mit den linken Skins, die jeder hier Redskins nennt, Rothäute, weil die Schnürsenkel an ihren Kampfstiefeln als Zeichen für die Revolution rot sind. Für einen Fremden, der die Codes von Ohrringen, Insignien und Tätowierungen nicht kennt, sind die rechten Skinheads von den Redskins nicht zu unterscheiden, außer daß *ihre* Schnürsenkel weiß sind, für »weiße Macht«. Die Sache liegt jedoch so, daß die rechten Skins, bis sie die Ausländer entdeckten, hauptsächlich daran interessiert waren, Redskins anzugreifen (die gewöhnlich weniger daran interessiert sind, bedrohlich zu sein, als bedrohlich auszusehen) und Punks anzugreifen (die überhaupt nicht bedrohlich sind, es sei denn, man hält grüne Haare oder lila T-Shirts oder umgekippte Mulltonnen fur bedrohlich). Ihre Ideologie, wenn das das richtige Wort ist, ist primitiv. Niemand in Ludwigshafen kann sich daran erinnern, mal einen intelligenten rechten Skinhead getroffen zu haben oder auch nur einen rechten Skinhead, der sich ausdrücken konnte. Die Skins sagen »Heil Hitler!«, doch sie wissen nicht mehr über Hitler oder den Krieg, als daß Hitler Menschen vernichtete, die »anders« waren, was sie selbst auch gerne tun. Sie wissen nicht einmal etwas von der »ethnischen Säuberung«, die gerade ein paar hundert Kilometer entfernt in Bosnien geschieht. Sie lesen keine Zeitungen. Sie lesen Killer-Comic-Hefte und hören Oi-Musik, was eine Art von Heavy-Metal-Rock ist, der die Freuden des Genozids besingt. Manche von ihnen glauben, daß Oi von den britischen Skins herstammt, die die Pakis, was die Kurzform für »Pakistani« ist, verprügelten und die sie als die ersten Skins bewundern; sie glauben, daß es für »original idea« steht. Manche von ihnen glauben, daß es sich von »joy« ableitet, dem englischen Wort für Freude. Und manche von ihnen glauben, daß es sich von dem »oi« in »Doitschland« ableitet. Sie gehen zu Oi-Konzerten. Sie wissen nicht, daß andere Leute Oi für ein jiddisches Wort halten. Sie kennen keine Juden oder wissen nichts über Juden, doch Juden stehen mit Sicherheit auf der Liste ihrer Feinde, zusammen mit Türken, Flüchtlingen und Asylsuchenden, jedem eben, der »fremd« ist. Sie versuchen, Juden zu überfallen, wenn sie sie finden können. Das letzte Mal, als Skins in Deutschland einen Juden überfielen – sie brachten ihn um –, stellte sich heraus, daß der Jude wohl ein Christ gewesen war. Sie sagten hinterher, daß er jüdisch »aussah«.

Jeder hier hat eine Theorie über die Skinheads. Die Skinheads werden untersucht und analysiert und kategorisiert und zwar in einem Maße, das den rührenden deutschen Glauben beweist, mit genügend Geld, mit genügend Anstrengung und genügend Sachverstand werde man am Ende immer eine Erklärung finden. Das Bundeskriminalamt, das FBI Deutschlands, hat ein Dossier über die Skinheads für Polizisten in Orten wie Ludwigshafen zusammengestellt, und dasselbe hat der Verfassungsschutz getan, der eine spezielle Bundespolizei zum »Schutze der Verfassung« ist und der Verbrechen gegen den Staat untersucht – Naziverbrechen, Verbrechen von Terroristen, Verbrechen von Gruppierungen, die die Regierung stürzen wollen. Jeder Polizist liest diese Dossiers, außer jenen Polizisten – von ihnen gibt es viele in Deutschland, jedoch nicht in Ludwigshafen –, die der Ansicht sind, daß die Skins etwas Nützliches tun. Aus keinem der Dossiers kann man viel lernen, das über Statistiken hinausgeht, denn alles, was man von echten Skinheads erfährt, widerspricht der offiziellen Weisheit ziemlich. Soviel ist bekannt: Es gibt etwa sechstausend »rechtsextreme« Skins in Deutschland, das heißt Skins, die sich selbst durch Nazi-Jargon zu erkennen geben und Nazi-Traktate bei sich tragen und mit Nazi-Paraphernalia protzen, die sie per Katalog aus Großbritannien, Kanada und den Vereinigten Staaten bestellen. Etwa dreitausendfünfhundert dieser Skins leben in den fünf neuen deutschen Ländern, die jeder immer noch Ostdeutschland nennt, und die zweitausendfünfhundert anderen leben in den elf Ländern, die jeder immer noch Westdeutschland nennt. Im letzten Jahr haben sie siebzehn Menschen getötet; in diesem Jahr bereits neun. Die Regierung macht sie für dreitausend Überfälle verantwortlich – pro Tag fünf in letzter Zeit –, die sich durch, wie Kriminalhauptmeister Ladinek und seine Freunde auf der Ludwigshafener Polizeistation es nennen, »extreme Brutalität« auszeichnen. Etwa vierzig Prozent dieser Überfälle fanden in Ostdeutschland statt, doch es gibt so wenig Ostdeutsche – ein Viertel soviel wie Westdeutsche –, daß man sagen könnte, die Mehrzahl der Skinheadverbrechen sind ostdeutsche Verbrechen. Eine Zeitlang gefiel das den Westdeutschen – oder zumindest beruhigte es die Westdeutschen, die Ostdeutsche nicht mögen, nun, da ihnen Ostdeutschland gehört, und die oft sagen, daß heute, zweieinhalb Jahre nach der Vereinigung, »die Mauer im Kopf« viel höher sei, als die Mauer zwischen ihnen je war. Die Deutschlands geben sich immer noch gerne gegenseitig die Schuld für alles Schreckliche, das passiert, einschließlich der Gewalt, unter der sie jetzt leiden.

Ostdeutsche erinnern Westdeutsche gerne daran, daß die Gewalt im Westen anfing, damals in den sechziger Jahren, als die ersten türkischen Arbeiter angestellt wurden, um die billigen Arbeitskräfte zu ersetzen, die vor dem Mauerbau ungehindert aus Ostdeutschland und Polen in die Bundesrepublik gekommen waren. Doch die Wahrheit ist, daß die Gewalt, die sinnvoll und im strengen Sinne als Gewalt organisierter Nazi-Banden bezeichnet werden kann, vom Fall der Mauer im November 1989 herdatiert und praktisch mit einer Flut von Flüchtlingen begann, die in ein Ostdeutschland strömten, das nie wirklich Ausländer gekannt hatte, wenn man von den unvermeidlichen Dritte-Welt-Studenten absieht, die kamen, um eine marxistisch-leninistische Ausbildung zu erhalten, und von den neunzigtausend Kontingent-Arbeitern aus Ländern wie Kuba oder Mozambique, die unter Quarantäne gehalten wurden wie Sklavenarbeiter, die sie ja tatsächlich auch waren. Niemand sah den Fall der Mauer vorher, niemand sah den Fremdenhaß vorher, der darauf folgte. Niemand zog die Schlußfolgerung, daß Ostdeutschland sehr wahrscheinlich deshalb nie ein »Ausländerproblem« gekannt hatte, weil Ostdeuschland so wenig Ausländer gekannt hatte, mit denen die Ostdeutschen mit Erfolg (oder Mißerfolg) hätten versuchen können auszukommen.

Ostdeutsche lernten in der Schule, daß ihre Eltern und Großeltern nie Nazis waren. Es war ein Mythos, der Ostdeutschland vierzig Jahre lang zusammenhielt – der Mythos, daß Ostdeutsche nichts mit Hitler zu tun gehabt hatten, daß Ostdeutsche dem Sozialismus näher standen als dem Nationalsozialismus. Sie mußten die Vergangenheit nie als etwas betrachten, das sie betraf, und daran mag es liegen, daß der Rassismus, als er in Ostdeutschland aus dem stillen Kämmerlein kroch, kaum mehr als ein bißchen Abstauben erforderte, um wie neu auszusehen. Der Stil der Skinheads, der in Westdeutschland als englische Mode aufgegriffen wurde, gelangte schnell nach Ostdeutschland, wo alles Westliche und besonders alles Westdeutsche unangefochten die Einstellung und das Verhalten von Kindern bestimmte, die kein Gefühl dafür besaßen, wer sie waren oder was sie sein wollten oder warum die Freiheit, die ihnen am 9. November 1989 geschenkt wurde, soviel Frustrationen und Enttäuschungen mit sich brachte.

Es stellte sich heraus, daß beinahe jeder in Ostdeutschland diese Frustrationen und Enttäuschungen teilte. Den Skinheads, die im Herbst 1991 Arbeiter aus Vietnam und Mozambique in einer Wohnsiedlung in Hoyerswerda überfielen, schlossen sich ihre Eltern, ihre Nachbarn und wohl sogar ein paar Polizisten an, die schrien und jubelten, während sie die Ausländer durch die Stadt jagten. Die Skinheads, die letzten Sommer Zigeuner und vietnamesische Flüchtlinge in Rostock überfielen, wurden von *deren* Nachbarn angefeuert und von vielen, die keine Nachbarn waren – Leuten, die aus Städten in ganz Mecklenburg nach Rostock gefahren waren, um an dem Spaß teilzuhaben. Dies waren Schauspiele, die am hellichten Tage stattfanden – »ein Trauerspiel« nannte sie jemand in Rostock –, und tatsächlich wurde der Rostocker Überfall im vorhinein wie ein Theaterstück in einer der Lokalzeitungen angekündigt. Es fiel den Westdeutschen leicht, sie zu erklären – zumindest bis jemand auf die Idee kam nachzufragen, warum andere Ostdeutsche mit den gleichen Frustrationen und Enttäuschungen nicht begonnen hatten, Fremde zu quälen. Die Überfälle schienen zunächst nichts mit Westdeutschland zu tun zu haben, obwohl allgemein bekannt war, daß Drahtzieher vom rechten Flügel aus Hamburg und Berlin in Rostock dabei gewesen waren und sich die Überfälle angeguckt hatten, wie sich Trainer auf Talentsuche das Fußballspiel einer Schülermannschaft ansehen.

Westdeutsche sprachen über die Wirtschaftskrise in Ostdeutschland. Sie wiesen darauf hin, daß die Schiffswerften, die Rostock zu ernähren pflegten, fast alle nach dem Fall der Mauer geschlossen wurden, daß ein Drittel der Rostocker arbeitslos war, daß die einzigen Ausländer, die die Rostocker je gesehen hatten, Studenten aus Providence in Rhode Island waren, die jeden Herbst für ein vorletztes Studienjahr, das »Brown in Germany« genannt wurde, in Deutschland eintrafen, und daß nun plötzlich Tausende von Flüchtlingen da waren, die in ihren Hinterhöfen und auf ihren Bürgersteigen kampierten – zu einem Großteil Zigeuner, die ihnen das Geld aus der Tasche stahlen und ihre Lebensmittel klauten und in ihre Gärten schissen. Sie sagten, daß Ostdeutschland auf Ausländer »nicht vorbereitet« war, wenig aufgeklärt über Ausländer, wenig erzogen in Demokratie. Sie schrieben Broschüren für die Zigeuner, in denen sie ihnen erklärten, nicht in Gärten zu scheißen. Sie revidierten ihre Pläne für die Verteilung der Flüchtlinge, die nach Deutschland strömten. Sie räumten ein, es sei dumm gewesen, von Ostdeutschland zu erwarten, daß es seinen Teil dieser Flüchtlinge übernahm, besonders, wenn diese Flüchtlinge Zigeuner waren (die offizielle Bezeichnung ist »ethnische Minderheit aus Rumänien«), die die Westdeutschen nicht in *ihren* Gärten wollten. Sie redeten von inadäquaten Infrastrukturen und inadäquaten Institutionen. Sie machten viel Aufhebens davon, daß der mecklenburgische Innenminister den Befehl über die Rostocker Polizei nicht übernommen hatte, bis eine Brandbombe eine Flüchtlingsunterkunft getroffen hatte und Hunderte von Ausländern auf dem Boden lagen und mit Sauerstoff versorgt wurden. Sie sagten, vielleicht habe der Minister nicht gewußt, daß er den Oberbefehl über die Rostocker Polizei hatte, und als sich herausstellte, daß es tatsächlich so gewesen war, sagten sie: »Was kann man in Ostdeutschland anderes erwarten?« Sie sagten, daß es sowieso keinen Unterschied gemacht hätte, denn als die Polizei schließlich eingriff, verhaftete sie die falschen Skinheads – Redskins, die nach Rostock unterwegs waren, um die Flüchtlinge zu verteidigen.

Die Westdeutschen ignorierten die Überfälle, die auch zu Hause begannen. Sie nannten sie isolierte Verbrechen, weil sie bei Nacht stattfanden und sich nie eine jubelnde Menge beteiligte, wie es die Menge in Rostock getan hatte, oder eine verteidigende Nachhut, wie es die Hoyerswerda-Eltern gewesen waren. Die Verbrechen in Ostdeutschland waren bedauerlich, jedoch »verständlich«, sagten sie, wenn man das Trauma des Wandels in Ostdeutschland in Rechnung stellte, während die Verbrechen in Westdeutschland Verirrungen darstellten und nichts mit westdeutschen Einstellungen zu tun hatten. Die Westdeutschen waren nicht allzu beunruhigt, als am Vorabend des Tages der deutschen Einheit – er fällt auf den 3. Oktober, den Tag, an dem die zwei Deutschlands dafür stimmten, sich zu vereinigen, und ist so etwas wie ein Skinhead-Feiertag geworden – sich eine Gruppe jugendlicher Skins in einem westdeutschen Dorf namens Hünxe betrank und ein paar Molotowcocktails zusammenrührte und sie in das Haus einer libanesischen Familie warf, die seit zwei Jahren friedlich in dem Dorf gelebt hatte. Die Leute in Hünxe wiesen darauf hin, daß Hünxe keine Nazistadt war. Es war nicht einmal eine christdemokratische Stadt. Der Bürgermeister war Sozialdemokrat; die Eltern einiger der Skinheads waren Sozialdemokraten. Hünxe hatte einen Preis als »das schönste Dorf« in Deutschland gewonnen – obwohl »schön« nicht das Wort ist, das viele Leute für Hünxe gebrauchen würden, wenn sie das zarte libanesische Kind sähen, das in dem Feuer schwere Brandverletzungen erlitt und nun entsetzlich entstellt ist. Niemand in Hünxe außer den Lehrern und den Sozialarbeitern dachte, daß irgend etwas falsch war mit Hünxe. Die Leute sagten: »Die Jungs waren betrunken, Sie wissen, wie junge Leute sind.« Oder sie sagten: »Jeder Junge hat seinen eigenen Stil.« Oder sie sagten: »Die Jungs waren stolz darauf, Deutsche zu sein. Wer ist das nicht?« Es stellte sich heraus, daß der Vater einer der Skinheads seine Kellerbar mit Nazimemorabilia geschmückt hatte und jedes Jahr zu Hitlers Geburtstag ein großes Fest gab. »Jeder sammelt irgendwas«, sagte die Mutter des Skinheads. Manche Leute in Hünxe sammelten Teetassen. Sie sagte: »Mein Mann sammelt eben etwas anderes.«

Ende letzten Jahres warfen Skinheads in einer Stadt namens Mölln, fünfzig Kilometer östlich von Hamburg, Brandbomben in das Haus einer türkischen Frau, und die Frau und ihre Nichte und ihre kleine Enkelin starben. Die Frau hatte dreißig Jahre in Mölln gelebt, und ihre Enkelin war dort geboren – sie waren keine Flüchtlinge oder Asylsuchende oder »Gastarbeiter«, sondern so nahe daran, Deutsche zu sein, wie man es in einem Land sein kann, das immer noch die »Blutsstaatsbürgerschaft« praktiziert, und dieser Umstand scheint die Westdeutschen ebenso sehr schockiert zu haben, wie der Überfall selbst. Nach Mölln fingen die Leute in Westdeutschland an, sich über *ihre* Skinheads Sorgen zu machen. Die Sozialarbeiter hatten eine Theorie, derzufolge die westlichen Skinheads aus, wie sie es nannten, »gestörten Familien« – gewalttätigen, mißbrauchenden, »zusammengebrochenen« Familien – oder aus zerrütteten Familienverhältnissen stammten und »keine positiven Erfahrungen« und »keine positiven Beziehungen« besaßen; es war keine Theorie, die die Gerhard Horns ganz erklärte oder die Skins, deren Eltern tatsächlich Teetassen sammelten. Die Ökonomen hatten eine Theorie, derzufolge die westlichen Skinheads ein Lumpenproletariat darstellten, eine Unterschicht ohne »Zugang« zur Gesellschaft oder tatsächlich zu Arbeitsplätzen in der Gesellschaft, und sie sagten, daß das Problem ökonomische Ursachen hatte; die Wahrheit war, daß die meisten westlichen Skins Lehrlinge aus Berufsschulen waren oder Arbeiter, die in Lohn standen. Die Soziologen dachten sich eine Theorie aus, derzufolge die Skinheads etwas »Neues« in Deutschland darstellten – sie waren »die Kinder der Industrialisierung« und repräsentierten »die Isolation des Individuums in der industriellen Welt« – und dann sagten die Psychoanalytiker, nein, die Skins befänden sich in Wirklichkeit in einem »Inter-Generationen-Konflikt« und identifizierten sich mit ihren Großvätern und mit der *Heilen Welt*, dem sicheren, stabilen, ordentlichen Deutschland, als das diese Großväter in ihrer Senilität das Dritte Reich erinnerten. Ein Psychoanalytiker, den ich in Frankfurt kenne, behandelt einen jugendlichen Skin, der davon träumt, ein Held des Dritten Reichs zu sein – der Skin »geht los und erschießt ein paar Russen« und dann sitzt er allein am Lagerfeuer mit seinem Gewehr im Arm und fühlt sich heldenhaft –, und ein Psychoanalytiker, den ich in Ostberlin kenne, behandelt einen jugendlichen Skin, der denselben Traum hat, nur daß er in seinem Traum Amerikaner erschossen hat.

Die beiden Analytiker könnten als Experten gelten, denn nicht viele Leute, abgesehen von Polizisten, erhalten die Gelegenheit, eine Unterhaltung mit Skinheads zu führen – außer natürlich anderen Skinheads. Die Schwierigkeiten fangen schon damit an, daß die Skins sich nicht gut ausdrücken können. »Total doof« lautet die allgemeine Meinung auf der Ludwigshafener Polizeiwache. Die meisten von ihnen sind nicht imstande – oder nicht daran interessiert – zu erklären, warum sie ausländische Menschen oder obdachlose Menschen oder behinderte Menschen oder irgendeinen der anderen Menschen, die sie umbringen, unangenehm finden oder warum es ihnen Freude zu bereiten scheint, diese Menschen umzubringen; ihr Lieblingslied ist ein Oi-Lied mit dem Titel »Türken raus«, das so geht: »Türkenfotzen kahl rasiert, Türkenfotzen wegrasiert«. Sie halten sich gern für unabhängig, und selbst Politiker rechter Parteien wie der Deutschen Volksunion und der Nationaldemokratischen Partei Deutschlands, die oft versuchen, sie als Leibwächter zu rekrutieren, haben Schwierigkeiten, bessere Antworten zu erhalten als jene, die Kriminalhauptmeister Ladinek von Gerhard Horn erhielt. Niemand weiß, wie lange es dabei bleiben wird, daß sie unabhängig sein wollen (allerdings sollte erwähnt werden, daß einer der Möllner Skinheads der NPD beigetreten ist, »wegen des Freibiers«). Die Experten veröffentlichen weiter ihre Theorien, und die Regierung veröffentlicht weiter ihre Dossiers, doch niemand weiß wirklich, ob die Skinheads »Deutschland« sind oder eine radikale kriminelle Randgruppe, die man in jedem westlichen Land finden könnte – etwas Schreckliches, doch »Normales«. Niemand weiß, ob sie eine Verirrung darstellen oder symptomatisch sind – die Anomalie von heute oder die SA von morgen. Die Deutschen, die den Winter damit zugebracht hatten, *Lichterketten* zu bilden – eine Art Kerzenwache –, um gegen die Gewalt zu protestieren, rechneten nie damit, daß Skinheads Ende letzter Woche, sechs Monate nach Mölln, in Solingen fünf Frauen und Kinder einer anderen türkischen Familie umbringen würden, einer Familie, die seit dreiundzwanzig Jahren in Deutschland gelebt hatte. Der deutsche Schriftsteller Hans Magnus Enzensberger sagt, daß die Ideologie der Skinheads so, wie es aussieht, eine »effektive Maskerade« ist, doch niemand weiß, was, wenn überhaupt irgend etwas, hinter dieser Maskerade steckt. Skinheads sind nicht sehr interessant.

Ender Basaran kannte weder Gerhard Horn noch den anderen Skinhead, der versuchte, ihn umzubringen. Die Skinheads wohnten in Sozialsiedlungen am Rande der Stadt, und Ender wohnt in der Stadtmitte von Ludwigshafen, in einer Straße, in der Türken und Deutsche miteinander auskommen – eine Straße, wo die Leute, wenn sie von »Ausländern« sprechen, in der Regel die Flüchtlinge aus Ghana meinen, die um die Ecke in alten Baracken kampieren. Ender ist heute fünfundzwanzig Jahre alt. Er sieht nicht anders aus als die meisten jungen Deutschen in seiner Straße. Er trägt den neuesten deutschen Haarschnitt – hinten lang und oben kurz und stachelig, genau wie die Frisur seines Freundes Kriminalhauptmeister Ladinek –, und mit seiner Frisur und seinem Pfälzerdeutsch und seinen weiten Jeans und der aus seiner Brusttasche ragenden Packung Marlboro, fällt es schwer, ihn für »ausländisch« zu halten. Er sagt, daß es vielleicht sein »türkisches Gold« ist, was ihn für einen Skinhead ausländisch aussehen läßt. Er mag Gold. Er trägt eine glänzende goldene Armbanduhr und einen glänzenden goldenen Ring und eine goldene Kette um seinen Hals. Sie repräsentieren sein Kapital – alles, was er sich als deutlich sichtbaren Beweis leisten kann, um der Welt zu zeigen, daß Ender Basaran nicht einfach ein *Gastarbeiter* ist, der von seinen deutschen Gastgebern lebt, sondern ein wohlhabendes und produktives Mitglied des Kehl Fensterreinigungsbetriebs. Er beschreibt sich selbst als den Mann, der die Fenster in Ludwigshafen sauber hält.

Fünfundzwanzigtausend der siebzigtausend Menschen in Ludwigshafen arbeiten für den Chemiekonzern BASF. Die Stadt hofiert den Konzern und *ist* zu großen Teilen der Konzern. Als BASF 1865 seine Fabrik eröffnete, bestand Ludwigshafen aus kaum mehr als einer Rheinfestung und einer Kneipe für die Soldaten, deren Aufgabe es war, die Leute in Mannheim gegenüber auf der anderen Seite des Flusses gegen die Soldaten einer französischen Festung ein paar Meilen westlich zu verteidigen. BASF erbaute die Stadt. Es begann mit einem rechteckigen Gitternetz von braunen Backsteinhäusern für die Arbeiter, das auf typische Fabrikstadt-im-neunzehnten-Jahrhundert-Art hinter einer Ringstraße mit großen weißen Häusern für die leitenden Angestellten der Fabrik versteckt war, und schließlich dehnte es sich am Fluß entlang nach Norden aus und ließ einen Bezirk mit dem Namen Hemshof entstehen, in dem heute siebentausend Ausländer leben – fast ein Viertel der Ausländer in der Stadt.

Ender geht selten nach Hemshof. Es amüsiert ihn, daß Kriminalhauptmeister Ladinek es vorzieht, ihn in einer Hemshofer Kneipe zu treffen – einer türkischen Kneipe –, anstatt in einer deutschen Kneipe in Enders eigenem Bezirk. Er findet, daß Ladinek eine Schwäche für »Folklore« hat. An der Wand der türkischen Kneipe hängt eine riesige goldene Armbanduhr mit einer Wanduhr als Ziffernblatt, die tatsächlich eine übergroße Ausgabe von Enders Armbanduhr ist. Er bewundert die Uhr, doch er bevorzugt Plätze, wo Männer und Frauen zusammen trinken – »europäische Plätze«, nennt er sie. Er sagt gerne, daß seine Familie »mehr von einer europäischen Familie« habe, obwohl sein Vater jeden Tag in die Moschee geht und nach den Gebeten mit den Männern zusammensitzt und dem Klatsch lauscht. Ender kriegt *seinen* Klatsch aus dem rechten Boulevardblatt *Bild*, die das offizielle Mitteilungsblatt des deutschen Arbeiters ist. »Hey, ich bin ein Arbeiter«, antwortet er Leuten, die sich fragen, warum ein Ausländer wie Ender eine Zeitung liest, die der Bestrebung verpflichtet ist, Ausländer nach Hause zu schicken. Er zeigt einen Schnappschuß seiner Mutter, einer blassen, schönen Frau, die einen u-förmig ausgeschnittenen Pullover trägt und eine Perlenkette und die in der Küche eines der Ludwigshafener Krankenhäuser arbeitet. Er will einen wissen lassen, daß seine Mutter überhaupt nicht den gedrungenen, rotwangigen türkischen Frauen gleicht, die man in den Straßen von Hemshof sieht, gehüllt in die unförmigen Mäntel und Kopftücher aus Gabardine, die sie aus der Türkei mitgebracht haben. Er mag die Türkei, doch er glaubt nicht, daß er oder seine

Mutter in die Türkei gehören. Es fällt Ender schwer, sich seine wunderschöne Mutter in einem Tschador vorzustellen, und ebenso schwer fällt es ihm, sich seinen Vater, der fünfundzwanzig Jahre bei den Halberger Metallwerken arbeitete, dabei vorzustellen, wie er in seinem Heimatdorf in der Nähe der bulgarischen Grenze Schafe hütet – auch wenn das in der Tat genau das ist, was sein Vater getan hat.

Sein Vater hatte nie die Absicht, nach Deutschland zu gehen. Es war sein Onkel, der die Arbeitsstelle bei Halberg und die deutschen Arbeitspapiere bekam; sein Vater »borgte« sich den Namen und kam an seiner Stelle, und das war der Anfang der Ludwigshafener Basarans. Sein Vater ist ein kleiner, humorvoller, höflicher Mann, ein Familienmensch – jemand, den man einen guten Deutschen nennen würde, wenn Türken, die dreißig Jahre lang in Deutschland gelebt und gearbeitet haben, Deutsche wären. Doch Enver Basaran ist kein deutscher Staatsbürger, und ebensowenig ist es Ender oder sein Bruder Osman, der sechzehn Jahre alt ist und in Ludwigshafen geboren wurde; die Tatsache, daß Deutsche aufgrund ihres »Blutes« Staatsbürger werden und nicht durch Geburt, bedeutet, daß ein Junge wie Osman, der in Deutschland geboren und aufgewachsen ist und dort lebt, aller Wahrscheinlichkeit nach immer ein Ausländer bleiben wird. Die Definition ist eindeutig. Ender ist Ausländer und kein Einwanderer, weil es offiziell keine Einwanderer in Deutschland gibt – nur vertraglich verpflichtete Gastarbeiter. Es gibt keine Einwanderungsgesetze (das Wort »Einwanderer« taucht in den deutschen Vorschriften nicht auf), obwohl es in Wirklichkeit sechseinhalb Millionen Ausländer hier gibt, die sich selbst für Einwanderer halten. Die ethnischen Illusionen Deutschlands sind, das muß man sagen, den meisten Deutschen peinlich. Sie sind Ender nicht peinlich. Ender sagt gern, daß es »kein Problem« ist, eine Un-Person zu sein, weil Leute, die nicht existieren, keine Probleme haben können. Fast zwei Millionen der Ausländer in Deutschland stammen aus der Türkei, und es gibt natürlich ein paar Wege für ein paar dieser Türken, zu deutschen Staatsbürgern zu werden. Das Verfahren ist so umständlich und sein Verlauf so unvorhersehbar und so langwierig – man muß fünfzehn Jahre in Deutschland gearbeitet haben, bevor man das Verfahren überhaupt in Gang setzen kann –, daß lediglich etwa dreizehntausend von ihnen es geschafft haben, Deutsche zu »werden«, oder sich auch nur die Mühe gemacht haben, es zu versuchen. Die meisten kamen hierher mit der Vorstellung, daß Deutschland sie, wenn sie ruhig lebten und nichts verlangten, in Ruhe lassen würde. Es war eine Vorstellung, die sie unverzüglich an ihre Kinder weiterreichten, die sahen, wie die Deutschen eifrig Geld machten, und das so verstanden, daß Geld und die Begeisterung für Geld eine andere Art der Staatsbürgerschaft bedeutete. Diese Begeisterung wurde ihre wirksamste Tarnung, die Eigenschaft, von der sie glaubten, daß sie bei den Deutschen Vertrauen wecken würde. »Geld, ich liebe es«, sagt Ender als eine Form, sich vorzustellen, dabei sein Pfälzisch mit dem Englisch mischend, das er in der Schule gelernt hat. »Die Türkei ist in Ordnung, aber es gibt ›nix bucks‹ in der Türkei.« Er sagt, daß Geld seine Politik ist, womit er meint, daß man, wenn man als *Gastarbeiter* in Deutschland überleben will, die Politik besser den Deutschen überläßt.

Es regt Ender auf, wenn er sich vorstellt, daß die Skinheads, die Türken in Städten wie Ludwigshafen überfallen, die Türken mit Flüchtlingen verwechseln könnten. Eine halbe Million Flüchtlinge aus mindestens vierzig Ländern kamen letztes Jahr nach Deutschland und beantragten Asyl (eine Viertelmillion kamen das Jahr zuvor), und der Staat stellt ihnen Unterkunft und Lebensmittel zur Verfügung, und aus der Sicht eines schwerarbeitenden jungen türkischen Mannes verwöhnt er sie mit dem Leben von der Fürsorge. Ender las einmal in der *Bildzeitung*, daß die Leute auf der Rechten ein Referendum zur Ausländerfrage wollen wie jenes Referendum, das die Österreicher durchführten. Er sagt, daß er, wenn er eine Stimme hätte, unter Umständen wie die Rechten abstimmen würde, und dann fügt er hinzu: »Natürlich, wenn ich wählen könnte, wäre ich kein Ausländer.« Er glaubt, daß die Leute auf der Rechten so abstimmen, wie sie es tun, weil sie darin eine Form von Schutz gegen Menschen sehen, die sie nicht kennen und nicht verstehen, und das sind die Gefühle, die er den siebenhundert Flüchtlingen gegenüber hegt, die zur Zeit in den Ludwigshafener Baracken und auf zwei großen Schiffen in der Nähe der alten Rheinbrücke kampieren und die Tag und Nacht von Polizisten bewacht werden und die Arbeitszeit von neun Sozialarbeitern des Bürgermeisteramts in Anspruch nehmen. Er empfindet nicht viel Solidarität mit den Flüchtlingen. Wenn er auch kein »Immigrant« ist, wie er es in Amerika wäre, und wenn er auch nicht wie ein solcher Immigrant Zugang zur Staatsbürgerschaft hat, so hat er doch das Mißtrauen eines Immigranten neueren Immigranten gegenüber, und er fragt sich manchmal, ob sie nicht die »guten« Ausländer wie ihn in Verruf bringen und ob das Leben in Ludwigshafen nicht besser wäre, wenn sie alle nach Hause gingen. Es ist ein klassisches Zeichen der Assimilation.

Die ersten Skinheads, die Ender kennenlernte, waren Ausländer – Jugoslawen und Afrikaner, deren Eltern in Ludwigshafen arbeiteten und die in Kampfstiefeln und Bomberjacken zur Schule kamen und versuchten, genauso hart auszusehen wie die deutschen Skins, die sie samstags bei den Fußballspielen sahen. Nach den Spielen in Ludwigshafen gab es immer Ärger, obwohl die Leute ihn zunächst als »Mannheimer Ärger« betrachteten, weil es in der Regel die Mannheimer Mannschaft war, die im Ludwigshafener Stadium spielte. Mannheimer Skins pflegten auf ihrem Weg zum Bahnhof durch die Stadt zu marschieren und die Ausländer, an denen sie vorbeikamen, in Angst und Schrecken zu versetzen. In jenen Tagen, sagt Ender, rannten die Ausländer weg. Nun – es fing an, als er geknackt wurde – nehmen die Ausländer die Herausforderung an und schlagen zurück. »Ich bin nicht Hulk Hogan, doch bitte sehr, wenn du einen Kampf brauchst, dann geht's Auge um Auge«, sagt er gern, wenn er englisch spricht. Wenn er deutsch spricht, zitiert er ein altes türkisches Sprichwort: »Die Schlange, die mich nicht beißt, soll tausend Jahre leben.«

Es fällt ihm nicht leicht, darüber zu sprechen, wie er zusammengeschlagen wurde. Er muß unter Schock gestanden haben, als die Skins auf seinem Kopf herumsprangen, denn er kann sich an das Schlimmste davon nicht mehr erinnern oder er will sich vernünftigerweise nicht mehr daran erinnern. Die Familie war zu Hause und feierte das Neue Jahr. »Wir feierten viel und tranken viel Alkohol, und nach einer Weile fingen die Männer an, sich zu langweilen«, sagt er jetzt. »Sie wollten etwas anderes sehen als die Frauen in der Wohnung, also gingen wir aus« – in die nette »europäische« Kneipe gegenüber, die Ender bevorzugt. Auf der Straße war bereits Ärger im Gange. Die Skins waren unterwegs und dabei, Türen einzutreten und Feuerwerkskörper zu schmeißen. Sie hielten nicht nach den Basarans Ausschau. Sie hielten Ausschau nach *Aussiedlern*, wie hier die ethnischen Deutschen aus Osteuropa genannt werden. Sie hielten diese Deutschen für genauso ausländisch wie die Basarans – was, so könnte man sagen, stimmte. Fünf der Skins tranken in einer Ecke der Kneipe, als Ender und sein Vater und einer seiner Onkel dorthin kamen, doch es war dunkel und die Basarans sahen die Skins nicht. Sie gingen schnurstracks zur Theke und bestellten Getränke, und als der Barkeeper sie nicht bedienen wollte – er sagte, es sei zu spät, aber es mag sein, daß er Streit befürchtete –, gingen sie.

Ender und sein Vater waren dabei, die Straße zu überqueren, als die Skins herauskamen und auf sie zu liefen. Ender schrie. Er sagt, die ganze Straße hat hören müssen, wie er schrie, doch niemand half ihm. Er erinnert sich daran, daß jemand sein Gesicht blutig schlug, und er erinnert sich daran, daß er rannte und alles danach »ist wie ein Traum, und das Nächste, was ich erinnere, ist, wie ich auf einem Parkplatz liege, und die Polizei war da, und meine Mutter war da, und sie sagte immer wieder: ›Wo sind deine Schuhe?‹ Und ich sagte immer wieder: ›Wo ist mein Vater?‹« Einer der Polizisten versuchte, ihn am Kragen hochzuziehen. Seine Mutter schob sich schnell zwischen sie, doch nicht, bevor Ender den Polizisten schlug. Er schaffte es dann, gerade zu stehen. Er sagte zu dem Polizisten: »Nun, schlag mich!« und dann brach er zusammen und wachte – er weiß nicht, wieviel später – in dem Krankenhaus auf, in dem seine Mutter arbeitet. Gerhard Horn beschrieb es so: »Wir hielten ihn für tot, also ließen wir ihn liegen.«

Helmut Kohl, der deutsche Kanzler, wurde in Ludwigshafen geboren, und er betont gerne, daß die Probleme in Deutschland nicht so schlimm sind, wenn man sich den Rest Westeuropas anschaut – wenn man sich Südfrankreich anschaut, wo die Nationale Front dreißig Prozent der Stimmen erhält oder Nordengland, wo es unentwegt Gewalt gegen Ausländer gibt. Die Frage natürlich ist, wie »deutsch« ist die deutsche Version. Eike Geisel, ein Berliner Schriftsteller, der sich mit jüdischen Archiven der dreißiger Jahre beschäftigt hat, ist überzeugt, 1933, als Hitler an die Macht kam, seien das wahre Problem nicht die achthunderttausend Nazis gewesen, sondern die Gleichgültigkeit von Millionen von Menschen aus der Arbeiterklasse diesen Nazis gegenüber – die Gleichgültigkeit von Menschen, die hätten Widerstand leisten sollen. Er nennt diese Gleichgültigkeit ihren *deutschen*

Blick – womit er eine deutsche Art des Schauens meint, ein deutsches Hinsehen, das in Wirklichkeit ein Wegsehen ist. Man kann es in den Gesichtern von alten Leuten in der Berliner U-Bahn beobachten – Menschen, die den Krieg überlebt haben und vielleicht sogar im Krieg gekämpft haben –, wenn jemand einen Ausländer beiseite schubst oder anfängt, einen Ausländer anzuschreien, daß er aufstehen und einem »richtigen Deutschen« seinen Platz geben soll. Sie schauen zu und starren auch hin, doch der Wortwechsel betrifft sie nicht wirklich, und sie sind innerlich nicht bewegt. Geisel ist der Ansicht, was an Deutschland »besonders« ist, habe damit zu tun, daß Deutsche »so wenig Erfahrung mit der Verteidigung der Rechte anderer« haben und daß es vielleicht keinen Unterschied macht, wer diese »anderen« sind.

Viele Deutsche protestieren gegen die Gewalt. Dreihunderttausend Menschen demonstrierten vergangenes Jahr in Berlin am Jahrestag der Kristallnacht, und der Bundespräsident Richard von Weizsäcker demonstrierte mit ihnen. Er wurde mit Eiern und Tomaten beworfen, allerdings nicht von rechten Skinheads. Er wurde von Linken beworfen, die behaupteten, daß er als der offizielle »gute Deutsche« dort war. Kohl, der die Macht hat, schob einen Besuch in Berlin ein (und verschwand schnell wieder, aus Sicherheitsgründen), doch nach Berlin vermied er jegliche Versprechen. Zu Mölln hörte man Bedauern aus Kohls Bundeskanzleramt, jedoch nicht viel Beruhigendes über die Tatsache hinaus, daß er den Generalbundesanwalt anwies, seine Zuständigkeit breit »auszulegen« – sie umfaßt Verbrechen gegen den Staat, die in der Regel nicht Verbrechen gegen Großmütter sind – und die Bundesanwaltschaft ermitteln zu lassen. Kohl verhält sich auch jetzt kein bißchen beruhigender. Er weigerte sich, nach Solingen zu gehen oder zu Gedenkfeiern für die Türken, die in Solingen starben, oder zu ihren Beerdigungen in der Türkei; er weigerte sich sogar, im Fersehen aufzutreten und darüber zu anderen Deutschen zu sprechen. Er möchte, daß die Deutschen glauben, die Morde heute seien »gewöhnliche« Verbrechen, etwas, mit dem die Polizei fertig wird – nicht etwas, das den deutschen Kanzler alarmiert.

Es überrascht nicht, daß die Berliner Demonstration äußerst geringe Folgen für die Politik hatte, die Demonstrationen nach Berlin aber hatten nichts mehr mit Politik zu tun. Es waren Lichterketten. Eike Geisel nannte sie den »Triumph des guten Willens«, und viele Deutsche teilten dieses Gefühl, denn die Lichterketten glichen auf irritierende Weise den Friedensketten der sechziger Jahre und den Abrüstungsketten der siebziger Jahre. Sie boten weniger praktische politische Lösungen an und stellten mehr etwas dar, was ein Westdeutscher als »mittelalterliche Christen« beschrieb, »die zu Gott sagen: ›Schau auf uns! Wir sind die guten Deutschen, unterwegs, damit Du unsere Häupter zählen kannst.‹« Die erste der Lichterketten fand in München statt, im Dezember, und einen Monat später hatte Ludwigshafen seine eigene Lichterkette. Die Leute in Ludwigshafen liefen in Richtung Osten zur alten Rheinbrücke, und die Leute in Mannheim liefen in Richtung Westen zur Brükke, und sie trafen sich in der Mitte und bildeten eine Kette von Lichtern über den Rhein. Es war, wie alle sagen, ein wunderschöner Anblick, und vielleicht blieben die Asylsuchenden deshalb auf ihren Flußbooten und schauten zu, anstatt selbst Kerzen anzuzünden und mitzumarschieren. Von den Ludwigshafener Türken marschierten ebenfalls nicht viele mit. Ender Basaran sagte, was viele von ihnen sagten – daß die Gewalt in Deutschland die »Angelegenheit Deutschlands« war. Das erstemal, daß die Türken auf die Straße gingen, um zu protestieren, war diese Woche, nach den Solinger Morden. Sie marschierten zunächst friedlich; dann fingen sie an zu randalieren. Jemand verglich ihren Zorn mit dem »Brechen eines Damms« – was zutreffend war, denn sie randalieren immer noch, sechs Tage später, und das Stadtzentrum von Solingen liegt in Trümmern.

Das Prinzip (wenn das das richtige Wort dafür ist) des jus sanguinis ist nichts, was die Nazis in das deutsche Recht einführten (auch wenn sie es gewiß ausnutzten). Das gab es schon, bevor es ein Deutschland gab – als »Deutschland« nur eine Sprache und ein ethnischer Stamm war, die sich über Europa durch Bauern verbreiteten, die das Land bearbeiteten, das Deutsche besaßen. Bismarck, der für einen preußischen König ein reales Deutschland konstruierte, erkannte zwei Arten des Deutschseins an – *Deutsche* nannte er Menschen, die vom Blut her Deutsche waren, und *Reichsdeutsche* nannte er Menschen, die Deutsche waren, weil sie in der neuen Nation lebten. (»Bismarck war multikulturell«, sagt der grüne Politiker Joschka Fischer.) Doch 1913, fünfzehn Jahre nach Bismarcks Tod, blickte Deutschland zurück in die Vergangenheit und führte das jus sanguinis ein, und nach dem Zweiten Weltkrieg blickte es noch weiter zurück in die Vergangenheit und fügte *Volksdeutsche* hinzu, was Deutsche bezeichnete, die außerhalb des Landes geboren wurden oder lebten und denen ein »Recht auf Rückkehr« garantiert wurde. Zu dem Zeitpunkt gab es kein wirkliches Konzept von Deutschland mehr als einer Nation von Staatsbürgern, vergleichbar etwa dem französischen Konzept. Deutschland war nicht schlicht eine Gemeinschaft, die durch gemeinsame Rechte verbunden wurde. Deutschland war Blut, es war »Kultur«. Fischer nennt es »die schreckliche alte Idee«, und Werner Bohleber, der Psychoanalytiker mit dem Patienten, der im Schlaf Russen erschießt, nennt es »das alte romantische kollektive Phantasma«, doch es währt bis heute fort in dem, was der Philosoph Jürgen Habermas »den neuen Bezugspunkt des alten Bismarckschen Reiches« nennt, womit er meint, daß es selbst in seinen eigenen Kreisen Leute gibt, die das neue Deutschland als den Beginn einer Wiedergeburt jenes »Großdeutschland« aus Bismarcks Plänen ansehen – eine Art *rassemblement* des Deutschen Volkes von Polen bis Kroatien. Niemand argumentierte 1949 gegen die Aufnahme des jus sanguinis und des Rechts auf Rückkehr in die westdeutsche Verfassung. Liberale Deutsche wollten, daß sich die Deutschen überall die Verantwortung für den Krieg und für einen moralischen Wiederaufbau nach dem Krieg teilten, und konservative Deutsche wollten mehr Deutsche für den ökonomischen Wiederaufbau. Zwölf Millionen »ethnische Deutsche« kamen zwischen 1945 und 1962 nach Westdeutschland, bis die Mauer praktisch jede Auswanderung stoppte. Eine Million ist nun seit dem Fall der Mauer gekommen, und es gibt immer noch zweieinhalb Millionen »Deutsche« außerhalb Deutschlands, wobei ungefähr eineinhalb Millionen von ihnen Deutsche sind, deren Familien 1744 mit Katharina der Großen nach Osten gingen und die nun abwartend in dem sitzen, was einst die Sowjetunion war, und abzuschätzen versuchen, wie deutsch sie einer Bande von Skinheads erscheinen mögen, die sich aufmachen, um in einer dunklen Nacht in Frankfurt oder Köln nach *Aussiedlern* Ausschau zu halten. In Wahrheit verhält es sich so, daß Deutschland seine Blutphantasien nicht los werden wird, solange diese Phantasien Teil der offiziellen Definitionen von Identität sind – »bis die politische Kultur vom Reich zur Republik kommt«, wie ein deutscher Schriftsteller es ausdrückte, oder bis, wie Habermas sagt, »wir aufhören, uns selbst als einen ethnischen Staat zu definieren, und anfangen, Nationalität in juristischen Begriffen zu definieren«. Das einzige andere demokratische Land, das ein Recht auf Rückkehr in seine Gesetze geschrieben hat, ist natürlich Israel. Es ist eine Ironie, die den meisten Deutschen entgeht, wenn sie ebenfalls ganz ernsthaft von »der deutschen Vertreibung« und »dem angestammten deutschen Heimatland«

reden. Ein Hamburger Komiker nannte das »deutschen Zionismus: die Theokratie der blauen Augen und blonden Zöpfe«.

Die Westdeutschen haben fünfundvierzig Jahre lang mit einer recht gesunden Ambivalenz gelebt, was ihre Liebe zu Deutschland anging. Das Land des jus sanguinis, das Land mit sechseinhalb Millionen Ausländern und keinen Einwanderern, war auch das Land mit den liberalsten Asylgesetzen in Europa, wenn nicht in der Welt. Damit ist es nun vorbei. Diese Gesetze wurden letzte Woche im Bundestag unter dem Druck der Rechten geändert, und Artikel 16 des deutschen Grundgesetzes enthält nicht länger seine berühmte Garantie »Politisch Verfolgte genießen Asylrecht« – was bedeutet, daß Deutschland nicht mehr jeden aufnehmen wird, der es an die deutsche Grenze schafft und Asyl verlangt, und ihm kein Bleiberecht mehr einräumen wird, bis sein Status geklärt ist. Von nun an wird Deutschland tun, was die meisten Länder der Genfer Konvention tun: Es wird seine Grenzposten anweisen, Flüchtlinge zurückzuschicken, die durch Länder anreisen, die der Konvention angehören, oder die aus angrenzenden Ländern anreisen oder aus »sicheren« Drittländern oder im Grunde aus jedem anderen Land als ihrem eigenen.

Die Vorstellung von Deutschland als einem Asylland war Teil des Projekts eines moralischen Wiederaufbaus – in praktischer (und propagandistischer) Hinsicht war sie jedoch Teil des Kalten Krieges und kein großes Problem für die Westdeutschen, solange es im Osten Kommunisten gab, bei denen man sich darauf verlassen konnte, daß sie Flüchtlinge vom Weggehen abhalten würden. Der Osten schob immer eine gewisse Anzahl von Flüchtlingen nach Westdeutschland ab, doch nie soviele, daß das Gleichgewicht der Ost-West-Provokationen aus dem Lot gebracht worden wäre. Und nur wenige Flüchtlinge kamen durch Westeuropa nach Deutschland. Die Länder, in denen sie zuerst Halt machten, ließen sie entweder bleiben oder (was wahrscheinlicher war) schickten sie nach Hause zurück, und Westdeutschland machte mit seinem Wiederaufbau weiter und wurde unvorstellbar reich, und Leute in Pakistan oder Sri Lanka oder Nigeria, die über einen sichereren (oder einen besseren oder einen lukrativeren) Ort nachdachten, an dem sie sich niederlassen konnten, hörten allmählich auf, an Los Angeles und Paris zu denken, und begannen, an München und Köln zu denken.

Letztes Jahr kamen zweihundertdreißigtausend Aussiedler »heim« nach Deutschland. Zweihunderttausend Bosnier kamen und einhunderttausend rumänische Zigeuner. Sie landeten in einem Deutschland, das mitten in einer Rezession steckte, die hier gewöhnlich als »Vereinigungsblues« bezeichnet wird. Es gab nicht genug Geld, um für Ostdeutschland zu bezahlen und gleichzeitig so viele Menschen aufzunehmen (oder zumindest sagte das die Regierung). Es gab keinen Platz, um so viele Menschen unterzubringen. Tausende von Flüchtlingen zogen in alte amerikanische Armeebaracken (hunderttausend amerikanische Soldaten waren zum Kampfeinsatz in den Golf geschickt worden und kamen nie zurück), und der Rest wurde über das ganze Land verteilt, Stadt für Stadt, Bundesland für Bundesland, auf Kosten der Stadt, der sie zufällig »zugeteilt« wurden (so die offizielle Bezeichnung). Sie wohnten auf Schiffen wie den Ludwigshafener Flußschiffen oder in Zelten oder Wohncontainern oder stillgelegten Hotels, die mit großem Gewinn an Stadträte mit einem Flüchtlingsunterbringungsproblem verkauft wurden. Sie bekamen Essen, Unterkunft und minimale Sozialhilfe. Die Asylsuchenden, die ich in den Gelnhausener Baracken traf, erhielten einundachtzig Mark im Monat, was höchstens für fünf Bier und eine Stange Zigaretten reicht.

Kohl hat den Deutschen, ob Ost oder West, nie gesagt, wie schmerzhaft und wie kostspielig die Vereinigung Deutschlands sein würde. Er war froh, daß er den Ausländern die Schuld für die Arbeitslosigkeit und die Sondersteuern und die unmöglichen Ressentiments überlassen konnte – jedenfalls bis die Morde anfingen und Deutschland plötzlich für den Rest der Welt wieder wie »Deutschland« aussah. Die Deutschen beklagten sich zu Recht, daß sie mehr als den ihnen angemessenen Anteil an Flüchtlingen abbekamen – sie weisen gerne darauf hin, daß hier letztes Jahr vierhundertfünfzigtausend Flüchtlinge Asyl beantragten, während es in Polen vierhundertfünfzig waren – doch Tatsache ist nun mal, daß die Flüchtlinge nicht nach Polen wollen. Den Folgen seines Rufs, ein wohlhabendes Land zu sein und ein freies Land und ein Land, in dem die Krankenhäuser funktionieren und die Schulen umsonst sind und in dem niemand hungert, kann Deutschland nicht entgehen, ohne selbst wie Polen zu werden. Einige der Grünen hier sind der Meinung, daß das Problem Wörter wie »Ausländer« gewesen sind. Sie benützen sie nie. Sie verwenden das grüne Wort »Weltperson«. Sie sind sich sicher, wenn die Deutschen erst einmal anfangen, in Begriffen wie Weltmenschen zu denken, dann werden sie die Weltmenschen lieben, und sehr bald schon wird jeder auf der Welt jeden lieben. Mag sein. Im Augenblick läßt sich Deutschlands Flüchtlingsproblem wirklich nicht von seinem Problem mit all den Ausländern trennen, die hier leben. Deutschland muß sich endlich eingestehen, daß sie hier *sind*. Spiros Simitis, der Rechtswissenschaft an der Universität Frankfurt lehrt und der monatelang gegen die Demontage des Artikel 16 kämpfte, sagt, daß es nun, da er demontiert *ist*, wichtiger sei denn je, daß Deutschland eine Einwanderungspolitik entwickelt und Einwanderungsgesetze entwirft und eine bestimmte Anzahl von Leuten jedes Jahr als Einwanderer einreisen läßt und ihnen einen angemessenen Zugang zur Staatsbürgerschaft gewährt – und daß es ganz besonders wichtig ist, Kinder, die in Deutschland geboren sind und dort leben, als Deutsche anzuerkennen. Das Knacken von

Ender Basaran begann mit der Fiktion, daß Deutschland »deutsch« sei – und der Überzeugung, daß Deutschland »deutsch« sein sollte –, und endete damit, daß ein junger Mann auf einem Parkplatz an der Hauptstraße von Ludwigshafen lag, sein Kopf aufgeknackt, während die Nachbarn, die ihn schreien hörten, ihren Sylvesterchampagner öffneten.

Der Bürgermeister von Ludwigshafen ist ein Sozialdemokrat aus Westfalen. Er heißt Wolfgang Schulte, und die Partei schickte ihn 1985 nach Ludwigshafen, um für den Stadtrat zu kandidieren und Stellvertreter des vorherigen Bürgermeisters zu werden, der langsam alt wurde, und um dann an seine Stelle zu treten, wenn der in Pension ging. Sein Amt in Ludwigshafen war Stadtrat für soziale Angelegenheiten – was in der Praxis jedes Problem, das mit Skinheads oder Ausländern zu tun hatte, zu *seinem* Problem machte. Er erinnert 1985 als das Jahr, in dem die dritte große Welle von Ausländern (zuerst kamen die Türken und dann die Vietnamesen) begann, Ludwigshafen zu erreichen. Er betont gerne, daß er »gerade rechtzeitig« für die Iraner, die Afghanen, die Kurden und die Somalis eintraf – für Flüchtlinge, die vor Kriegen und Revolutionen und Regimen flohen, von denen einige Leute in Ludwigshafen nie gehört hatten. Alles in allem kamen in den folgenden fünf Jahren elfhundert Flüchtlinge nach Ludwigshafen. Die Stadt beherbergte sie und ernährte sie und bezahlte für zusätzliche Deutschklassen und zusätzliche Nähgruppen und Sozialarbeiter und mietete schließlich die Flußschiffe. Es waren Hotelboote, und sie waren einfacher zu bewachen als ein Asylantenheim in einer geschäftigen Straße oder als ein türkisches Geschäft. Das einzige Mal, das jemand versuchte, die Flußschiffe anzugreifen – »Es war ein spontaner Überfall einer Gruppe junger Leute«, sagt Schulte –, gelang es den bei den Schiffen stationierten Wachen, den Angriff aufzuhalten, indem sie mit ein paar gewöhnlichen Wasserschläuchen drohend herumfuchtelten.

Schulte ist stolz auf die Ludwigshafener Polizei. Er weiß, daß die meisten dort fortschrittlich und menschlich denken und das Ludwigshafener »Ausländerproblem« als ein Problem betrachten, das hauptsächlich mit den Leuten zu tun hat, die die Ausländer loswerden wollen. Vor zwei Jahren, als dreißig sehr junge Skinheads ein Asylantenheim mit Steinen bewarfen, das Schulte für einige neue Flüchtlinge gebaut hatte, luden die Polizisten die Eltern der Skinheads auf die Wache in der Wittelsbacherstraße ein, und sie sagen, daß heute nur noch vier oder fünf dieser Skins aktiv sind. Die stellen den harten Kern dar, diejenigen, von denen Kriminalhauptmeister Ladinek sagt, daß sie »Chaos in ihren Köpfen« haben. Ladinek selbst glaubt, daß sie mit oder ohne Ausländer Schwierigkeiten machen würden, und das ist wohl wahr, denn einer von ihnen fuhr 1990 zur Fußballweltmeisterschaft in Italien und wurde nach wenigen Stunden verhaftet und abgeschoben. Die Skins, die das Asylantenheim mit Steinen bewarfen, waren eigentlich ausgezogen, um nach Redskins Ausschau zu halten; sie konnten keine Redskins finden, doch sie waren in Stimmung und blau und mußten anscheinend unbedingt jemanden überfallen, und die Flüchtlinge waren »sichtbar« – sie wußten, wo Flüchtlinge lebten, denn Flüchtlinge leben in der Regel zusammen. Schulte sagt: »Es ist kein Problem von Gewalt gegen Ausländer, es ist ein Problem von Gewalt gegen alles«, und in vielerlei Hinsicht stellt sich dieses Problem auf gleiche Weise überall in Deutschland.

Die Skins in Mölln waren auf dem Weg zu einem Asylantenheim, als sie die türkische Familie ermordeten. Die Skins in Hünxe, erzählte einer von ihnen Esther Schapira, einer jungen Frankfurter Fernsehjournalistin, die einen bemerkenswerten Film über das Dorf drehte, waren auf der Suche »nach Juden, nach allen, die nicht deutsch waren«.

Ludwigshafen ist immer eine recht offene, tolerante Stadt gewesen. Es gibt keine alten Ludwigshafener Familien, die vom Erhalt traditioneller »deutscher« Werte reden, aus dem einfachen Grund, daß es keine alten Ludwigshafener Familien gibt. Schulte sagt, Ausländer und Arbeiter zu sein, sei wahrscheinlich die einzige »alte« Ludwigshafener Tradition. Die Stadt ist immer noch durch und durch eine Arbeiterstadt, wo jeder dem Gewerkschaftsbund angehört und die Sozialdemokraten nie weniger als fünfzig Prozent der Stimmen erhalten und wo sogar die Polizei bei der Lichterkette gegen Rassismus mitmacht. Es ist weder eine schöne Stadt noch eine Stadt mit dem Geld oder dem Einfluß, um sich seine Flüchtlinge aussuchen zu können, wie es einige westdeutsche Städte können. (Ich kenne eine reiche Stadt in der Nähe von Frankfurt, die für sich asiatische oder europäische Flüchtlinge aushandelt und sie dann für zwei Wochen auf Probe »einlädt«.) Aber es ist eine Stadt, die problemlos mit den Ausländern lebt. Es gab nie viel Gewalt gegen irgend jemanden in Ludwigshafen. Sieben oder acht Morde pro Jahr – weniger als in den meisten deutschen Städten. Schulte sagt, bis zu diesem Jahr habe seine Arbeit hauptsächlich darin bestanden, »ein Gleichgewicht zu schaffen« zwischen den Forderungen der Auslander, die neu kamen, und den Bedürfnissen der Leute, die vor ihnen da waren.

Nun plötzlich ist dieses Gleichgewicht in Frage gestellt. Schulte glaubt, daß es zwei Dinge sind, die Ludwigshafen allmählich verändern: die Zahl der Flüchtlinge, die sich in wenigen Jahren verdoppelt hat, und noch wesentlicher die Ankunft des fundamentalistischen Islam in Ludwigshafen. Der Bürgermeister hat nicht sehr viel politische Geduld mit Orthodoxien. Er meint, daß sie der Assimilation im Wege stehen, und Sozialdemokraten wie Schulte glauben an Assimilation. Als er nach Ludwigshafen kam, bestanden die Probleme zwischen den ortsansässigen Kids und den türkischen Kids vorwiegend darin, was er »Männerstreitigkeiten« nennt. Die deutschen Jugendlichen und die türkischen Jugendlichen trafen sich gewöhnlich in den Jugendclubs und beleidigten sich gegenseitig, und gelegentlich bekämpften sie sich. »Beide waren auf eine gewisse Art Minderheiten«, sagt Schulte. Sie waren auf dieselben Wohnungen, dieselben Arbeitsstellen scharf, und wirklich zusammen kamen sie nur, wenn eine Institution – ein Kindergarten, ein Klassenraum, ein Fußballclub – sie zusammenbrachte. Doch sie waren nicht scharf darauf, anders zu sein. Schulte befürchtet, was er die »Islamisierung Ludwigshafens« nennt, werde das ganz normale Problem komplizieren, daß nie genug für alle da ist. Er ist Realist und weiß, daß – wie er es ausdrückt – »manche Deutsche nicht gut mit anderen Kulturen zurechtkommen«. Er ist der Ansicht, wenn türkische Familien anfangen, ihre Töchter im Tschador auf den Markt gehen zu lassen und ihre Söhne in Koranschulen zu schikken, dann schüren sie damit die Angst, die die Skinheads so brutal ausleben und die sich die Rechte zunutze macht.

Die Asylgesetze und die Politik im Mittleren Osten haben Städte wie Ludwigshafen für alle möglichen Sorten von Militanten und Fundamentalisten geöffnet, die kommen, um die moslemischen Arbeiter, die bereits da sind, als eine Art Vorhut zu rekrutieren – sichtbar und lautstark. »Wir wissen nicht, wer in der Stadt ist«, sagt Schulte. »Es gibt Türken, Kurden, Pakistani. Leute kommen und gehen. Das ist der Preis einer offenen Gesellschaft.« Heute ist er sich nicht mehr so sicher, ob es ein Preis ist, den die Stadt bezahlen kann. Er sagt manchmal: »Was wird mit Ludwigshafen geschehen, wenn die ganze Rote Armee kommt und uns bittet, sie zu unterstützen?« Er befürchtet, daß Phantasien wie diese den Parteien auf der Rechten ihre Themen liefern.

Vor vier Jahren zogen zwei deutsche Nationalisten in den Stadtrat mit einem Wahlprogramm ein, das hauptsächlich mit Ausländern zu tun hatte. Der eine wurde dafür ausgeschlossen, daß er einem einheimischen Punk mit einem Baseballschläger auf den Kopf gehauen hatte, weil ihm dessen Haare nicht gefielen, und der andere legte sein Amt schließlich nieder, doch Schulte nimmt an, daß rechte Politiker wie diese nach den nächsten Wahlen wieder im Stadtrat sein werden. Die Leute in Ludwigshafen lernen, die Ausländer für jedes Verbrechen verantwortlich zu machen, das geschieht. Sie wissen genau Bescheid über die türkische Mafia und die kurdische Mafia. Sie wissen genau Bescheid über den Afrikaner, der dabei ertappt wurde, wie er Sozialhilfe in acht rheinland-pfälzischen Dörfern kassierte, und über die Thais hier, die asiatische Kinder als Prostituierte ins Land gebracht haben. Doch sie neigen dazu, die deutschen Verbrechen zu ignorieren, von denen viele mit den Neo-Nazis zu tun haben. Die Kneipe, in der die Skins, die Ender Basaran geknackt haben, ihr Hauptquartier hatten – sie heißt Crazy Corner, und sie ist wie die deutsche Fahne in schwarzen, roten und gelben Streifen gestrichen –, gehörte einem einheimischen Kriminellen, der Drogen verkaufte und dessen Haus voller Nazi-Paraphernalien war. Letztes Jahr fand man ihn ermordet in Luxemburg auf, und vielleicht sind die Skins in Ludwigshafen deshalb in letzter Zeit nicht besonders in Erscheinung getreten. Ladinek sah vor nicht allzu langer Zeit einen Trupp von ihnen, der sich auf einer Demonstration herumtrieb, und er jagte sie davon. Er sagt: »Ich bin kein Law-and-Order-Mensch, doch sie müssen merken, daß du es ernst meinst.«

Es hat sich rumgesprochen, daß die Ludwigshafener Polizei »es ernst meint«. Der Erste Polizeihauptkommissar der Streifenpolizei ist ein rundlicher Familienvater-Typ namens Jakob Falk, doch seine Polizisten nennen ihn jetzt auf englisch »den Skin Hunter«. Seine Milde täuscht, wenn er sagt: »Wenn die Skins einen Überfall machen, verletzt es mich persönlich.« Er hat keinen Zweifel daran gelassen, daß »sie hier nicht willkommen sind«, doch er bildet sich nicht ein, daß sie verschwunden sind. Die fünfzehn Skins, die nach dem Überfall auf Ender verhaftet wurden, verfügen wenn nicht über eine Organisation, so doch über ein Netzwerk. Sie kennen von Oi-Konzerten und Fußballspielen Hunderte von anderen Skins, und sie treffen sich mit diesen Skins, um Festtage wie Silvester und den Tag der Einheit zu »feiern«. Sie sind, wie Ladinek sagt, »aktiv untereinander verbunden«.

Die Skinheads von der Crazy Corner zogen nach dem Überfall um. Sie versuchten, sich in einer Kneipe im Saarland zu treffen, und als der Kneipier sie rausschmiß, gingen sie in eine Kneipe in Kaiserslautern. Nun haben sie ihren Treff in Frankenthal, sechzehn Kilometer von Ludwigshafen entfernt. Falk, der sie im Auge behält, sagt, es seien immer die gleichen Skins, die gleichen Kneipen, die gleichen Konzerte, die gleichen Fußballspiele, das gleiche Muster. Viel mehr hat er nicht zu sagen, denn es gibt kein umfassendes Regierungsdossier über die Skinheads. Die Regierung führt zu Recht an, daß eine Akte über Leute mit rasierten Köpfen und Bomberjacken ihre Datenschutzgesetze verletzen würde, doch das macht es der örtlichen Polizei nahezu unmöglich, ein Skinheadtreffen mit der Sorte von Verbrechen in Verbindung zu bringen, die oft diesen Treffen folgen. Vor ein paar Monaten trafen sich achtzig Skinheads in Cottbus, das in Ostdeutschland liegt, nahe der polnischen Grenze. Fünf Nächte später gab es in ganz Deutschland Überfälle von Skinheads – vier Überfälle auf Flüchtlinge, drei auf jüdische Friedhöfe, einen auf ein türkisches Restaurant in einem Asylzentrum –, und niemand weiß oder wird aller Voraussicht nach jemals wissen, ob es sich um planlose Überfälle handelt oder um Überfälle, die bei dem Cottbuser Treffen geplant wurden. Was einem Skinhead-Dossier in Deutschland am nahesten kommt (von einer Verfassungsschutzakte über »Rechtsextremisten« abgesehen), ist ein Verzeichnis von Hooligan-Verbrechen in der Datenbank des Bundeskriminalamtes in Wiesbaden. Sie verrät viel über die Leute, die Streitigkeiten bei Fußballspielen anfangen – einer der Solinger Skins gehörte dazu. Doch das sind nicht immer (oder notwendigerweise) die Leute, die Oi hören und sich betrinken und dann losziehen und versuchen, Ausländer zu ermorden.

Ende letzten Jahres nahm der Anführer einer Oi-Band, die sich Böhse Onkelz nennt, wegen eines Auftritts in einem Frankfurter Konzert mit dem Titel »Rock gegen Rechts« Verbindung mit Daniel Cohn-Bendit auf. Die meisten Leute denken bei Daniel Cohn-Bendit nicht an jemanden, der mit Konzerten zu tun hat. Für sie ist er Danny der Rote, der Pariser Student mit dem lockigen roten Haar und der kleinen roten Mao-Bibel, der die Besetzung der Sorbonne im Mai 1968 anführte und nach Deutschland ausgewiesen wurde (das Gerücht besagt, daß er die Fahrt in Jacques Lacans Jaguar unternahm). Doch Cohn-Bendit ist Deutscher und Jude, und als er heim nach Frankfurt kam, arbeitete er in einem Buchladen und gründete eine radikale Zeitschrift und ging in die deutsche Politik. Er war ein Sponti (was für »spontan« steht) und danach ein Grüner, und vor vier Jahren ließ er sich als Kandidat aufstellen und wurde stellvertretender Bürgermeister von Fankfurt und Leiter eines Amtes, das er selbst geschaffen hat und das den Namen Amt für multikulturelle Angelegenheiten trägt. Frankfurt hat im Verhältnis zu seiner Einwohnerzahl mehr Ausländer (und offensichtlich weniger Skins) als jede andere deutsche Stadt, und es wurde als eine typisch »Frankfurter« Idee betrachtet, den Versuch zu unternehmen, die Jungs und Mädchen, die sonst vielleicht zu

Oi-Konzerten gehen, mit einem großen Konzert über die Liebe zu Ausländern zu umwerben.

Das Problem war, daß es nahezu unmöglich ist, ein großes Rockkonzert in Deutschland zu veranstalten. Abgesehen von ein paar Hamburger Gruppen ist deutscher Rock entsetzlich. Die Onkelz, die für das Lied über das Wegrasieren türkischer Mädchen verantwortlich waren, sind in rein musikalischer Hinsicht nicht schlimmer als Gruppen wie die Toten Hosen, deren Herz auf dem »rechten linken Fleck« saß – die Botschaft der Onkelz war eben nur voller Haß, und vielleicht hatten sie deshalb immer eine gewisse Berühmtheit in Frankfurt besessen, wo sie lebten. Die Morde in Mölln änderten das. Ihre Platte »Heilige Lieder« – ein zweideutiges Oi-Werk über Deutschland, das die Welt mit einem »heilig erscheinenden Lied« erobert – war 1991 über Monate hinweg auf Platz fünf in den Hitparaden, nachdem Deutschland sich vereinigte, und war bei den Jugendlichen in Ostdeutschland immer noch beliebt, doch es war nach den Morden in Mölln wesentlich weniger beliebt in Westdeutschland, wo Millionen von Menschen im Gedenken an die Türken, die gestorben waren, Kerzen anzündeten und Nachtwachen hielten. Die Onkelz waren fast dreißig Jahre alt und gekränkt. Niemand wollte ihnen eine Halle vermieten oder ihnen ein Konzert buchen oder gar ihre Platten in einem Laden führen. Es hieß, mit »Heilige Lieder« hätten sie die Hymne für die Gewaltserie geschrieben – Hunderte von Überfällen auf Ausländer –, die die Skinheads am Vorabend des 3. Oktober vergangenen Jahres als ihre persönliche Feier der deutschen Vereinigung betrachteten.

Die Onkelz sagten, sie hätten sich »geändert«. Sie sagten, sie seien keine Rassisten mehr und seien nie Nazis gewesen, doch die Impressarios, die das »Rock gegen Rechts«-Konzert zusammenstellten, überzeugten sie damit nicht, sie auf den Frankfurter Festplatz zu lassen, um dort aufzutreten, und so riefen sie Cohn-

Bendit an und beklagten sich, und Cohn-Bendit organisierte eine Pressekonferenz für sie und verkündete, daß die Onkelz ihr eigenes Konzert veranstalten und Geld für Asylsuchende sammeln werden und daß sie eine »Hauptrolle spielen« werden in der von der Stadt veranstalteten Werbekampagne – »Gib den Rechten keine Chance«.

Für viele Deutsche war die Vorstellung, daß die Böhsen Onkelz Flüchtlingen helfen, ebenso grotesk wie die Vorstellung, daß die Ludwigshafener Skinheads zur psychischen Beratung erscheinen. Die Leute sagten, es sei klar, daß Cohn-Bendit nie in seinem Leben bei einem Heavy-Metal-Konzert war, ganz zu schweigen von einem Oi-Konzert, und nichts von den Gewalttätigkeiten bei dieser Sorte von Veranstaltung wußte – daß er zu einer Generation von Leuten der sechziger und siebziger Jahre gehörte, die »in der Kultur der radikalen Buchläden und Öko-Lebensmittel steckengeblieben waren und kein Gefühl für ›die Kultur der Kultur‹ hatten«. (Er sagte: »Ich will nicht sagen, daß die Onkelz sauber sind, aber die Kids hören auf diese Leute, deshalb dachte ich, daß es einen Versuch wert war.«) Die Diskussionen in Frankfurt waren jedoch lehrreich, weil sie *eins* klar machten, daß nämlich Leute mittleren Alters aus der deutschen Mittelschicht wie Cohn-Bendit, Deutsche, die »ihr 1968 gemacht« hatten, zwar viel über die Kids auf der Linken wußten und selbst über die Gewalt auf der Linken, jedoch sehr wenig über die Kids auf der Rechten und *ihre* Gewalt und wo diese Gewalt herkam – daß die Lehren von Weimar, die sie so ernsthaft in der Schule gelernt hatten, genausogut die Lehren irgend eines anderen Landes hätten sein können. Einige von ihnen sahen die Skinheads als eine Art Spiegelbild linker Terroristen von Gruppen wie der Roten Armee Fraktion. Sie nahmen an, daß die Skinheads organisiert und effizient wären, daß sie irgendeine Art von globalem Generalplan besäßen, daß sie ihre Opfer kaltblütig und mit

Sorgfalt auswählten, so wie die Rote Armee Fraktion *ihre* Opfer ausgesucht hatte, bei denen es sich immer um Bankiers und Politiker und Industrielle gehandelt hatte, um Leute mit ökonomischer und politischer Macht. Sie verstanden weder das »Chaos in den Köpfen« der Skins aus dem Osten – oder, was das angeht, das ihrer eigenen Skins – noch, warum das Chaos in der Musik von Gruppen wie den Böhsen Onkelz vertraut, beinahe beruhigend für die Skins klang, noch, daß es Chaos war.

Die Skins in Ludwigshafen hörten gerne die Onkelz und eine Gruppe aus Köln, die Störkraft heißt, und eine Gruppe, die Endsieg heißt, und eine, die Kahlschlag heißt. Die Läden mögen diese Gruppen boykottieren, doch ihre Tonbänder zirkulieren im Skinhead-Untergrund und sind durch den Boykott nur noch beliebter geworden. Die Skinheads verfolgen die Berichte über Polizeirazzien in Oi-Studios und bei Oi-Produzenten – es sind die einzigen Nachrichten, die sie verfolgen, abgesehen von den Nachrichten im Fernsehen über sich selbst. Sie wissen, wann »Türken raus« verboten wurde, obwohl man mit einiger Sicherheit sagen kann, daß sie nicht wissen, daß die Onkelz als eine Punkband anfingen und daß ihre besondere eigene Gewalt nichts mit Türken zu tun hatte; bei ihr ging es darum, die Hippies auf den örtlichen Flohmärkten vorsichtig aufzumischen. Klaus Walter, der über Rock schreibt und das Rockprogramm des Hessischen Rundfunks produziert, sagt, die Onkelz seien »dumme Kinder, die wohl auf die rechte Seite kamen, ohne es wirklich zu wollen«. Er meint, je beleidigender sie wurden, desto mehr verkauften sie, und je mehr sie verkauften, desto mehr Aufmerksamkeit erhielten sie – und sie waren nicht die Sorte Mensch, die darüber nachdenkt, welche Art von Aufmerksamkeit das war.

Der Anführer-Onkel – sein Name ist Stephan Weidner und er ist der »Sprecher« der Gruppe, da er nach allgemeiner Ansicht der einzige Onkel ist, der in der Lage ist, einen kompletten Satz zu bilden – verschwand nach seinem Treffen mit Cohn-Bendit und der Frankfurter Presse nach Indien. Niemand wußte, ob er gegangen war, um seine arischen Wurzeln zu finden, oder was er in einem Land mit neunhundert Millionen Menschen anfangen wollte, die mindestens so dunkel waren wie die Türken, die er wegrasieren wollte, doch Walter, der der Meinung ist, Gruppen wie die von Weidner sollten in Deutschland nicht auftreten dürfen, sagte, als er verschwand: »Er ist draußen. Er hat es vom Tellerwäscher zum Millionär geschafft, und jetzt ist er in Indien, ruht sich aus, raucht Pott, während hier Menschen ermordet werden.«

Am Ende macht es wahrscheinlich keinen Unterschied, ob das Oi-Geschäft zynisch ist oder dumm oder zornig oder gar ideologisch. Worauf es ankommt, ist, daß es ein großes Geschäft ist – ein Geschäft für die Massen – und daß es die Neo-Nazis, die in Deutschland nun offen auftreten, mit Millionen von Schlüsselkindern in Kontakt bringt, die nach etwas suchen, das sie tun können, nach jemanden, dem sie die Schuld geben können, nach Wegen, sich die Zeit in Städten oder Sozialsiedlungen zu vertreiben, die einen Parkplatz haben, eine Pizzeria, eine öffentliche Telefonzelle und sonst so gut wie nichts. Das Geschäft macht größtenteils ein Mann namens Herbert Egoldt, der in der Nahe von Köln lebt und ein Untergrundlabel herausbringt, das Rock-o-Rama heißt. Egoldt hatte früher einen Plattenladen. Er spezialisierte sich auf Punkmusik, und die Kölner Punks pflegten sich samstags in dem Laden zu treffen und darüber zu reden, was mit Deutschland nicht stimmte, und schließlich fingen sie an, sich darüber zu streiten, was mit Deutschland nicht stimmte. »Die Szene spaltete sich in linke Punks und rechte Punks«, sagt Walter. Egoldt schlug sich auf die Seite der Rechten und fand Gefallen daran.

Nazi-Sprache ist illegal in Deutschland. Sie fällt unter die Kategorie *Volksverhetzung*, welche die Aufhetzung durch »negative Propaganda« mit einschließt, was der Grund dafür ist, daß man Oi in den großen Schallplattenläden in Frankfurt und Köln nicht findet. Man findet sie in den kleinen Plattenläden der Städte in Ostdeutschland, die zu überwachen sich niemand die Mühe gibt – oder die vielleicht niemand überwachen will. Ostdeutschland ist Herbert Egoldts bester Markt. Die bösartigsten Bänder der Onkelz werden hier immer noch offen verkauft, obwohl die Onkelz selbst behaupten, daß sie Egoldt verklagen wollten, um diese Bänder aus dem Verkehr zu ziehen. Sie produzierten »Heilige Lieder« nicht mit Egoldt, sondern mit einer kleinen Frankfurter Firma und versuchten die Kritiker davon zu überzeugen, daß sie im Grunde ihres Herzens ironisch sind und daß ihre Verse in Wirklichkeit eine »doppelte Botschaft« besäßen, etwa in der Art von Bruce Springsteens »Born in the USA«. Gruppen wie die Onkelz sind kein einfaches Thema für einen jungen Rockkritiker wie Klaus Walter, weil es ihm nicht leicht fällt, über das Thema Zensur zu reden. Er sagt, es gehe darum, das eigene Gefühl zum Recht auf freie Meinungsäußerung gegen das eigene Gefühl abzuwägen, daß unschuldige Menschen vor Haß beschützt werden müssen. Wenn seine Freunde in der Rockszene sagen, die Oi-Gruppen zu zensieren, widerspreche ihren Grundprinzipien, dann entgegnet er ihnen: »Was ist mit uns? Die Nazis sind gegen *unsere* Grundprinzipien.« Es gehe darum, wo man die Grenze zieht und anfängt, nein zu sagen. Sagt man nein zu den Onkelz? Und wenn man es tut, sagt man ebenfalls nein zu den alten Nazis in Berlin, die nun aus ihren Verstecken gekrochen sind und sich als »freiwillige Polizisten« verkleiden? Und zu den Männern in Hünxe, die *ihre* »Uniformen« anziehen und still auf ihren Pferden beim Appell sitzen, während ihr Schützenkönig von der deutschen Rasse spricht (und später sagt, daß er von dem Gedanken an die tapferen, jungen Männer von Hünxe bewegt wurde, die im Krieg kämpften und starben, und an die tapferen jungen Frauen von Hünxe, die ihre hübschen Häuser verlassen mußten, aber daß er nie an Zeinab dachte, das kleine Mädchen, das die Skinheads in Hünxe verbrannten)? Die Leute sagen manchmal, daß die Skins und ihre Musik eine Art Revolte seien, weil sie »das Tabu über Hitler« brechen, das einzige Tabu, das noch in Deutschland übrig ist. Esther Schapira glaubt nach dem Jahr, das sie in Hünxe verbracht hat, daß es alles andere als eine Revolte ist. Es ist kein Zufall, daß die Solinger Skinheads das Feuer, das eine türkische Familie tötete, nur drei Tage legten, nachdem »respektable« deutsche Politiker Asylgesetze widerrufen hatten, die für viele Menschen das Symbol für eine neue Moralität und eine neue Verantwortlichkeit und eine neue Toleranz gewesen waren; ihr Feuer war eine Widerspiegelung, fast ein Ausagieren der Stimmung, die um sie herum herrschte, und Esther Schapira sagt, daß dies auch für das Feuer in Hünxe stimmt. Sie sagt, das Rätselhafteste an Hünxe war, »wenn du jung warst und voller Energie, konntest du dieses Dorf, diese schrecklichen Leute nicht lieben«, und doch glaubten die Skinheads, die die Brandbombe in Zeinabs Haus warfen, daß sie das Dorf liebten – sie glaubten, sie wären genauso wie ihre Väter und Großväter, die sich für das Schützenfest feinmachen und patriotische Reden schwingen. Sie redeten wie ihre Eltern, die vom 8. Mai sprachen als »dem Tag, an dem wir den Krieg verloren« und nicht als »dem Tag, an dem Deutschland frei wurde«. Sie gebrauchten dieselbe Sprache.

In Hessen gab es dieses Frühjahr (1993) Wahlen. Es waren die ersten wichtigen Wahlen seit der Gewalt in Rostock und Mölln – seit die Linke ihre Lichterketten organisierte und seit die Rechte sich um ein »Ausländerproblem« herum mobilisierte –, und die Leute in Ludwigshafen verfolgten sie als ein Stimmungsbarometer für die Wahlen von 1994, wenn Ludwigshafen und der Rest Deutschlands an die Urnen gehen werden. Sie interessierten sich dafür, wie die Republikaner – die Deutschlands jüngste »legitime« Rechtspartei sind, etwa in der Art der Nationalen Front oder der Freiheitlichen Partei Österreichs – abschneiden würden und besonders, wie sie in Frankfurt abschneiden würden, das wie Ludwigshafen stets sozialdemokratisch gewählt hatte und sogar den Spitznamen »rot-grünes Frankfurt« trug, weil eine Koalition aus Sozialdemokraten und Grünen an der Regierung war. Die Leute taten gut daran, sich dafür zu interessieren. Die Republikaner erhielten fast neun Prozent der Stimmen in Hessen, und wenn nicht so viele für die Grünen gestimmt hätten, wäre das rotgrüne Frankfurt an eine Christdemokratin gefallen, die einmal bemerkte, daß sie die Idee einer Koalition mit den Republikanern nicht verwerfen würde – zumindest nicht mit den Republikanern, die sie kannte. Einer davon war der Führer der örtlichen Partei der Republikaner. Er heißt Heinrich Frank, und er verkaufte früher Versicherungen. Heute sitzt er im Frankfurter Stadtrat, zusammen mit neun weiteren Republikanern, die ihre Sitze bei der Wahl gewannen.

Heinrich Frank ist fünfzig Jahre alt, ein Kriegskind, das seinen Vater nie gesehen hat, ein Self-made-Verkäufer mit schlechten Manieren, der Frauen nicht die Hand gibt und der der Meinung ist, daß Flüchtlinge in Baracken isoliert werden sollten, weit weg von den Deutschen, und ihre Unterstützung in Form von Gutscheinen erhalten sollten, um sie so aus deutschen Läden herauszuhalten, und daß sie so schnell wie möglich nach Hause geschickt werden sollten. »Wir wollen ihnen helfen, und dann nichts wie ›raus!‹«, pflegt er zu sagen. »Wir wollen kein Florida in Deutschland.« Mit Florida meint er »einen Ort, wo die Puertoricaner einziehen und die Weißen ausziehen, und es führt zu Multikulturalismus und Problemen.« Er kennt Florida, weil seine Schwester mit einem Amerikaner verheiratet ist. Seine Schwester lebt in einem »netten deutschen Viertel« in Mobile, Alabama, einem Viertel, in dem jeder deutsch spricht, doch er hält Mobile nicht für multikulturell, weil dort Deutsche zusammen leben und nie Englisch sprechen. Er bezeichnet sich selbst als einen »Nationalkonservativen«, womit er meint: ein Christdemokrat, dem ein Licht aufgegangen ist, als die Partei Helmut Kohls »von Radikalen unterwandert« wurde. Er versteht nicht, warum die Presse Franz Schönhuber, den Vorsitzenden der Partei der Republikaner, behandelt, als wäre er ein Faschist, wo er doch nur ein besorgter, patriotischer, demokratischer Nationalkonservativer ist, jemand, der ein sauberes, christliches Europa will, ohne Minarette, die das Landschaftsbild stören. Republikaner sind gut instruiert, und die meisten von ihnen sind darauf bedacht, so zu sprechen, wie Frank es tut – davon, daß sie Demokraten sind, daß sie Patrioten sind, daß sie Christen sind. Sie sind nie rassistisch, sie warnen nur; sie sind nie wütend, nur besorgt; nie rechtsradikale Nationalisten, nur Nationalkonservative. Sie haben ihre Gefolgschaft gewonnen, indem sie sich vor der Sprache der Nationaldemokraten und der Deutschen Volksunion und einer Handvoll weiterer rechter Parteien hüten, die in Deutschland legal sind, sie geraten jedoch oft in Schwierigkeiten wegen »Propaganda gegen die Demokratie«.

Vierundzwanzigtausend Leute gehören der Deutschen Volksunion an (tausend weniger als den Republikanern) und etwa sechstausend der Nationaldemokratischen Partei Deutschlands, und die Polizei glaubt, daß viele dieser Leute die Parteien als eine Art Deckmantel benutzen, als eine Möglichkeit, in Kontakt und legal zu bleiben, wenn die echten Nazigruppen, zu denen sie gehören, auffliegen und sich auflösen müssen. Es gibt viele solcher Gruppen – siebenundsiebzig ist die offizielle Zahl. Die meisten Gruppen sind klein. Manche haben weniger als fünfzig oder hundert Mitglieder, obwohl Alexander von Stahl, der deutsche Generalbundesanwalt, mir erzählte, daß in den drei Neo-Nazi-Parteien, gegen die er ermittelte und die er dieses Jahr verbot, fünftausend Leute waren. Oft sind die Gruppen bewaffnet. Sie kaufen ihre Waffen von russischen Soldaten, die in Ostdeutschland zurückgelassen wurden und die nie ihren Sold erhalten und alles an Waffen verkaufen, was sie können. Die Gruppen existieren in der Regel so lange, bis die Polizei sie ausfindig macht, und dann tauchen sie unter anderem Namen wieder auf. Von Michael Kühnen, der in der Nähe von Ludwigshafen wohnte und zwei der größten Neo-Nazi-Parteien gründete, wurde behauptet, er habe in den wenigen Jahren, in denen er nicht im Gefängnis saß, ein Dutzend weiterer Gruppen zusammengestellt. Seine Anhänger schlüpften aus ihrer Tarnung raus und wieder rein, und nun sind sie dabei, in ostdeutschen Städten zu rekrutieren, wo die Polizei unorganisiert ist (wenn die Polizisten nicht selbst Mitglieder sind) und die Bevölkerung beeinflußbar und wo die Symbolik von militärischen Grüßen und Hakenkreuzen einen gewissen Reiz ausüben. In Westdeutschland waren sie in letzter Zeit weniger erfolgreich. Das Problem in Westdeutschland sind nicht so sehr alte Nazis als vielmehr junge, gebildete Leute, die Geld verdienen und gut leben und ihre politische Einstellung nicht der Nazifolklore entnehmen, sondern den Seiten einer clever gemachten Zeitschrift aus Freiburg mit dem Titel *Junge Freiheit* – Leute, wie der zweiundzwanzigjährige Düsseldorfer, der Oi-Gruppen wie Störkraft managte und zum Millionär wurde und in die Politik ging. »Er ist die Zukunft«, sagt Esther Schapira. »Er ist viel gefährlicher als irgendein Spinner, der ›Heil Hitler!‹ schreit.«

Die Republikaner legen Wert darauf, daß sie nichts mit den Neo-Nazis zu tun haben. Sie überprüfen ihre

Militanten auf »Naziverbindungen« und »Nazineigungen«. Sie »säubern« die Partei jedes Jahr. Sie betonen gerne, daß sie nicht an der Vergangenheit interessiert sind oder an den Problemen der Vergangenheit – sie sind an den Problemen der Leute heute interessiert. Sie versuchen so zu klingen, wie ein sozialdemokratischer Bürgermeister in Ludwigshafen, der darüber Scherze macht, was passieren wird, wenn die Rote Armee an seiner Hintertür auftaucht und Asyl und Arbeitsplätze und Betten verlangt. Die großen roten Herzen auf ihren Plakaten bedeuten »Ich liebe Deutschland«. Sie sagen wie Heinrich Frank in Frankfurt, daß »man aus seiner Vergangenheit nicht auf demütigende Weise lernen muß«. Sie versuchen, das Leuten zu erklären, die sie, wie sie sagen, »mißverstehen« könnten. (Ignatz Bubis, das Oberhaupt der Jüdischen Gemeinde in Deutschland, erzählte mir, daß Frank, den er nicht kennt, ihn anruft, »spricht wie ein alter Freund« und vorschlägt, sich zu treffen.) Sie leihen sich ihre Parolen ebenso problemlos von der Linken wie von der Rechten, wenn es ihren Zwecken dient. Ihre Flugblätter in Frankfurt bedienen sich bei Rosa Luxemburg – »Freiheit ist die Freiheit der Andersdenkenden«, heißt es in den Flugblättern –, obwohl sie natürlich Rosa Luxemburgs Namen nicht erwähnen. Sie sagen, der Nationalsozialimus sei für Deutschland ein »Fehler« gewesen. Sie konzentrieren sich auf die »Opfer von Stalingrad«. Sie machen nicht die Art von Fehler, die die Nationaldemokraten begingen, als sie versuchten, eine Privatarmee aufzustellen, oder als sie einen Amerikaner namens Fred Leuchter einluden, auf einem Parteitag zu sprechen und seinen »Beweis« dafür vorzulegen, daß die Gaskammern in Auschwitz 1945 von den Alliierten gebaut worden seien, um die Deutschen zu diskreditieren. Die Republikaner lehnen den Holocaust ab. Sie sagen, ihr Vorbild sei nicht Hitler, sondern Jean-Marie Le Pen und Franz Haider und Umberto Bossi, der Mann, der die Lombardei aus

Italien herauslösen möchte, obwohl sie sich jeder offiziellen Allianz enthalten, weil sie zu Recht vermuten, daß die anderen Nationalisten sie in Verruf bringen würden. Im Augenblick ist der einzige, der einem Führer bei ihnen am nächsten kommt, Schönhuber in München, und er ist siebzig Jahre alt, und der Mann, den er sich als seinen Nachfolger zu wünschen scheint, ist ein Intellektueller aus Stuttgart, der besser mit den Liberalen zurecht kommt, die ihn im Fernsehen diskutieren sehen, als mit den Ladenbesitzern und Verkäufern, die republikanisch wählen, weil Schönhuber genau wie sie eine Art Bier-und-Heimat-Mensch ist. Schönhuber begann seine Laufbahn tatsächlich bei der Waffen-SS. Nach dem Krieg wurde er Journalist. Er war ein kommunistischer Journalist und dann ein sozialdemokratischer Journalist und schließlich ein Fernseh-Talkshow-Journalist, der für Franz-Josef Strauß (den er aus einem Münchner Bierclub für Leute kannte, die Franz heißen) und die Christlich-Soziale Union Werbung machte. Hans Sarkowicz, ein junger Frankfurter Historiker, der ein Buch über Schönhuber geschrieben hat, sagt, er werde wahrscheinlich als einer der großen Opportunisten der deutschen Nachkriegspolitik in die Geschichte eingehen, doch zu Hause in Bayern wird er sehr für seinen Opportunismus bewundert und natürlich für seine Schläue. Er spricht gerne vom »Ethno-Pluralismus«. Er meint mit Ethno-Pluralismus, daß es grausam sei, die Türken aus ihrem Land herauszureißen und nach Deutschland zu verpflanzen, wo sie ihre Kultur verlieren und unglücklich werden. Er liebt die Türken zu sehr, um ihrem Unglück zuzusehen. Er sagt, seine Politik bestehe darin, die Türken glücklich zu machen, indem man sie ermutigt, zu Hause zu bleiben. Er besitzt ein Ferienhaus an der türkischen Küste, und offensichtlich war es der Anblick so vieler glücklicher Türken zu Hause in der Türkei, die seine Politik prägte. Er gebraucht Worte wie *Volksgemeinschaft*. Er sagt: »Keine Gewalt gegen Ausländer. Wählt die Republikaner«, und wer den Code nicht kennt, kann leicht glauben, es handle sich bei ihm um Abraham Lincoln, der sagt, Stimmzettel sind besser als Kugeln.

Mag sein, daß der Rassismus hier anders *ist* – anders als der Rassismus, den man auf der gegenüberliegenden Seite des Rheins in Frankreich sieht oder gar in der Schweiz, wo die Fremdenfeindlichkeit so übertrieben ist, daß ein Teil der ausländischen Arbeiter alle neun Monate ausgetauscht wird und nur wenige von ihnen je die Gelegenheit erhalten, das Land ihre Heimat zu nennen. Mit Sicherheit sind die heutigen Debatten über Ausländer und Wirtschaft – darüber, daß Deutschland sich seine Ausländer nicht leisten kann – so verdächtig wie die Debatten darüber, daß die Weimarer Ökonomie Hitler »verursachte«, und vielleicht stellen sie auch denselben Schwindel dar, denn letzten Endes sind die Ausländer hier nicht sehr teuer. Die meisten von ihnen arbeiten, und Deutschland braucht sie, und manchmal braucht es mehr von ihnen, als es hat: Deutsche Bauern müssen jedes Jahr zweihunderttausend Wanderarbeiter ins Land bringen, nur um ihrem eigenen Arbeitskräftemangel abzuhelfen. Und die Flüchtlinge, die nicht arbeiten – den meisten ist es per Gesetz verboten, zu arbeiten –, kosten das Land ein Bruchteil dessen, was es kostet, die dreieinhalb Millionen Deutschen zu unterstützen, die arbeitslos sind. Sie kosten mit Sicherheit weniger als die sechsundsiebzig Millionen Dollar, die Deutschland in den nächsten zweieinhalb Jahren Polen zahlen wird, damit es ein paar Tausend von ihnen zurücknimmt und einen Zaun baut, um sie an der Ausreise zu hindern.

Manfred Schiedermair, ein Frankfurter Wirtschaftsanwalt, der in Bürgerrechtskreisen aktiv ist, sieht einen Teil des Problems darin, daß Deutschland nie wirklich für irgend etwas bezahlen mußte, bis die Mauer fiel. »Die Demokratie kostete nicht so viel«, sagt er. »Sie war ein Geschenk der Alliierten, eine Schachtel voller Süßigkeiten, und mit ihr verband sich immer so ein Gefühl von Flitterwochen.« Er meint, daß sich die meisten Deutschen, solange Deutschland reich war, für gute Demokraten hielten – daß die deutsche Demokratie aber sehr viel fragiler ist, als diese Deutschen glaubten, denn das alte Deutschland war immer da, radikal in seinen Phantasien, und die glänzenden neuen Institutionen und Verpflichtungen waren in Wirklichkeit nicht besonders gesichert. Letzten Endes ist es egal, ob man diese Phantasien bis zu Heine oder bis zu Hitler zurückverfolgt, bis zum Schwarzwald oder bis zu den blonden Zöpfen. Die Vorstellung von *Blut und Boden* hat nichts mit Arbeitsplätzen oder Sozialwohnungen oder Essensmarken zu tun. Sie findet sich in der Sprache, in der Dichtung, in den Bildern von Deutschland, die man in der Kindheit vermittelt bekommt. Sie hat mit einer Art ethnischer Entrückung zu tun, verwurzelt in Rasse und Landschaft. Sie zieht sich durch den Kanon der deutschen Literatur von »Parzifal« über faschistische deutsche Dichter wie Agnes Miegel, die man in den Schulbüchern ließ, lange nachdem der Krieg vorbei war (während Bertolt Brecht noch ausgeschlossen war), bis zu dem Dramatiker Botho Strauss, der Polemiken über den Zusammenbruch »deutscher« Werte von der Art veröffentlicht hat, die die Deutschen einst dazu trieb, ihr Leben für ihre »Identität« zu geben. Sie beeinflußt bisweilen sogar die Grünen. Sie ist der Punkt, an dem sich die Linke und die Rechte treffen, an dem die »guten« Deutschen und die »bösen« Deutschen bisweilen immer noch zusammenkommen. Sie gibt Worten wie »Reinheit« und »Verunreinigung« einen angenehmen Klang, und wenn die Grünen und die Rassisten auch sehr verschiedene Dinge meinen, wenn sie diese Worte benutzen, so sind das doch keine Worte, wie man sie in der westlichen Politik gewöhnlich erwartet. Das ist der Grund, warum Anwälte wie Schiedermair, wenn sie von Politik sprechen, oder Professoren wie Spiros Simitis, wenn sie von der Verfassung sprechen, oder Philosophen wie Jürgen Habermas, wenn sie vom Sozialvertrag sprechen, wie Stimmen aus einem anderen Land klingen können, während Botho Strauss, wenn er über deutsche Werte und deutsche Identität spricht, »deutsch« klingt.

Um sechs Uhr zwanzig am Morgen des 14. Februar begannen die Telefone in dem rosafarbenen Backsteingebäude der Polizeistation in Ludwigshafen zu läuten. Anwohner aus der Schulstraße, die etwa eineinhalb Kilometer von der Wache entfernt ist, riefen an, um zu melden, daß das türkische Geschäft in ihrer Straße – das Geschäft mit dem Namen Baskent – brannte. Die Feuerwehr kam und evakuierte das Gebäude. Dann kamen die Krankenwagen. Zehn Menschen, die direkt über dem Laden wohnten – hauptsächlich Deutsche und ein paar Türken –, wurden ins Krankenhaus gebracht. Ein Kind, das sehr viel Rauch eingeatmet hatte, behielt man länger im Krankenhaus. Es war ein Sonntagmorgen, doch das Feuer schien jeden in der Straße aufgeweckt zu haben. Eine Frau sagte, daß das Baskent »explodierte«. Eine andere Frau sagte, sie sei sicher, zwei Männer gesehen zu haben, die aus dem brennenden Geschäft rannten, und einer der Männer habe sich umgedreht und etwas, das wie ein »brennender Gegenstand« aussah, zurück ins Innere des Ladens geschmissen, das jedoch, sagte sie zur Polizei, sei alles gewesen, was sie sah.

Das Baskent qualmte noch, als die Polizei Nigar Ergeldi, den jungen Lebensmittelhändler, dem der Laden gehörte, schlafend im Haus seiner Eltern in Hemshof antraf. Als er schließlich dort ankam, war das Baskent verschwunden. Der Bürgersteig war mit schwelenden Bettgestellen und Antennen aus den darüberliegenden Wohnungen und mit verbogenen Rahmenteilen von

Nigars Markise vollgestellt, und ein Fernsehteam war aus Frankfurt gekommen, das Aufnahmen für die Mittagsnachrichten drehte, doch vom Baskent war nur noch etwas übrig, das ein Hinterzimmer gewesen war, und darin ein kleiner Safe, in dem Nigar etwas Geld zum Wechseln und seine Quittungen aufbewahrte. Das Gelände war versiegelt, und Nigar machte sich Sorgen um seinen Safe. Er versicherte der Polizei immer wieder: »Ich habe keine Feinde, ich habe fast nur Freunde« – was die Polizei auch erwartete, daß er es sagen würde. »Unserer Erfahrung nach geben Türken und Kurden keine Auskünfte an Amtspersonen«, drückte Bürgermeister Schulte das aus. »Sie glauben, es wäre gefährlich.«

Das Feuer in der Schulstraße war die zweite Brandstiftung in einem türkischen Lebensmittelladen in Ludwigshafen in ebenso vielen Monaten, und sie war der Stadt peinlich. Der Bürgermeister wies darauf hin, daß die beiden Brände seit dem Bordsteinknacken von Ender Basaran drei Jahre zuvor die einzigen ernsthaften Vorfälle waren, die Ausländer betrafen, und die Polizei beklagte sich darüber, daß es schwer sei, in Ruhe zu ermitteln, nach echten Anhaltspunkten zur Aufklärung dieser relativ kleinen Verbrechen zu suchen, während so gut wie jeder auf Ludwigshafen zu blicken schien, um Anhaltspunkte zur Aufklärung der deutschen Krise zu finden. Sie besaßen in der Tat ein paar Anhaltspunkte zur ersten Brandbombe: Sie hatten einen gläsernen Flaschenhals gefunden, in dem ein selbstgebastelter Zünder steckte, und sie hatten Teile von drei Hammerköpfen gefunden, die aller Wahrscheinlichkeit nach dazu verwendet worden waren, das Flachglasfenster des Lebensmittelladens einzuschlagen. Es gab ein Stückchen eines Preisschildes, das noch an einem Hammer klebte. Niemand wußte, wie es das Feuer überlebt hatte, doch es war gerade groß genug, daß die Polizei die Spur der Hämmer zu einem örtlichen Eisenwarenladen zurückverfolgen und eine Beschreibung des Mannes erhalten konnte, der sie gekauft hatte. Sie ließen ein Porträt zeichnen – ein Phantomgesicht aus dem Computer des Landeskriminalamtes – und hatten zum Schluß das Bild eines dunklen »ausländisch aussehenden« Mannes mit einem dichten Bart. Es entsprach nicht gerade der Vorstellung, die jedermann von dem Bild eines Skinheads hatte.

Kriminalhauptmeister Ladinek hält es für möglich, daß sich der Mann in dem Eisenwarengeschäft getäuscht hat oder daß die Skins einen Freund mit einem Bart überredet hatten, ihre Hämmer zu kaufen, aber er hält es ebenfalls für möglich, daß der türkische Besitzer des Lebensmittelgeschäfts sich geweigert hatte, die lokale türkische Mafia zu bezahlen, die »Schutzgelder« für Protektion gegen die örtlichen Kurden einsammelt, oder tatsächlich die örtlichen Kurden, die »Steuern« für den »kurdischen Staat im Exil« einsammeln, oder auch die Italiener, die ihre eigenen Schutzgelder in der Gegend einsammeln. Ender Basaran stimmt mit Ladinek darin überein, daß nahezu alles möglich ist, sogar ein Versicherungsbetrug. Er interessierte sich für keines der Feuer besonders – »Mein Schmerz war so viel größer«, ist seine Art, das zu erklären –, doch wenn er nun über die Feuer nachdenkt, dann erscheinen sie ihm rätselhaft. Er sagt, daß sein Vater »Sachen hört in der Moschee« über Erpresserorganisationen und die türkische Mafia, obwohl die Sachen, die sein Vater hört, in der Regel mit Spielhallen zu tun haben und nicht mit Lebensmittelgeschäften. Wenn er über die Feuer nachdenkt, ist er nicht davon überzeugt, daß Skinheads sie gelegt haben. Die Polizisten, die an Nigar Ergeldis Fall arbeiten – vier Beamte einer speziellen »Terror und Extremismus«-Einheit und ein Beamter, der Experte für Brandstiftung ist –, sagen, daß zwischen den beiden Fällen Gemeinsamkeiten bestehen. Bei keinem der Feuer fanden sich die üblichen Skinheadzeichen – keine Nazi-Graffiti, keine an die Wand oder auf den Bürgersteig gekritzelten Hakenkreuze, lediglich an einem Haus neben dem ersten Lebensmittelgeschäft war ein »verdrehtes« Hakenkreuz, von dem die Nachbarn sagten, daß es schon seit Tagen dort gewesen war. Das irritiert die Polizei ebenso wie der Umstand, daß die Feuer geplant schienen und daß sie im Morgengrauen gelegt wurden, zu einer Zeit also, wenn die meisten Skinheads mit dem Marodieren fertig sind und betrunken schlafend zu Hause im Bett liegen. Doch was sie am meisten irritiert, ist der Umstand, daß in den Läden keine Menschen waren, und sie wissen mittlerweile, daß Skinheads an Läden nicht besonders interessiert sind. Skinheads interessieren sich, wenn das das richtige Wort ist, für Menschen. »Ein Skinhead will Menschen, nicht Eigentum«, sagt Bürgermeister Schulte. »Er will Wohnhäuser und Kneipen und Bahnhöfe und Asylzentren, Orte, an denen sich Ausländer aufhalten. Er sucht keine Tomaten.«

Dem Bürgermeister wäre es offensichtlich sehr lieb, wenn die Brandbombenfälle gelöst würden. »Wir hatten früher Kämpfe zwischen Skins und Ausländern, doch diese Gewalt ist eine neue Gewalt«, sagt er. »Wir vermeiden alle Spekulationen: Handelt es sich um Rechtsextremisten? Handelt es sich um ausländische Terroristen? Was wichtig ist für uns, ist zu erfahren, was der *Zweck* dieser Brände war und welche Einflüsse mit im Spiel waren.« Ihm behagt nicht, selbst jetzt, zu vermuten, bei einem Akt der Gewalt gegen Ausländer könnten Ausländer beteiligt gewesen sein, und so den Rassismus zu befördern, den er doch zu entmutigen versucht. Er weiß, daß es momentan in Deutschland Schutzgeldkriminalität gibt und sogar politische Kriminalität und Versicherungskriminalität, die so getarnt ist, daß die Verbrechen denen gleichen, die jeder im Fernsehen sieht und mit den Skins identifiziert. Doch es fällt schwer, auf die Ruinen eines einst florierenden türkischen Ladens zu blicken und zu sagen, daß Türken oder Kurden das getan haben, weil genau das die Leute der Rechten immer sagen, wenn Brandbomben geworfen werden. Die Rechte behauptete, daß Türken einer Hamburger Mafia für die Morde in Mölln verantwortlich waren. Sie wiederholten das immer wieder – selbst nachdem zwei Skinheads angeklagt wurden und einer gestand –, obwohl es ihnen schwerfiel zu erklären, was die türkische Mafia mit einer einundfünfzig Jahre alten Großmutter und zwei Mädchen zu schaffen hatte. Kaum ein Drittel der Skinheadverbrechen kommt vor Gericht. Die Polizei mag wissen, daß es Skinheads waren, und in vielen Fällen auch wissen, welche Skinheads, doch oft fehlen die Beweise für eine Verurteilung; und wenn es zu einer Verurteilung *kommt*, fallen die Strafen meist sehr gering aus, entweder weil die Skins zum Zeitpunkt der Tat minderjährig waren oder weil sie betrunken waren oder beides. Das deutsche Recht folgt der kuriosen Vorstellung, daß Deutsche, die sich betrinken und »ungeplante« Verbrechen begehen, etwas Unvermeidliches und Entschuldbares tun. Den meisten Skinheads ergeht es wie Gerhard Horn – sie werden binnen weniger Jahre aus dem Gefängnis entlassen.

Kriminalhauptmeister Ladinek sagt, daß es fünfzig rechte Skins gibt, die gegenwärtig in und um Ludwigshafen aktiv sind. Polizeihauptkommissar Falk läßt alle durch seine Männer beobachten, und er hat Männer (und Zaune und Telefone) bei den großen Asylheimen stationiert. Er weiß im allgemeinen, wann er mit Ärger rechnen muß, und er hat nie mit Ärger bei ein paar türkischen Lebensmittelgeschäften gerechnet. Die Faustregel in der Ludwigshafener Polizeiwache lautet immer noch, daß Skins dumm sind, und Falk und seine Beamten sind mit dem Bürgermeister einer Meinung, wenn er sagt: »Hämmer zu kaufen, Fenster einzuschlagen – das erfordert zuviel Planung für Skinheads«. Das Problem ist, daß es nach dreitausend Skinhead-Überfällen in Deutschland schwer geworden ist zu sagen, ein

Skinhead sei einfach jemand mit einem rasierten Schädel und ein paar Tätowierungen. Gewalt breitet sich aus, und die Vorwände für Gewalt breiten sich aus, und am Ende gibt es wahrscheinlich keine wirkliche Definition eines Skinhead-Verbrechens. Ein Skin, der seine Haare wachsen läßt und bürgerlich wird und vielleicht sogar einer respektablen Partei des rechten Flügels beitritt, wird Ausländer kein bißchen mehr lieben, als er es im Alter von siebzehn Jahren tat. Er wird sich über die fünf Millionen Mark ärgern, die es die Stadt kostet, neun Sozialarbeiter für die Ludwigshafener Flüchtlinge zur Verfügung zu stellen, und über das Geld, das für den Unterhalt der Schiffe und Baracken und Sportzentren benötigt wird, in denen die Flüchtlinge leben. Sobald er einen Arbeitsplatz hat und ein paar Haare mehr, wird er sich als Steuerzahler darüber ärgern und als (aus seiner Sicht) Staatsbürger.

Nigar Ergeldi hatte ein festes Tagesprogramm. Jeden Morgen außer sonntags stand Nigar Punkt vier Uhr auf, schüttelte den Schlaf mit einem Glas türkischen Kaffees ab und fuhr seinen gebrauchten Ford-Transit-Bus zu dem türkischen Großmarkt in Mannheim, um Obst und Gemüse für seinen Laden zu kaufen. Sonntagmorgens schlief er, was der einzige Grund dafür war, daß er sich zu Hause im Bett in Hemshof befand und nicht beim Gemüseausladen in seinem Geschäft, als das Feuer im Baskent ausbrach. Nigar nannte seinen Laden Baskent, weil *baskent* auf türkisch »Hauptstadt« heißt, und Nigar hatte die ersten acht Jahre seines Lebens in Ankara verbracht. Der Name erinnerte ihn an zu Hause und außerdem klang er wichtig. Er sagt: »Er klang ernsthaft.« Nigar selbst ist ernsthaft. Er spricht leise, ist höflich und sehr zurückhaltend, sehr schüchtern, und er sieht aus wie ein Student. Er hat ein zartes Gesicht und schmale, zarte Hände, wie man sie in der Regel nicht mit jemandem in Zusammenhang bringt, der um vier Uhr morgens auf den Beinen ist, um Lebensmittelkisten auf- und abzuladen, und die Wahrheit ist, er lädt nicht besonders gerne Lebensmittelkisten auf und ab. Er ist nicht gerne ein Lebensmittelhändler, auch nicht in einer wohlhabenden Fußgängerzone mit einer »französischen« Reinigung und einem Unisex-»Coiffeur« als Nachbarn. Er möchte einen »Beruf« haben. Er arbeitete früher an den Fotokopiermaschinen bei BASF. Einmal war er auch Lehrling bei einem Steinmetz. Anfang letzten Sommers ging er wieder zur Schule. Er sagt, er wollte »ein ruhiges, anonymes Leben« führen. Er hatte sich nie vorgestellt, daß er an einem Sonntagmorgen im Februar dieses Jahres eine Ludwigshafener Polizeistation betreten würde, vorbei an den »Gesucht«-Plakaten und den Bildern von Mördern und Vergewaltigern und den gerahmten Fotografien von Polizeichefs im Ruhestand, um Nachfragen zu beantworten, warum ihm jemand Übles wollen würde.

Das Baskent gehörte mal Nigars Bruder. Sein Bruder entdeckte die Ladenräume im März vergangenen Jahres, holte sich einen Partner und meldete das Geschäft auf dem Rathaus an. Nun hat er sich aus dem Geschäft »zurückgezogen« und kriegt seinen Schlaf und hat einen Acht-Stunden-Arbeitsplatz bei dem Fensterreinigungsbetrieb, bei dem Ender Basaran arbeitet. Nigars Vater übernahm die Pacht im August. Der Laden ging gut, und er wollte, daß er in der Familie blieb. Nigar ging von der Schule ab und unterschrieb ein paar Papiere, und mit zweiundzwanzig Jahren wurde er ein Lebensmittelhändler mit einem Vierzehneinhalb-Stunden-Tag und einer monatlichen Miete, die sich auf zweitausendachthundert Dollar belief. »Das ist nur natürlich«, sagt er. »Ich tat es, um meinen Vater zufriedenzustellen.« Er ist ein pflichtbewußter Sohn – ein türkischer Sohn –, und es fällt schwer, sich ihn dabei vorzustellen, wie er ein Bier mit einem deutschen Polizisten trinkt, so wie es

Ender Basaran tut, oder daß er, wie Ender, ein deutsches Mädchen umwirbt oder daß er sich auch nur einem deutschen Mädchen nähert. Es fällt schwer, sich Nigar überhaupt mit Deutschen vorzustellen. Deutsche bereiten ihm Unbehagen. Es wäre ihm nicht in den Sinn gekommen, bei den Ludwigshafener Lichterketten mitzumarschieren. Er sagt: »Es war zu kalt, um mit Kerzen herumzulaufen, und überhaupt, es hatte nichts mit mir zu tun.«

Die Deutschen, die Nigar sieht, sind in der Hauptsache Deutsche aus seiner Straße, die in den Laden kommen, um einzukaufen und um seine türkischen Spezialitäten zu probieren. Als Junge spielte er in der Schule manchmal mit den deutschen Jungs, doch sie gingen nie zusammen nach Hause. Die Deutschen mochten Rockmusik, und Nigar haßt Rockmusik. Die Deutschen mochten Fußball, und Nigar haßt Fußball. »Ich finde es doof, hinter einem Ball herzurennen«, pflegt er zu sagen. »Ich treibe meinen Sport jeden Morgen auf dem Markt.« Wann immer er nun etwas Zeit für sich hat, macht er einen Spaziergang mit seinen türkischen Freunden, und sie kehren in einem Café ein und reden, und das ist sein Freizeitvergnügen. Er liest nie – nicht einmal die Zeitung –, außer wenn er es muß. Er verreist nie, außer wenn er es muß. Er ist in München, Heidelberg, Mainz, Frankfurt und Köln gewesen, und er sagt, daß sie alle gleich aussahen. Er pflegte ins Kino zu gehen. Diesen Winter sah er »Das Schweigen der Lämmer«, und es machte ihm Angst; er wollte rausgehen, aber der Freund, mit dem er da war, sagte: »Wir haben bezahlt, wir bleiben.« Er war seither nicht wieder im Kino.

Wenn Nigar in die Türkei fährt, sagt er nie, daß er aus Deutschland kommt. Er erzählt den Leuten, daß er aus Ankara kommt. Er möchte nicht »anders angeschaut« werden, wie es die *Gastarbeiter* werden, die er kennt und die die Dörfer ihrer Väter besuchen und Ärger mit den Leuten haben, die da geblieben sind und glauben, daß alle Türken in Deutschland Millionäre sind. »Ich mag es nicht, wenn die Leute sagen, ›Du lebst in Deutschland, du machst Geld und mußt nie arbeiten, und wir hier – wir sind arm und wir arbeiten die ganze Zeit schwer.‹« Die Leute in seinem eigenen Dorf sagen das immer, weil Nigars Vater dort Bürgermeister war, Jahre bevor er nach Deutschland ging, und die Dorfbewohner dachten, er sei sehr klug, da er so viele Stimmen bekam, und überall anders außer in der Türkei würde er sicher sehr reich sein. Sie haben mittlerweile vergessen, daß jeder im Dorf sein Cousin war.

Nigars Vater arbeitete sechzehn Jahre lang in einer John-Deere-Fabrik in Mannheim. Es war harte physische Arbeit, und vor ein paar Jahren hatte er einen Herzinfarkt, und die Fabrik fand ihn ab. Er hat nun nichts zu tun. Er pflegte bisweilen im Laden zu helfen – er nannte sich selbst »den Kontrolleur« –, doch sein Deutsch ist gleich null, und er konnte die Kunden nicht verstehen. Die meiste Zeit stand er herum, »darauf achtend, daß alles in Ordnung war«, und um sicherzustellen, daß Nigar arbeitete und nicht in schlechte deutsche Gewohnheiten verfiel wie zu Mittag zu essen oder Kaffeepausen zu machen. Er sagte, je länger Nigar arbeitete, desto besser sei es für das Geschäft – was, wie Nigar zugibt, stimmte. Nigar sagt, daß er anfing, seinen Laden zu mögen, als ihn jemand niederbrannte. Er sagt, je mehr das Geld rein kam, desto mehr mochte er ihn. Er weiß, daß alle Hoffnungen seines Vaters auf dem Baskent ruhten, weil so vieles andere im Leben seines Vaters sich geändert hatte. Die Familie pflegte zusammen zu leben – »so wie türkische Familien leben sollen«. Nun tut sie es nicht. Nigars Bruder ist verheiratet und hat seine eigene Wohnung, und es ist Nigars Aufgabe, das Geld für die Sorte von Unterkunft zu verdienen, die ihn zur Rückkehr verleiten wird. »Ich bin hier, um zu arbeiten«, sagt Nigar. »Es ist mir egal, wenn ich ein Türke in Deutschland bin. Staatsbürgerschaft hier? Wofür? Die

Leute wissen sowieso, daß ich ein Türke bin. Ich darf hier leben, hier arbeiten. Für uns ist es nicht wichtig, wer an der Macht ist. Wenn es mich nicht betrifft, ist es mir egal.«

Nigar sagt, daß er in letzter Zeit viel über sein Leben nachgedacht hat. Direkt nach dem Feuer hatte er zuviel Angst, um überhaupt zu denken. »Schreck« ist das Wort, daß er gebraucht – »geschockt und erschreckt«. Eine Zeitlang sprach er hauptsächlich mit Reportern – Leuten vom Südwestfunk und von den Frankfurter Zeitungen und sogar von *Hürriyet*, die die größte Zeitung der Türkei ist und ein Frankfurter Büro besitzt. Ihm war nicht wirklich nach Reden zumute, doch da er höflich ist, sagte er zu ihnen: »Es wäre nicht recht, wenn Sie umsonst gekommen wären.« Seine Versicherung hatte er pünktlich bezahlt. Er machte sich damals keine Sorgen ums Geld. Nun macht er sich Sorgen. Er macht sich Sorgen, ob sein deutscher Vermieter weiterhin einen türkischen Mieter wird haben wollen, der Brandbomben anzieht und seine eigenen Versicherungsraten in die Höhe treibt und seine anderen Mieter nervös macht. Er mag sich nach den Morden in Solingen sogar fragen, ob sein Vermieter weiterhin überhaupt einen türkischen Mieter wird haben wollen.

»Ich habe alles, was ich tun mußte, auf legale Weise getan«, sagt Nigar. Wenn er Schutzgeld an eine türkische Mafia oder an kurdische Separatisten bezahlte, ist das nichts, was er einem erzählen wird. Wenn er sich weigerte zu bezahlen, dann ist das ebenfalls nichts, was er einem erzählen wird. »Im allgemeinen habe ich vor niemandem Angst«, sagt er. »Wenn ich *Ausländer raus!* sehe, denke ich mir nichts. Aber ich fürchte mich jetzt ein wenig. Ich weiß nicht, was passiert ist. Es könnte wieder passieren, während ich im Laden bin. Ich denke nun: Vielleicht habe ich Feinde. Jedermann kann keine Haare haben.«

Juni 1993

Das wiedervereinigte Berlin

Vor einigen Wochen lief ich Tilo, dem Freund meiner Tochter, in die Arme, einem selbstsicheren, kompetenten und ehrgeizigen jungen Mann aus Frankfurt, der einen Studienabschluß in Wirtschaftswissenschaften hat und fünf oder sechs Sprachen im Kopf und der wie ein Wandervogel des Düsenzeitalters mit dem Geschehen auf mehreren Kontinenten vertraut ist. Tilo legt eine ziemliche Unduldsamkeit gegenüber den eineinhalb Millionen Menschen an den Tag, die im Osten dessen leben, was nun seine Hauptstadt ist. Ihm gefiel Berlin besser, als es noch von einer Mauer umgeben war und die Lyriklesungen in der U-Bahnstation Schlesisches Tor die äußerste Nähe darstellten, in die man zu Mitteleuropa geraten konnte. Berlin war der Ort, an den seine Freunde gingen, um sich vor der Wehrpflicht zu drükken, um Subventionen wie Unterhaltszahlungen einzustreichen, um die Kreuzberger Kneipen auszutesten und um neue Identitäten anzuprobieren wie komische Kleider aus einem der »alternativen« Berliner Läden – der Ort also, an dem sie weder für ihre Identität noch für ihre Abenteuer verantwortlich waren. Die Mauer schützte sie. Die Presse nannte Berlin eine Insel, und die Politiker nannten Berlin ein Bollwerk, doch für Tilo und seine Freunde war Berlin eine Party. Mit ernsthaftem Erwachsenenleben oder ernsthafter Erwachsenenarbeit oder ernsthafter Erwachsenenverantwortung hatte das nichts zu tun. Berlin war der Ort, an dem die

Realität endete. Realität praktizierten ihre Eltern drei- oder vierhundert Kilometer entfernt in der Bundesrepublik, ein Leben, das ordentlich war, anständig und wohlhabend.

Für die Mittelstandsjungen und -mädchen in West-Berlin war Marx ein Radikaler, der 1968 geboren worden war, gerade rechtzeitig für die Studentenrevolte, und er hatte mehr damit zu tun, daß man gegen den Vietnamkrieg war und daß man die Studienordnung an der Freien Universität ändern wollte, als mit den unsichtbaren, namenlosen, unglücklichen Menschen auf der anderen Seite der Mauer in der Deutschen Demokratischen Republik. Armut hatte mehr mit Türken zu tun und Trebegängern, die leerstehende Kreuzberger Kleiderfabriken besetzten, als mit jenen mysteriösen »anderen« Berlinern, die gegenüber von Kreuzberg auf der anderen Seite der Spree lebten, in den Sozialsiedlungen von Marzahn und Hellersdorf – in Wohnblöcken für einhundertfünfzigtausend Menschen. Ökologie hatte mehr mit Ying und Yang und mit makrobiotischen Rocklokalen und dem Retten der Regenwälder im Matto Grosso zu tun als mit der Luftverschmutzung, die immer noch so stark ist, daß sie einem buchstäblich die Lungen verklebt, sobald man aus der Stadt und ein paar Kilometer über Potsdam hinaus fährt. Tilo sagt, daß er an seiner Universität in Mannheim wahrscheinlich mehr über die Mauer und den Kalten Krieg nachgedacht habe, als es seine Berliner Freunde je taten – obwohl einige dieser Freunde in einer großen Wohngemeinschaft in der Köpenicker Straße lebten und von ihrem Wohnzimmerfenster aus die Mauer und die Gebäude dahinter sehen konnten. Seine Freunde waren nicht daran interessiert, Checkpoint Charlie zu überqueren – es bedeutete, daß man fünfundzwanzig harte westdeutsche Mark gegen fünfundzwanzig wertlose Mark der DDR tauschen mußte, und es bedeutete Schikanen am Grenzübergang, und es bedeutete, daß sie warmes Bier trinken und sich schrecklichen Ostblock-Rock anhören mußten, während sie Mädchen aufrissen, die, wie sich dann herausstellte, falsche Jeans trugen und unrasierte Achselhöhlen hatten – Tilo hingegen fuhr ein paarmal rüber. Er dachte sich, daß jemand, der neugierig genug auf die Welt war, um per Anhalter von Bombay nach Schanghai zu fahren und in den australischen Outbacks zu campen und der »Big Wave«, der großen perfekten Surf-Welle, nach Costa Rica zu folgen, daß so jemand sich auch die Zeit für Charlie nehmen konnte, obwohl es mehr eine Pflichtveranstaltung als ein Abenteuer war.

Natürlich ging Tilo rüber, als vor zwei Jahren die Mauer fiel. Jeder westdeutsche Student scheint am 9. November 1989 rübergegangen zu sein, denn danach dominierte in Ost-Berlin ein, zwei Wochen lang richtig der West-Berliner Stil, eine Straßentheater-Inszenierung mit Mstislav Rostropovich, der hoch auf den Überresten der Mauer saß und auf seinem Cello Bach spielte, während unter ihm Geschäftemacher aus zwanzig oder dreißig Ländern vor sich hin hämmerten, um dann die besten Stücke herauszusuchen – die bunten Teile mit Graffiti –, eine Nadel dranzukleben und sie als Schmuck an die ungläubigen Ost-Berliner zu verkaufen. Es waren lehrreiche Wochen für jedermann, auch wenn sich nicht sehr viele Deutsche daran zu erinnern schienen, daß dieser 9. November der 51. Jahrestag der »Reichskristallnacht« war. Der junge westdeutsche Schriftsteller Wiglaf Droste, der in Berlin lebt und ein scharfsinniger Beobachter der hiesigen Szene ist, sagt, daß die erste Nacht sentimental und kathartisch war, doch danach gab es »keine Würde mehr«. Was ihn am meisten schokkierte, waren die Bananen. Die Leute in West-Berlin hatten gelesen, daß es in den staatlichen Lebensmittelläden Ost-Berlins keine Südfrüchte gab, und sie kamen mit großen Bündeln Bananen an die Mauer – und Wiglaf weiß immer noch nicht, ob es die Arroganz der West-Berliner war, die den Ost-Berlinern die Bananen zuwarfen, die ihn am meisten schockierte, oder die Unterwürfigkeit der Ost-Berliner, die die Bananen auffingen, oder beides. Er stimmt mit Tilo darin überein, daß die einzigen Menschen, die sich richtig verhielten, die türkischen Gastarbeiter aus West-Berlin waren, die die Situation nahmen, wie sie war, und Bananen kauften, um sie in Ost-Berlin mit Gewinn weiterzuverkaufen. Wenn man überhaupt darüber nachgedacht hätte, sagt Tilo nun, hätte man den ganzen komplizierten und beunruhigenden Austausch, der am Ende ein Berlin und ein Deutschland hervorbrachte, aus diesem ersten kleinen Austausch von Früchten an der Berliner Mauer vorhersagen können.

Es gibt mehrere Versionen von dem, was die Berliner manchmal »den Prozeß der Vereinigung« nennen (wenn sie links sind und glauben, daß »Deutschland« rechtmäßig 1945 mit dem Fall des Reiches begann) und manchmal »den Prozeß der Wiedervereinigung« (wenn sie rechts sind und glauben, daß »Deutschland« etwas sei, daß durch Hitler lediglich unterbrochen worden war). Die politische Version datiert ihn, offiziell, auf Helmut Kohls Verkündigung eines zehn Punkte umfassenden »Vereinigungsplans« im November 1989. Die volkstümliche Version datiert ihn, sentimentalerweise, auf den Tag in jenem Sommer, als die Demonstranten hier aufhörten »Wir sind das Volk« zu skandieren und anfingen zu rufen: »Wir sind ein Volk.« (Es waren allerdings Leipziger Demonstranten, die das zuerst taten.) Doch Tatsache ist, daß die Berliner damals nicht ein Volk waren, und heute wohl noch weniger ein Volk sind. Sie sprechen von der Stadt immer noch in ihren alten Hälften, von Ost-Berlin und West-Berlin oder höflicher vom Osten Berlins und vom Westen Berlins – das ist ihre Art zu sagen, wer sie sind und was sie sind und, vielleicht sogar noch wichtiger, wie fähig sie sind oder nicht sind und was andere Leute von ihnen erwarten können. Für West-Berliner ist es eine Art Eitelkeit, Anspruch und Statusbehauptung. Für Ost-Berliner ist es häufiger eine Art Entschuldigung – für die falsche Kleidung, die falschen Jobs, den falschen Akzent. (Das Deutsch in Ost-Berlin ist so dick, daß es praktisch zum Dialekt wird.) Manchmal ist es auch eine Frage des Ressentiments und hat mit einer Art verbitterter Reinheit zu tun, wenn es um den Mangel an Geld oder Kompetenz oder Vertrauen oder Kultiviertheit geht.

In Dresden oder Leipzig – in den anderen großen Städten des »Deutschlands«, das die Deutschen, die politisch korrekt sein wollen, neutral und vorsichtig die *fünf neuen Bundesländer* nennen – sind die äußerst bitteren Unterschiede zwischen Ost und West weniger augenfällig, und das aus dem einfachen Grund, daß der Westen irgendwo anders ist. Wiglaf, der im Osten zu Lesungen war, sagt, daß die Leute, die er außerhalb Berlins trifft, nun recht entspannt sind und sogar selbstbewußt werden. Westler, die im Osten arbeiten (sie wurden früher Bundis genannt, weil sie aus der Bundesrepublik waren, doch jetzt nennen die Leute sie Wessis), müssen mit den Ostlern auskommen (die Leute nennen sie Ossis). Es spielt keine Rolle, ob die Wessis sich im Osten aufhalten, weil sie habgierig sind oder engagiert oder weil sie Pflichtpunkte in der Bürokratie sammeln wollen – sie haben mehr Erfolg, wenn sie mit den Ostlern auskommen. Doch in Berlin, wo der einzige offizielle Unterschied zwischen Ost und West darin besteht, daß man an einer roten Ampel rechts abbiegen darf, gibt es keine Möglichkeit, den Gegensatz zu übersehen, und vielleicht nicht einmal die Möglichkeit, sich mit dem Gegensatz nicht zu identifizieren.

Der einzige neutrale Ort in Berlin ist das Niemandsland, wo einst die Mauer stand. Es ist nun ein Fahrradweg, der ab und zu für Motorrad-Wettrennen zweckentfremdet wird, von jungen West-Berlinern, die auf ihren

Harley-Davidsons durch die Stadt krachen und sich selbst Rubis nennen – was, wie sie sagen, amerikanisch ist für »rich urban bikers«, »reiche städtische Motorradfahrer« –, doch im allgemeinen ist dieser Weg in jeder Hinsicht frei vom »Osten« und vom »Westen«, jedenfalls, wenn man von den bogenförmigen grauen, unheilverkündend dreinschauenden Laternenpfosten des Ostens einmal absieht, die sich über den Fahrradweg hinweg zu den hellen, geraden Laternenpfosten des Westens mit einer Geste hinüberbeugen, die niemals beabsichtigt war, als das ostdeutsche Grenzkommando die Lampen installierte. Das Land im Umkreis des Weges jedoch ist umstritten, nicht so sehr als Immobilie, sondern als symbolischer Ort. Viele Berliner glauben, daß die Ziele und die moralische Haltung des neuen Deutschlands von den Zielen und der moralischen Haltung bei der Rekonstruktion dessen bestimmt werden wird, was in den grausam glorreichen Tagen des Dritten Reiches das Zentrum der Hauptstadt gewesen ist. Manche Leute wollen das Reichstagsgebäude dem Bundestag, dem westdeutschen Parlament, übergeben und andere sagen nein dazu, weil für sie der Reichstag mit Hitler verbunden ist. Die Wahrheit jedoch ist, daß Hitler den Reichstag haßte und dort nie sprach, bevor er niederbrannte. Die großen Reden der Sozialdemokraten in der Weimarer Republik waren Reichstagsreden, und das Gebäude, das Touristen nun frösteln läßt, geht ohnehin nicht auf Hitler, sondern auf Kaiser Wilhelm zurück und wurde von Bonn 1970 restauriert.

Nahezu alles in dem neuen Berlin ist umstritten, von der Nutzung des Reichstags über die Entscheidung, den Adler wieder in Gottfried Schadows Quadriga auf dem Brandenburger Tor einzusetzen – einige Leute meinten, es wäre bei weitem angebrachter gewesen, den friedlich sitzenden Adler zu wählen, den Schadow 1793 dort plaziert hatte, und nicht den martialischen Adler samt eisernem Kreuz, der nach dem preußischen Sieg über

Napoleon 1814 an seiner Stelle eingesetzt wurde – bis zu dem enormen Verwaltungskomplex, den Daimler Benz für den Potsdamer Platz plant. Vor zwei Jahren noch stand der Potsdamer Platz buchstäblich mit dem Rükken zur Wand – der Mauer. Er war der Osten des Westens, weiter konnte man in West-Berlin nicht gehen, und das Ergebnis war, daß niemand dort hinging – ganz bestimmt nicht die Leute von Daimler Benz. Das berühmte Markenzeichen von Mercedes, das sich über West-Berlin drehte, drehte sich passenderweise über den teuren Geschäften des Kurfürstendamms, einem rotierenden Kirchturm des Kommerzes gleich oder, wie die Berliner Szene es nannte, des Mammons. Einige Monate, bevor die Mauer fiel, begann jedoch Edzard Reuter, der Chef von Daimler Benz, über sechs Hektar Schutt zu verhandeln, die einst der geschäftigste Platz der Hauptstadt gewesen waren, und er kaufte sie schließlich von der West-Berliner Stadtregierung – dem Senat – für dreiundneunzig Millionen Mark, was ungefähr zwischen einem Drittel und einem Siebtel dessen ist, was Immobilienhändler für den wahren Marktwert hielten. Der Senat, der nach dem Bau der Mauer stets Probleme gehabt hatte, Wirtschaftsunternehmen in West-Berlin zu halten, nannte Reuters Interesse an dem Platz ein Zeichen für seinen großen Glauben an die geteilte Stadt und an die Zukunft der Stadt und stellte groß heraus, daß Ernst Reuter, der erste Bürgermeister West-Berlins, Edzards Vater gewesen war. Zu diesem Zeitpunkt wußte natürlich jeder, der Freunde in Bonn hatte, mit absoluter Bestimmtheit, daß Westdeutschland den Russen Ostdeutschland abkaufen würde – sechzehn Millionen Ostdeutsche für vierunddreißig Milliarden D-Mark war die erste Abmachung, wobei Gorbatschow in letzter Minute Kohl zu weiteren sieben Milliarden überredete – und daß Daimler Benz früh einstieg und zu einem Spottpreis bekam, was in Kürze eines der wertvollsten Grundstücke im Land sein würde.

Viele Leute waren der Meinung, es lasse Deutschland schlecht aussehen und *sei* vielleicht auch schlecht für Deutschland, daß ein großes Stück der historischen Mitte Berlins in ein Denkmal des Kapitals verwandelt wurde statt in einen Ort, an dem normale Leute lebten und arbeiteten und ins Café gingen und ihre Einkäufe tätigten und ihre Läden hatten und taten, was in den Augen der Berliner, die Berlin nie als »normale« Stadt gekannt haben und die recht sentimentale Vorstellungen vom alten Berlin hegen, genau das war, was Durchschnittsbürger in einer normalen Stadt tun.

Im Moment sieht der Potsdamer Platz wie ein großer Hinterhof aus, um den sich fünfzig Jahre lang niemand gekümmert hat. Die Alliierten bombardierten ihn von 1943 bis 1945 ununterbrochen, und der Schutt ist mit Unkraut und Sträuchern und Fingerhut überwuchert, und die Halme sind so lang geworden, daß sie sich im Wind biegen wie Strandgras. Doch der Platz war einst ein Verkehrsknotenpunkt, und die Menschen, die ihn bislang zu meiden pflegten, haben angefangen, ihn wieder zu benutzen, wenn sie zu Fuß und in Eile sind, weil er eine sehr bequeme Abkürzung vom Tiergarten nach Ost-Berlin bietet und vielleicht weil er, da er so unheimlich still ist, eine interessante Form des Übergangs zwischen den beiden Berlins darstellt – ein Platz an der Grenze, an dem die Seele der Stadt tatsächlich außer Kraft gesetzt scheint.

Der Potsdamer Platz ist so groß und so auffällig ausgebombt, daß er leicht zum Symbol taugt, doch irgendwie ist ganz Berlin ein Symbol. Es trägt seine Geschichte wie Narben. Margarethe von Trotta, die Filmemacherin, sagte einmal, daß Berlin sie wegen dieser Narben angezogen hat, daß die Stadt in ihren Augen ehrlicher und schmerzlicher und angemessener »deutsch« sei als irgendeine der bequemen, unauffälligen Städte der Bundesrepublik. Einige der Narben sind buchstäblich zu beschämend, um sie bewußt wahrzunehmen. Sehr wenige Berliner werden einem verraten, welches der überwucherten Grundstücke in der Stadtmitte, nahe dem Potsdamer Platz, die Stätte von Hitlers Bunker ist – oder genauer gesagt, jeder Berliner, den man fragt, wird einem versichern, daß es nicht das Grundstück ist, von dem der vorhergehende behauptete, es sei es. (Tatsächlich befand sich der Bunker unter der Staatskanzlei in der Wilhelmstraße.) Jahrelang war der Zweite Weltkrieg in deutschen Geschichtsbüchern eine langweilige, wenn nicht gar leere Seite. In Westdeutschland galt er als die Zeit, in der alle Väter und Brüder an einen schrecklichen Ort gegangen waren, der die Ostfront genannt wurde, um gegen die Kommunisten zu kämpfen, und wenn das Schweigen über den Nazismus auch einige Leute zum Wahnsinn trieb – verstörte Kinder des Krieges wie Ulrike Meinhof –, so wurde dieses Schweigen doch aus gewissen Gründen für unbedingt notwendig gehalten, um das sicherzustellen, was die Deutschen den »Wiederaufbau« nannten, und man stellte es nur allmählich in Frage, und als es schließlich in Frage gestellt *wurde*, hatte die Rede vom »Wiederaufbau« in Deutschland jede moralische Bedeutung verloren und war nur noch ein ökonomischer Begriff.

In Ostdeutschland wurde das Schweigen nie gebrochen. Ostdeutsche wuchsen mit einer offiziellen Geschichtsschreibung auf, die den Nazismus als ein kapitalistisches Abenteuer beschrieb, als etwas, das die »andere Seite« erfunden hatte, wobei die andere Seite die Menschen jenseits der Grenze in der Bundesrepublik waren. Die Ostdeutschen erbten einen kopfüber verdrehten Krieg, in dem sie die Befreier waren und die Westdeutschen – und in der Verlängerung der Westen an sich – die Faschisten. Insoweit die Ostdeutschen ihr Land so sahen, zog die Regierung daraus das bißchen oberflächliche Legitimität, das sie besaß. Insoweit die Ostdeutschen sich selbst so sahen, verloren sie ihren Weg in der Geschichte und behaupteten bestenfalls eine

Art unerinnertes kollektives Gedächtnis, von dem der Staat sie überzeugt hatte, daß es das ihre war. Diese Gewohnheit abzulegen, fällt ihnen immer noch schwer.

Die Westdeutschen geben jährlich Hunderte von Milliarden Mark für Ostdeutschland aus, dabei darauf zählend, daß ein erneutes Wirtschaftswunder den »Wiederaufbau« einem Volk bringen wird, dessen Gewöhnung an Autorität, Einschüchterung und Selbsttäuschung so tief verwurzelt und so selbstverständlich war, daß, als die Mauer fiel, über eine Million Ostdeutsche bezahlte Informanten der Stasi waren, der ostdeutschen Geheimpolizei. Die Ostdeutschen ändern nun ihrerseits ihre Erinnerungen, um dem Wechsel entgegenzukommen. Auf dem alten Marx-Engels-Platz vor der Volkskammer, wo die Kommunisten ihr Parlament hatten – er heißt nun Karl-Liebknecht-Platz –, hat jemand einen Vergnügungspark eröffnet, und das Riesenrad verstellt netterweise den Blick auf den Eingang der Volkskammer – und verstellt sogar den Blick auf die Volkskammer selbst –, wenn man von Unter den Linden her auf sie zugeht. Jemand anderes hat im Vorort Wandlitz die ummauerte Waldsiedlung, in der Erich Honecker und sein Politbüro ihre Villen hatten, in eine Stressklinik für das Land Brandenburg verwandelt. Die Kalaschnikows sind aus den Waffenstellungen in der Waldmauer verschwunden, und die Sicherheitstore stehen nun offen. Wenn man von Ost-Berlin aus nach Norden fährt, der sechsspurigen Schnellstraße folgend, die auffällig nirgenwohin führt, gelangt man schließlich nach Wandlitz, und wenn man nach Honeckers Haus fragt, wie Tilo und ich es eines Nachmittags taten, werden die Einheimischen vage nach rechts oder links deuten und sagen: »Sie können es nicht verpassen.« In Wirklichkeit jedoch ist die Siedlung heute genauso geheim wie damals, als die Parteibonzen sich hier versteckten und sie ihr Zuhause nannten, und den einzigen Hinweis auf das alte Regime gibt eine handgefertigte Holztafel innerhalb des

Haupttores, die die Klinik dort angebracht hat und auf der steht, man sei hier, um zu heilen, nicht aus Privileg. Die einzigen Leute, die über den alten Staatsratsvorsitzenden reden, sind die Patienten, die in den Villen des Politbüros leben und die in einem angenehmen Valiumrausch mit ihren Volleybällen und Badmintonschlägern auf dem Gelände herumlaufen und einen Waldweg hinunter auf Honeckers tristes, braunes Haus deuten, als wäre Honecker ein weiterer ausgeflippter Patient, jedoch einer, der zufällig vor ihnen hier war.

Die Theorie dahinter ist natürlich, daß Ost-Berlin irgendwie zur »Normalität« zurückfinden wird, wenn die Überreste des alten Regimes einem »normalen« Gebrauch zugeführt werden, und in der Tat scheint der Mangel an Gebäuden in Ost-Berlin das auch zu verlangen. Ein großes gläsernes Tagungszentrum – das Lichtenberger Kongreßzentrum – ist in der »Empfangshalle« des Hauptquartiers der Stasi untergebracht, und auf der anderen Seite der Halle, wohin die politischen Gefangenen zum Verhör gebracht wurden, befindet sich ein Büro mit einem Schild an der Tür, auf dem »Opfer des Stalinismus« steht. Das Russische Kulturzentrum in der Friedrichstraße verdient sein Geld mit Terence-Hill-Western und dem Verkauf von Cola und Ninja Turtles, und die kommunistischen Ministerien in dem gigantischen Gebäude, das Göring für seine Luftwaffe bauen ließ, sind für die Treuhandanstalt frisch renoviert worden, die versucht, die ostdeutschen Staatsbetriebe zu verkaufen. Doch all das ist in Wirklichkeit Vertuschung, denn letzten Endes ist das Problem nicht Berlin oder wieviele Straßen in Berlin ihren Namen ändern, sondern daß die Deutschen, indem sie Berlin zur Hauptstadt eines neuen Deutschlands gemacht haben, ihre zwei sehr verschiedenen und komplizierten Erinnerungen an »Deutschland« in *der* Stadt auf einen Haufen geworfen haben, in der diese Erinnerungen teuer erkauft wurden – und nun scheint niemand mehr zu wissen, welche der Erinnerungen real sind oder was »Deutsch sein« bedeuten soll oder wie Deutschland aussehen oder handeln oder bauen soll, wenn es seine Hauptstadt baut, wenn es versucht, die letzten vierzig oder fünfzig oder sechzig Jahre abzuschütteln.

Dem Gesetz nach war Berlin immer die Hauptstadt. Bonn war ein Provisorium, denn das westdeutsche Grundgesetz war eine provisorische Verfassung, ein Stück Ermöglichungs-Gesetzgebung auf Wunsch der – bis zum vorigen Jahr – Besatzungsarmeen Frankreichs, Großbritanniens und der Vereinigten Staaten, und entworfen, damit Westdeutschland seinen Geschäften als Staat nachgehen konnte, ohne es genaugenommen zu sein. Die Verfassung ernannte Bonn zum Repräsentationsort für dieses provisorische Land namens Westdeutschland, bis es sich mit dem anderen provisorischen Land namens Ostdeutschland vereinigen und ein »Deutschland« werden konnte, wobei Berlin – so die Annahme – wieder zum Sitz der Regierung werden würde. Zumindest sagte das der Westen. Ostdeutschland sagte es nicht. Die Russen erlaubten Ostdeutschland 1949, sich zum unabhängigen Staat zu erklären – mit der Stationierung von einer halben Million sowjetischen Soldaten in seinen fünf Ländern akzeptierte Ostdeutschland allerdings eine gewisse Form der Besatzung –, und zwangsläufig war für den Osten Westdeutschland ebenfalls ein unabhängiger Staat. Die Rhetorik der Teilung war kompliziert und anspruchsvoll – ostdeutsche Kommunisten waren darauf bedacht, vom Westteil Berlins nie als »West-Berlin« zu sprechen, sondern immer als Westberlin, als wenn es eine neue Stadt wäre und nichts mit dem wirklichen Berlin zu tun hätte oder damit, wem es gehörte oder wessen Hauptstadt es war – alles lief jedoch darauf hinaus, daß es im Interesse Ostdeutschlands lag, Westdeutschland anzuerkennen, ob Westdeutschland nun anerkannt werden wollte oder nicht. Westdeutschland erkannte Ostdeutschland selbstverständlich nie an, auch wenn die beiden vierzig Jahre lang eine Menge Geschäfte miteinander tätigten. Westdeutschland sandte »Ständige Vertreter« nach Ost-Berlin, jedoch niemals »Botschafter«, und die Alliierten, die Botschafter schicken mußten, wenn sie in Ost-Berlin Botschaften unterhalten und diplomatischen Status haben wollten, nannten diese Botschaften »Botschaften *für* die Deutsche Demokratische Republik« und niemals »Botschaften *in* der Deutschen Demokratischen Republik«. All dies hatte natürlich nichts mit den Realitäten des politischen oder ökonomischen Lebens in Ost oder West zu tun, und es hielt keines der beiden Deutschlands davon ab, Vertreter zu den Vereinten Nationen zu schicken oder Mitglied der NATO oder des Warschauer Pakts zu werden oder auch der Europäischen Gemeinschaft oder des Comecon. Am Ende war die Rhetorik der Deutschen Einheit vor allem ein Gegenstand westdeutscher Wahlreden, denn der Gedanke, die Größe, die Gestalt und den Status von »Deutschland« offen zu halten, war eine bequeme Kalte-Kriegs-Idee und eine bequeme politische Idee. Die Ironie liegt darin, daß sie all die Zeit weiter gepflegt wurde, als auf beiden Seiten schon niemand mehr an ein vereinigtes – oder wiedervereinigtes – Deutschland glaubte.

Die Politiker im Westen gewöhnten sich an Bonn. Sie murrten erst, doch zuguterletzt gelangten die meisten zu der Ansicht, daß die langweilige Stadt, die Konrad Adenauer zur Hauptstadt erwählt hatte – hauptsächlich, weil er ein Haus in der Nähe Bonns besaß und gerne des Nachmittags seine Rosen wässerte, und weil er katholisch war und die Katholiken im Westen den Protestanten meist zahlenmäßig unterlegen waren, und er es schätzte, daß in Bonn die Katholiken die Mehrheit stellten –, durchaus ihre Vorteile besaß. Nicht der geringste davon war die tödliche Rechtschaffenheit des

Ortes; niemand sonst wollte in Bonn leben, am wenigsten die Reporter, die darüber berichten sollten, und für lange Zeit ließ dies die Politiker und unkündbaren Beamten der Bürokratie weitgehend unbeobachtet.

In Bonn waren (und sind immer noch) fünfundvierzigtausend Menschen auf die eine oder andere Weise damit beschäftigt, Deutschland zu regieren, und ihnen bot die Stadt ein Junggesellendoppelleben wie in Alec Guinness' Film »A Captain's Paradise«. Abgeordnete und Minister und bedeutende Bürokraten, die ihre Frauen und Familien zu Hause in Düsseldorf oder Stuttgart ließen – zu pendeln ist in Bonn ein Statussymbol –, kauften hübsche Villen in den Vorstädten und setzten ihre Geliebten rein und heuerten Köche und Innenarchitekten an und lernten, das Arrangement zu genießen, und bewiesen so, daß die höchste Form der Dekadenz in Deutschland ein heimliches bürgerliches Leben ist. Sie legten ihr Geld in Grundbesitz an und bezahlten Preise, die sie nie wieder herauskriegen würden, wenn die Hauptstadt umzöge – was ein Grund dafür ist, warum so viele von ihnen gegen den Umzug stimmten.

Vor zwei Jahren fiel es jedem Politiker in West- *oder* Ostdeutschland schwer, sich vorzustellen, daß es in Bonn auf die provisorische Art nicht ewig weitergehen würde. Erich Honecker behauptete, die Mauer werde in hundert Jahren noch stehen, und Helmut Kohl, der öffentlich und mit Gewinn davon träumte, Berlin für die »Demokratie« wiederzugewinnen, ließ über einhundert herrliche alte Bonner Häuser niederreißen, um die Hauptstadt, die er hatte, weiter auszubauen. Als die Mauer fiel und in der öffentlichen Vorstellung – aus Gründen, die noch niemand vollständig erklärt hat – die Möglichkeit eines demokratischen Ostdeutschlands sich in die Unvermeidlichkeit *eines* Deutschlands verwandelte, hatten viele Leute vergessen, daß Bonn dem Gesetz nach niemandes Hauptstadt war. Keiner sah den ausbrechenden Streit zwischen den Parteigängern Bonns und den Parteigängern Berlins vorher – ebenso wie niemand vorhersah, daß innerhalb weniger Wochen dreihunderttausend Ostdeutsche gen Westen in die Bundesrepublik ziehen würden und damit das Versprechen einer schnellen Vereinigung zum einzigen Weg werden würde, um den Rest von ihnen zu Hause zu halten.

Die Tatsache, daß Berlin de facto die Hauptstadt des neuen Deutschlands war, lag zu einem Großteil jenseits des Streitpunktes; Verfassungen und erst recht provisorische Verfassungen lassen sich ändern. Der Streit ging um Politik und um Geld, doch hauptsächlich ging er um die Ziele und die Richtung des Landes. Er hatte damit zu tun, ob Deutschland ein »nach Westen blickendes« oder ein »nach Osten blickendes« Land werden sollte. Er stellte eine Auseinandersetzung über Nationalismus dar und darüber, worin die Verbindung zwischen dem deutschen Nationalismus und der alten Hauptstadt des deutschen Nationalismus bestand, und darüber, wie lange ein heilsamer deutscher »Europanismus« überleben würde, wenn Bonn zugunsten einer Stadt aufgegeben würde, deren Geschichte und »Instinkt« Deutschland nach Osten wies. Er stellte eine Auseinandersetzung darüber dar, ob ein neues Deutschland wieder furchterregend sein würde oder endlich ein guter Nachbar, und das Ganze wurde durch den Umstand kompliziert, daß niemand wirklich wußte, wo im deutschen Bewußtsein der Osten aufhörte und der Westen begann – 1871 lag Berlin tatsächlich in der Mitte »Deutschlands«, sechshundert Kilometer von seiner östlichen Grenze entfernt – oder ob »Osten« in Deutschland eine Sache der Politik oder der Kirche oder des *jus sanguinis* oder des Temperaments oder der Propaganda oder der Kultur oder des »Schicksals« ist. Sicher war sich jeder nur, daß Bonn eindeutig für »Westen« stand – für Europa, für die Europäische Gemeinschaft, für Partnerschaft, für einen freundlicheren, sanftmütigeren Deutschen, für den friedfertigen Adler, der stets mit den anderen Vögeln zieht, statt herabzustoßen und die Beute für sich selbst zu schnappen. Die Bonner Leute wiesen darauf hin, daß Berlin nur für eine sehr kurze Zeit ihre Hauptstadt gewesen war – von 1871, als Bismarck die diversen Königreiche, Herzogtümer, Fürstentümer und freien Hansestädte Deutschlands versammelte und unter preußische Herrschaft stellte, bis 1945, als das Reich fiel – und daß »damals nicht die besten Dinge in der deutschen Geschichte geschahen«. Mein Freund Spiros Simitis, der an der Universität von Frankfurt Rechtswissenschaft lehrt und ein Bonn-Befürworter ist, ermahnte mich, bevor ich hierher kam, in der Aufgeregtheit Berlins daran zu denken, welch entscheidenden symbolischen Wert Bonn als Deutschlands Hauptstadt besessen hatte, weil es alles repräsentierte, »was in Deutschland seit 1945 gut gewesen war«.

Jeder kennt die Geschichte, wie François Mauriac einem Reporter erzählte, er liebe Deutschland so sehr, daß er froh sei, daß es zwei davon gäbe. Es war ein unbestrittener Glaubenssatz der Nachkriegszeit, daß ein geteiltes Deutschland ein (für alle anderen) sichereres Deutschland sei. Doch es wurde auch geglaubt – von Liberalen in Westdeutschland wie Professor Simitis –, daß Westdeutschland sicherer sei, wenn die Macht buchstäblich über das Land verteilt wurde. Die Bundesrepublik war als dezentralisierter föderalistischer Staat strukturiert. Das Kanzleramt, die Ministerien und die zwei Häuser des Parlaments wurden in Bonn erbaut, das Verfassungsgericht saß jedoch in Karlsruhe, die Bundesbank in Frankfurt, das Bundeskriminalamt, das FBI Deutschlands, in Wiesbaden (zusammen mit dem hessischen Büro der Datenschutzorganisationen, die von Professor Simitis entwickelt wurden, um die Westdeutschen vor den Informationen zu schützen, die die Länder über sie sammeln), und die Bundesversicherungsanstalt für Angestellte, die größte Bürokratie des Landes, befand sich in der Tat in West-Berlin. Züge fuhren, Flugzeuge flogen, und Straßen wurden gebaut, um die erheblichen Entfernungen zwischen den Büros der Männer (und wenigen Frauen) zu überbrücken, die das Land regierten und verwalteten. Es war nicht ungewöhnlich für einen deutschen Politiker, den Tag, sagen wir mal, in Hamburg zu beginnen, im Bundestag in Bonn Zwischenstation zu machen, von dort zu einem Treffen in Saarbrücken zu fliegen und den Nachmittag in Stuttgart zu beenden – und dabei nie die Bürokratie der Bundesrepublik zu verlassen. Zentralismus besaß eine klare Bedeutung in Westdeutschland – Deutschlands verheerende Erfahrung mit konzentrierter Macht –, und die Menschen richteten ihr Leben darauf ein, so etwas zu vermeiden. Die Liberalen fürchteten, alle Macht an einem Ort zu versammeln, würde früher oder später bedeuten, die falsche Macht an einem Ort zu versammeln. Sie hatten das Gefühl, daß die Demokratie hier noch zu fragil sei, um sie auch nur einer physischen Konzentration von Ämtern und Funktionen auszusetzen, und sie sagten, daß die Deutschen sich das Vergnügen und den Status einer richtigen Hauptstadt, wie es beispielsweise London oder Paris sind, nicht leisten könnten. Bonn war »notwendig«.

1949 bedeutete Zentralismus selbstverständlich Nationalismus – nicht Churchill oder De Gaulle, sondern Hitler. Die Banden von Skinheads und Neo-Nazis und neuen deutschen Rekruten für den Ku-Klux-Klan, die diesen Herbst Einwanderer angegriffen und Flüchtlingsheime mit Brandbomben beworfen haben, sind nicht unbedingt Berliner. Viele von ihnen stammen aus Städten in Westdeutschland. Doch der schlimmste Gewaltausbruch fand am ersten Jahrestag der Vereinigung statt (der, um Auseinandersetzungen über »Vereinigung« und »Wiedervereinigung« zu vermeiden, als »Tag der Einheit« gefeiert wurde), und nach sechshundert Ausschreitungen und sechs oder sieben Toten war es offensichtlich, daß die Phrasen von Blut und Boden und davon, daß Deutschland »deutsch« bleiben müsse und frei von der Verseuchung durch Fremde, wiederbelebt worden waren und, so fürchteten die Liberalen, durch die Vereinigung, zu der auch die Vormachtstellung Berlins mit all seinem verwirrenden Symbolismus gehörte, noch verstärkt wurden. Es fällt schwer, die Begeisterung über die Vereinigung – darüber, wieder »Deutschland« zu sein – von dem Irrglauben an eine Freisprechung von Schuld zu trennen, und das ist die Warnung, die liberale Deutsche zu geben versuchen.

Vergangenen Sommer kam es zu heftigen Protesten von Liberalen, als Helmut Kohl an den Familienfeierlichkeiten der Hohenzollern in Sanssouci, dem alten Kaiserschloß, anläßlich der »Heimkehr« Friedrichs des Großen teilnahm. Die Hohenzollern hatten Friedrich ein paar Jahre nach dem Krieg in den Westen gebracht – in ein Grab auf Burg Hechingen in der Nähe Stuttgarts –, und nachdem die Kommunisten weg waren, hatten sie die Erlaubnis erlangt, ihn zurückzubringen und ihn, den Anweisungen in seinem Testament folgend, unter der Schloßterrasse zu begraben. Niemand hier sorgt sich allen Ernstes, daß die Hohenzollern in Deutschland die Macht ergreifen – die meisten Deutschen waren überrascht, daß es überhaupt noch Hohenzollern gab –, doch die Tatsache, daß Kohl ihre Zeremonie zu einer Staatsaktion machte, beunruhigte viele Deutsche und erinnerte einige gar daran, wie Hitler und Hindenburg bei der Geburt des Dritten Reiches über dem Grab Friedrichs des Großen in der Potsdamer Garnisonskirche gestanden hatten. Stärker als jeder andere, den Bürgermeister von Berlin vielleicht ausgenommen, drängte Kohl darauf, die Hauptstadt hierher zu verlegen – was bei den Planern und Denkmalschützern nicht gut ankam, die für die Rettung jener hundert und mehr Bonner Häuser gekämpft und gegen Kohls Argumentation verloren hatten, daß dort mehr Land für eine richtige Hauptstadt gebraucht werde. Kohl entschied früh in der Bonn-Berlin-Debatte, daß Berlin nicht nur Deutschlands historische Hauptstadt und seine verfassungsmäßige Hauptstadt war, sondern auch seine »natürliche« Hauptstadt, und während die Bonner über die Belastung durch Kosten und die Dauer der Um- und Eingewöhnung diskutierten – das Land wird zwischen eineinhalb und zwei Billionen D-Mark ausgeben müssen, um seine fünf neuen Länder einzugliedern, und durch die Verlegung der Hauptstadt werden noch Milliarden an öffentlichen Kosten hinzukommen –, war Kohl der Sieg sicher und zwar aus dem einfachen Grund, weil Berlin buchstäblich so gut wie das einzige war, was Ostdeutschland, ökonomisch wie psychologisch, dem neuen Deutschland zu bieten hatte, und weil ohne einen Regierungssitz hier, der die Investitionen in den Osten ziehen würde, es sehr wahrscheinlich war, daß Ostdeutschland so etwas wie ein deutsches Mezzogiorno werden und jeder auswandern würde.

Es gibt sechshundertundzweiundsechzig Abgeordnete im Bundestag, und als sie letzten Juni über die Hauptstadt entschieden, stimmten dreihundertundsiebenunddreißig von ihnen für Berlin, einschließlich der meisten neuen ostdeutschen Abgeordneten. Fünfzehn von sechzehn Abgeordneten der Partei des Demokratischen Sozialismus, wie der neue Name für Ostdeutschlands alte kommunistische Partei lautet, welche keine Mitglieder außerhalb der fünf neuen Länder hat, stimmten für Berlin, und ihre Stimmen gaben den Berlin-Befürwortern ihre Mehrheit. Die Berlin-Befürworter feierten, und die Preise für Berliner Immobilien verdoppelten sich im Osten und Westen über Nacht – sie hatten sich am Tag nach dem Fall der Mauer bereits verdoppelt und in manchen Gegenden verdreifacht –, doch die Bonnbefürworter sagten, daß Deutschland nun Europa verlassen habe, daß Deutschland seine Mauer auf der Ostseite des Rheines wiederaufbaue, und die Ironie bestand darin, daß die Kommunisten mit ihrem letzten bißchen Macht im neuen Deutschland das letzte Wort gehabt hatten. Die größte Ironie war, daß überhaupt Kommunisten im Bundestag saßen. Die Kommunisten hatten Parteibesitz und Aktien im Wert von über zwei Milliarden D-Mark der Treuhandanstalt übergeben, und zum Zeitpunkt der Bundestagswahl waren sie von den Bundeswahlgesetzen ausgenommen, die keiner Partei einen Sitz im Bundestag gewährten, wenn sie nicht bundesweit mehr als fünf Prozent der Stimmen erhält. Die Kommunisten zogen mit weniger als zweieinhalb Prozent in den Bundestag ein.

Wolf Jobst Siedler, der Berliner Historiker und Publizist, sagt gerne, daß das Problem von Berlin im Augenblick all die Berliner sind, die *nicht* hier sind – die Juden, die Intellektuellen, die Adligen, das Bürgertum, die Bauern, die Klempner. Er sagt, es gibt keine »Berliner« mehr, außer den Kindern einer Handvoll alter West-Berliner Familien, die es nicht über sich bringen konnten, die Stadt zu verlassen, und außer den Kindern der alten Ost-Berliner Arbeiter, die es sich nicht leisten konnten. Siedler ist der Ur-ur-ur-Enkel von Gottfried Schadow, dem Bildhauer, der die Pferde auf das Brandenburger Tor stellte. Seine Familie ist seit dreihundert Jahren in Berlin, und im letzten hundert dieser Jahre wohnt sie in demselben Grunewalder Haus, und für ihn ist Berlin eine Art Familienschicksal. Dreieinhalb Millionen Menschen leben heute in Berlin, der Westen importierte allerdings seine Berliner mit dem Versprechen von Steuervorteilen und Subventionen und höheren Löhnen, und der Osten hielt seine Berliner natürlich mit der Mauer, und dennoch, aus Wolf Jobst Siedlers Sicht, »ist Berlin leer«. Drei Millionen Berliner gingen nach

dem Krieg in den Westen und kehrten nie zur[illegible]st-
Berlin hat sich selbst sozusagen wiederbevö[illegible]it
den Jungen, die wegen der Szene kamen, den [illegible]e
wegen der fetten Pensionen kamen, den Bürok[illegible]e
wegen der Gehälter kamen, und den Künst[illegible]d Intellektuellen, die mit Pomp und Vergünstigungen durch Berlin geschleust wurden und von denen man sagen konnte, daß sie des Ruhms wegen gekommen waren. Ost-Berlin verlor schlicht und einfach seine klügsten Leute.

Vor Hitler war Berlin eine pulsierende kosmopolitische Metropole. Die einzige deutsche Stadt, die in etwa seiner Vielfältigkeit gleich kam – seiner ethnischen Mischung und seiner intellektuellen Würze und seinen liberalen Gelüsten – war Frankfurt. Die berühmte Berliner Mentalität war schnell, witzig, gerissen, skeptisch, weltgewandt und aufgeklärt, und die Menschen, die diese Mentalität kreiert hatten, waren längst verschwunden, als die Kommunisten kamen. Vor dem Nazi-Putsch lebten einhundertsiebzigtausend Juden in Berlin. Das jüdische Bürgertum Berlins war wie das jüdische Bürgertum des Wiener Fin de Siècle – assimilierte, gebildete Menschen, die wunderschöne Häuser bauten, im Grunewald und in Dahlem, und die die Kultur vergötterten und Gesellschaften gaben und oftmals die Künstler und Intellektuellen mit der speziellen Berliner Mentalität hervorbrachten. Sie verließen Deutschland, oder sie starben in den Lagern. Von den sehr wenigen, die es schafften zu überleben, emigrierten die meisten, und die Juden, die nach Berlin zurückkehrten – es gab sechstausend Juden in West-Berlin, als die Mauer fiel, und seither kamen weitere sechs- oder siebentausend aus der Sowjetunion –, waren ihren eigenen Angaben nach normale arbeitende Menschen, die keinerlei Verbindungen im Westen hatten und die zu erschöpft waren, um ihr Leben woanders noch einmal von vorne zu beginnen oder um mehr von Berlin zu erwarten als den geringen Trost, den eine bekannte Straße oder eine Nachbarschaft bringt, in der sie sich nicht verirrten und nach dem Weg fragen mußten.

Siedler ist ein Konservativer, und er liebt es, seine liberalen Freunde – Freunde wie mich – zu schockieren, indem er über Eliten spricht, aber in Bezug auf Berlins Eliten hat er recht: Sie mäßigten die preußische Rigidität und die chaotische slawische Politik im Berlin der Weimarer Republik und machten es für eine Weile zur interessantesten und fortschrittlichsten Stadt Deutschlands – machten es in jeder Hinsicht zur Hauptstadt. Er nennt das Problem heute »ein Personalproblem«. West-Berlin war in der Lage, sich seine Manager, Investoren und Intellektuellen zu kaufen, doch jeder, der ein »ernsthaftes« Leben führen und groß Karriere machen wollte, tat es nach dem Krieg auf Jahre hinaus in der Bundesrepublik, und wenn Leute auf ihrem Weg in dieses ernste Leben in Berlin Halt machten, bedeutete das in der Regel nur ein Kapitel in ihrem persönlichen Bildungsroman – eine Affäre oder ein Abenteuer oder ein Übergangsritual – und stellte nicht das Ende der Geschichte dar. West-Berlin war die größte westdeutsche Industriestadt, wenn es sich auch nicht gerade *in* Westdeutschland befand, doch die Macht und ein Großteil des Ehrgeizes lagen immer irgendwo anders. Als die Mauer fiel, gab es hier keinen wichtigen Fernsehsender. Es gab keine wichtige Zeitung oder Zeitschrift. Der einzige bedeutende westdeutsche Konzern mit Hauptsitz in Berlin war Schering – Siemens war nach München gezogen, Borsig nach Düsseldorf, MBB und Telefunken nach Stuttgart. Die hiesigen Fabriken dienten der Akkordarbeit an Teilen oder Materialien, die wegen der Steuervorteile durch Berlin geschleust wurden, und selten sahen sie ein fertiges Produkt. Die größten Investitionen wurden hier in Immobilien getätigt, und als Folge davon war der Hauptwirtschaftszweig das Baugewerbe, denn die Investitionen eines Westdeutschen, der in Berlin

Grundbesitz erwarb oder ein Gebäude errichtete, wurden durch Bonn – im »patriotischen Interesse« – so weitgehend abgesichert, daß jeder, der klug genug war, es schaffen konnte, keinen Pfennig eigenes Geld auszugeben. Berlins Vermieter waren Ärzte in Köln oder Börsenmakler in Frankfurt. Berlins bedeutende Politiker – Willy Brandt zum Beispiel oder Richard von Weizsäcker, der nun Präsident ist – waren Westdeutsche, die ihre Lehrzeit für die Macht in Bonn ablegten. Berlins Radikale – seine Grünen und seine Marxisten – experimentierten mit Ideen, die vom Westen übernommen wurden, wenn sie Erfolg hatten oder Aufmerksamkeit erregten, und wenn nicht, blieben sie in der hiesigen »Szene« zurück wie parfümierte Kerzen und Baader-Meinhof-Anstecker für die jugendlichen Touristen.

West-Berlin wurde durch den westdeutschen Wiederaufbau ernährt, doch es hatte sehr wenig mit diesem Wiederaufbau zu tun. Sein einziges Produkt war eine Art offizieller »Kultur«. Als die Mauer fiel, betrug der hiesige Kulturetat sechshundertzwanzig Millionen Mark – mehr, als die Regierung der Vereinigten Staaten für Kultur ausgibt. Beamte und Angestellte, die in Berlin arbeiteten, erhielten siebzehn Prozent »Berlinzulage« auf ihr westdeutsches Gehalt. Die Künste wurden subventioniert, die wissenschaftlichen Institute wurden subventioniert, die »think tanks« wurden subventioniert, und zum Schluß subventionierte das Büro des Bürgermeisters sogar die »alternative« Szene als Teil der »Anziehungskraft von Berlin«. Die Westdeutschen kamen auf Besuch nach Berlin, und jedes Schulkind kam einmal im Rahmen des Geschichtsunterrichts. Sie gingen ins Theater und lauschten Konzerten und schauten sich kühne und teure neue Gebäude an, die meist bei westdeutschen Architekten in Auftrag gegeben worden waren – und West-Berlin florierte in einem geschlossenen Kreislauf von Austäuschen, indem es erst seine berühmte Szene importierte und dann das Publikum für seine Szene. In gewisser Weise war es eine Art Hyper-Westen – die Postmodernisten würden Meta-Westen sagen –, alle ambitionierten, zweideutigen Errungenschaften der Bundesrepublik, nachgebaut auf vierhundertachtzig ausgebombten Quadratkilometern innerhalb einer Mauer.

Nur sehr wenige Ost-Berliner sahen sie oder hatten die Erlaubnis, sie zu sehen, lediglich vom Westen herausgekaufte Dissidenten oder gefügige Intellektuelle, die mit Reisen in den Westen belohnt wurden, oder alte Arbeiter, die man zum Weggehen ermutigte, wenn es an der Zeit war, Rente zu beziehen, denn Westdeutschland, da es Ostdeutschland nicht anerkannte, hatte sich verpflichtet, sie als »deutsche« Staatsangehörige zu betrachten und ihnen alle westdeutschen Vergünstigungen und Sozialleistungen anzubieten. Das West-Berlin, das die meisten Ost-Berliner kannten, war die Stadt, die sie im westdeutschen Fernsehen sahen – eine Familienserien- und Seifenopern-Stadt aus hübschen Mädchen und reichen Jungs, die hemmungslosen Rock und wilden Sex und kostspielige Einkaufstouren genossen. Die Kommunisten versuchten nach dem Mauerbau fast zehn Jahre lang, die westdeutschen Sender zu stören, und gaben den Versuch dann auf. »West-Berlin« bedeutete kostenlose Unterhaltung, und lange Zeit war es zu spektakulär verschieden von der Wirklichkeit in der DDR, um für etwas anderes als Phantasie gehalten zu werden. Dennoch stimmt es wahrscheinlich, daß am 9. November 1989 die Ost-Berliner mehr über das KaDeWe wußten, das Kaufhaus auf der anderen Seite der Mauer am Tauentzien, als über die CDU oder die SPD oder die FDP oder irgendeine andere der westdeutschen Parteien, die über der Frage, was die Politik *ihnen* gegenüber sein sollte, Wahlen gewonnen und verloren hatten.

Öffentlichen Dissens gab es kaum in Ostdeutschland. Jahrelang wurden Dissidenten, die nicht bereits in den Westen geflohen waren, entweder in einen Bus verfrachtet und zu einem Grenzübergang gefahren und im Westen ausgesetzt (wenn sie zu bekannt waren, um in einem ostdeutschen Gefängnis zu verschwinden) oder sie wurden verhaftet und letzten Endes »in den Westen verkauft« – gegen Bargeld, Autos, Software, gegen all das, was die Ostdeutschen gerade am meisten brauchten. Zurück blieb eine auffallend passive Bevölkerung – unorganisiert, mutlos, zu nichts mehr fähig, als auf schlechte Nachrichten zu warten. Der Mythos von Ostdeutschland im Westen war, daß es funktionierte – daß es ein technisch hochgerüsteter industrieller Polizeistaat war und Spitzenreiter in der kommunistischen Welt. In Wirklichkeit hatte Ostdeutschland, nachdem seine Schlachten geschlagen und seine Experten längst geflohen waren und nachdem es seine Dissidenten systematisch exportiert hatte, sich zurückentwickelt. Es war ein Agrarstaat im industriellen Gewand, eher russisch als preußisch. Nichts funktionierte in Ostdeutschland. Seine Fabriken stellten schreckliche Dinge her, die niemand wollte. Seine Bauern produzierten pro Hektar ein Drittel dessen, was die westdeutschen Bauern produzierten. Seine Neubauten begannen auseinanderzufallen, bevor die Mieter ausgepackt hatten. Die Schulen lehrten eine Mischung aus politischer Propaganda und überholter Wissenschaft. Seine Avantgarde – wie beispielsweise das Berliner Ensemble in Ost-Berlin – hatte sich in einer Art gefrorenem Modernismus festgefahren und brachte nur die Totenmasken von Kunst und Theater hervor.

Die Menschen in Ost-Berlin, die überlebten, ohne ein gewisses Gefühl für ihre Zivilisation zu verlieren, waren in der Regel Menschen, die sie in ihren Köpfen bewahren konnten – lutherische Pastoren mit der Verpflichtung, Zeuge zu sein und Zeugnis abzulegen; Musiker mit der Verpflichtung gegenüber der Jahrhunderte alten Tradition deutscher Musik; Wissenschaftler, die sich eine Sprache angeeignet hatten, die zu kompliziert war, als daß sie von der Partei in Verruf gebracht oder verzerrt werden konnte. Die meisten Ostdeutschen waren gereizte, passive und verstörte Menschen. Ihre Ausbildung war deformiert. Ihre »Geschichte« war eine Erfindung. Sie hatten keine Möglichkeit zu beurteilen, was Deutschsein mal bedeutet hatte oder bedeuten konnte, sie besaßen keine eigene Parallelwahrheit, mit deren Hilfe sie die offiziellen Wahrheiten vertreiben, untersuchen oder wenigstens ausgleichen konnten – nichts von der starrköpfigen, beharrenden Identität der Tschechen oder Polen oder Ungarn. Sie waren in einem großen Maße ohne Gemeinschaft – außer vielleicht der zweideutigen Gemeinschaft, die zwischen den Bespitzelten und jenen besteht, von denen sie bespitzelt werden. Verwunderlich ist es nicht, daß über eine Million von ihnen Informanten *waren* oder daß die Inlandsakten der Stasi mehr als vier Millionen Menschen erfaßten – einen von vier Ostdeutschen –, ebenfalls ist es nicht überraschend, daß es in Ostdeutschland nichts gab, daß der polnischen Solidarität ähnelte oder der ungarischen Revolution von 1956 oder dem Prager Frühling von 1968.

Jens Reich ist der Ost-Berliner Molekularbiologe, der – zusammen mit einem Pastor namens Wolfgang Ullmann und einer Malerin namens Bärbel Bohley – die Bürgerbewegung anführte, die Ostdeutschland in den ersten vier Monaten nach dem Fall der Mauer praktisch regierte, während sich das Land auf die Wahlen vorbereitete. Reich ist ein introspektiver und, wie er selbst zugibt, verstörter Mensch, der widerwillig mit Fremden spricht, doch wenn er es tut, sagt er, daß »die Tragödie Ostdeutschlands« ihn verfolge; er kann sich nicht mit seiner eigenen Rolle abfinden und der Rolle, die Intellektuelle wie er in dieser Tragödie spielten. Leute, die versuchen, die Geschehnisse der vergangenen vierzig Jahre in Ostdeutschland ein wenig zu erklären, sprechen oft von der Abneigung der Ostdeutschen, die Führungsrolle von Intellektuellen zu akzeptieren – sie meinen natürlich die Dissidenten unter den Intellektuellen –, Dr. Reich hingegen spricht von der Abneigung dieser Intellektuellen, die Führungsrolle zu übernehmen.

Es gab keine Václav Havels oder Andrei Sacharows in Ostdeutschland. Männer und Frauen, die »diesen Weg gingen«, wie Reich es ausdrückt, wurden zugrunde gerichtet oder ins Exil getrieben, ohne daß es wirklichen Protest gab, oder sie wurden dadurch zugrunde gerichtet, daß sie, wenn sie schon nicht für das Regime arbeiteten, doch in eine Art Komplizenschaft mit dem Regime gerieten. Mit ihrer Willfährigkeit erkauften sie sich Privilegien oder persönlichen Frieden oder einfach Sicherheit, und jeder wußte es, und somit waren sie diskreditiert. Die Leute verbanden sie mit allem anderen, was in Ostdeutschland »offiziell« war (»Wir waren wie alle anderen, die behaupteten zu wissen, was für Deutschland gut war«, sagt Reich), und die Lektion, die die Leute lernten, war, daß Intellektuelle Feiglinge sind. Die Proteste, die es 1968 in West-Berlin gab, wurden in Ost-Berlin als Demonstrationen gegen die Amerikaner in Vietnam wiederholt, nicht gegen den Terrorismus des eigenen Staates. Und selbst dann noch handelte es sich bei den jungen Leuten, die diese Demonstrationen beherrschten, bei denjenigen, die der Staat als gefährlich oder charismatisch oder subversiv betrachtete, um Rockmusiker und Folksänger, nicht um Studenten. Einigen von ihnen gab man ein paar Stunden, um zu packen, und deponierte sie dann in West-Berlin. Sie ließen eine Generation von Künstlern und Intellektuellen zurück, die zwar untereinander nörgelte, die jedoch enorme Privilegien genoß – gute Autos, Reisen in den Westen, Landhäuser, Bücher und Platten, die mit Devisenkonten in harter Währung gekauft wurden, die für normale ostdeutsche Bürger unerreichbar waren. Im Augenblick wird in Ostdeutschland mit viel Bitterkeit und in Westdeutschland mit einer Menge Zynismus über die Privilegien und Kompromisse der ostdeutschen Intellektuellen diskutiert, die dageblieben waren.

Christa Wolf, mit zweiundsechzig wohl die beste Autorin in Ostdeutschland, war Parteimitglied. Vergangenes Jahr veröffentlichte sie das Buch »Was bleibt«, das von einer Woche im Jahr 1979 erzählt, in der sie von der Stasi beobachtet wurde, und obwohl das Buch ein ehrliches und ehrbares Dokument ist, fragen sich junge Ostdeutsche, warum sie nie das Risiko einging, es zu einer Zeit herauszubringen, als es *ihnen* vielleicht geholfen hätte oder sie inspiriert oder belehrt hätte, anstatt zu warten, bis es sicher für *sie* war. Reich sagt, daß diese Form der Passivität, dieser Rückzug der Intellektuellen aus dem öffentlichen Leben, die Intelligenzija in Ost-Berlin auf Jahrzehnte hinaus zeichnen wird. »Es ist kein Wunder, daß uns nun niemand will«, sagt er, wann immer er auf die Ungeduld der Westdeutschen mit den ostdeutschen Empfindlichkeiten bei der Bekämpfung des Kommunismus zu sprechen kommt. »Ich mache mir selbst Vorwürfe. Ich mache meinen Freunden Vorwürfe. Wir tolerierten so lange den Unsinn. Wir haben unsere Glaubwürdigkeit verloren. Wir haben geschwiegen, wegen unserer Karrieren, wegen unserer Kinder. Aber wie sagt man nach einem Leben des Wartens zu seinen Kindern: ›Ich habe auf bessere Zeiten gewartet‹?«

Reich glaubt, daß der wahre Dissens begann, als die Kinder anfingen, ihren Eltern zu sagen, daß sie Ostdeutschland verlassen würden – »wenn nämlich deine Kinder dein Leben ablehnen, dann ist es Zeit, etwas zu tun«. Jahrelang hatten er und seine Frau und viele andere liberale Eltern sich in, wie er es nennt, »weißen Kreisen« getroffen. Sie kamen privat zusammen und waren »darauf bedacht, nicht belauscht zu werden«, und sie sprachen hauptsächlich über ihre Kinder – wie sie einem Teil des ideologischen Drucks entgegenwirken könnten, der in den Schulen auf ihre Kinder ausgeübt wurde, wie sie die Toleranz ihrer Kinder bewahren könnten, wie sie die Vorstellung von »Feinden« diskreditieren könnten, mit der ihre Kinder indoktriniert wurden. Sie hatten Kontakt zu Kirchengruppen, zu Friedensgruppen – nach Tschernobyl engagierten sich Reich und einige seiner Freunde an der Akademie der Wissenschaften bei der Gruppe »Physiker gegen den Atomkrieg« –, und sie versuchten, die Menschen in ihrem Umkreis wissen zu lassen, was in der Sowjetunion vor sich ging, doch sie organisierten keine wirkliche Opposition bis zum Sommer 1989, als Ungarn seine Grenzen zum Westen öffnete und Tausende von jungen Ostdeutschen tatsächlich fortzugehen begannen. Und Reich sagt, daß sie nun nie wissen werden, was geschehen wäre, wenn sie sich organisiert *hätten* oder an welchem Punkt das Regime seinen Willen oder seine Macht verloren hätte, sie zu terrorisieren.

Es mag sein, daß die Schuld, die die Ostdeutschen nun als die »letzten Dissidenten« des Ostblocks fühlen, für einen Teil der aggressiven Apathie verantwortlich ist, die man so oft in Ost-Berlin spürt. Ost-Berliner sind berühmt für ihre Introspektion, ihre zwanghafte Besessenheit von Innerlichkeit. Sie mögen ihren Kummer, und mehr noch scheinen sie es zu mögen, sich diesem Kummer zu ergeben. Es ist eine nationale Angewohnheit. Die West-Berliner Studenten, die großen Wert auf ihre Kühle legen, sagen, daß die Ost-Berliner Studenten, die sie nun treffen, sehr emotional sind, genau wie ihre Eltern, und daß sie sich in deren Gegenwart sehr unwohl fühlen, weil die unentwegt über »wahre Werte« sprechen und darüber, ob sie die haben oder nicht. Die Ost-Berliner sind stolz auf ihre fixe Idee. Sie fügen sich den Westdeutschen, die kommen, um ihre Schulen zu leiten – und ihre Politik und ihre Ämter und ihre Fabriken – und klagen recht vergnügt, daß sie unfähig sind, inkompetent, unwürdig, daß sie keinen guten Grund besitzen, sich den »Kolonialisten« zu widersetzen, die sie verabscheuen (die Metapher für die deutschen Ost-West-Arrangements ist hier Kolonialismus, und sie trifft größtenteils zu), daß sie die Kolonialisten verdient haben, daß sie als Ostdeutsche nichts für sich selbst vorzuweisen haben. Sie räumen den Westdeutschen eine Art Vorrecht ein.

Dr. Reich, der in der ersten freien ostdeutschen Volkskammer saß und für den Bundestag kandidieren sollte, entschied sich ein oder zwei Monate vor der Wahl dagegen. Er sagt, daß zu diesem Zeitpunkt Ostdeutschland »voll herumwirbelnder Taikune« war, und sie ließen keinen Zweifel daran, daß Ostdeutsche, die nicht in jedem Sinne zu einer der großen westdeutschen Parteien gehörten, in Bonn Alibi-Ossis sein würden, das Memento mori einer Bürgerbewegung, die nur so lange existierte, wie ein freies und unabhängiges Ostdeutschland existierte – was weniger als ein Jahr war. So wollten es die meisten Deutschen anscheinend – selbst die meisten Ostdeutschen. Als die Ostdeutschen im März letzten Jahres zu den Urnen gingen und zum erstenmal frei wählten, wählten sie »westdeutsch« insofern, als sie christdemokratisch und sozialdemokratisch und liberal wählten. Sie stimmten für westdeutsche Parteien, die Kandidaten im Osten ins Feld geschickt hatten und in der Lage gewesen waren, Millionen von Mark auszugeben, um sie gewählt zu bekommen. Sie schafften es in der Tat, in Ostdeutschland den politischen Aufbau der Bundesrepublik zu reproduzieren, und zwar mit einiger Exaktheit, und die einzige Überraschung bestand damals darin, daß überhaupt irgend jemand in Ostdeutschland kommunistisch wählte. Fast zehn Prozent der Ostdeutschen taten es. Als sie wieder wählten, taten sie es bereits als »Deutsche«, neun Monate später. Leute aus der Bürgerbewegung von 1989 – sie nannten ihre Partei Bündnis 90 – standen auf einer Liste mit den ostdeutschen Grünen, und selbst so gewannen sie lediglich acht Sitze in einem Parlament mit sechshundertzweiundsechzig. Reich sagt, die Wahl war »hormonal«. Es schien, als ob Westdeutschland ein Impuls der Ostdeutschen wäre – etwas Unfreiwilliges, etwas, dessen Reproduktion sie nicht verhindern konnten. Und Ostdeutschlands »politische Klasse« – seine potentielle politische Klasse – »befand sich nicht in Widerstandsstimmung«. Wahrscheinlich gab es überhaupt keinen Weg, Widerstand zu leisten. Die Ostdeutschen sehnten sich nach dem Westen, doch sie besaßen keinerlei Fähigkeit, den Westen zu beurteilen und einzuschätzen. Die Politiker mit den frischen vierfarbigen Postern und den Faxmaschinen und den Telefonen und dem Geld für eine »westliche« Kampagne, waren die Politiker, für die die Leute stimmten, und jeglicher Enthusiasmus, den Ostdeutsche für ein freies und unabhängiges Ostdeutschland gehegt haben sollten, verschwand unter der glänzenden westdeutschen Verkaufserfolgen. Dr. Reich drückte es so aus: »Nach einem Ausbruch an politischer Energie machte sich eine große Resignation breit.«

Die hiesigen Amateurpolitiker der Bürgerrechtsbewegung – wie Dr. Reich, wie Pastor Ullmann, der in den Bundestag gewählt wurde, wie Frau Bohley, die im Berliner Senat saß – verfügten nie wirklich über das Geld oder die Erfahrung oder die Plattform, um so etwas wie eine Mehrheitspartei aufzubauen. Sie waren idealistisch oder verrückt (oder beides), und sie glaubten, die Ostdeutschen würden »Ostdeutschland« zumindest für ein paar Jahre länger beibehalten wollen. Sie glaubten, daß nun, da Ostdeutschland frei war, die Ostdeutschen ihre Zukunft selbst bestimmen und ihre alten Rechnungen unter sich begleichen und zu irgendeiner Übereinkunft kommen wollten, wer sie moralisch *und* politisch seien und welche Form von Gesellschaft sie sich wünschten, und daß sie zusammen mit dieser Übereinkunft ein bißchen Vertrauen als Volk gewinnen wollten. Sie glaubten, daß die Ostdeutschen nicht pauschal das geringe »Gute« verlieren wollten, das sie sich erfolgreich geschaffen hatten. Sie sprachen über Kindergärten und Kindertagesstätten und Frauen, die jährlich zwanzig freie Tage zu Hause bekamen, wenn ihre Kinder krank waren, und sie wollten wissen, wie ostdeutsche Frauen die Abtreibung geregelt haben wollten – Abtreibung war in Ostdeutschland legal, und der Staat bezahlte dafür –, wenn sie erstmal einem Land angehörten, in dem konservative Katholiken aus Bayern die Abtreibungsgesetze schrieben. Sie wollten das teure Lehrgeld, das sie im Arbeits- und im Privatleben bei einer schnellen Umwandlung zum freien Markt zahlen mußten, so gering wie möglich halten.

Die Leute vom Bündnis 90 taten ihr Bestes, doch sie waren Amateure, und sie führten einen amateurhaften Wahlkampf, und sie gingen komplizierte Probleme an, die zu diskutieren sie nicht die Kompetenz besaßen, ganz zu schweigen davon, sie zu lösen, und nur wenige Leute wollten davon hören, und noch weniger Leute verstanden genug davon, um ihre Bemühungen zu schätzen. Die Argumentation der anderen Seite war einfach, und sie wurde gegen gutes Geld geliefert, und zuguterletzt war sie unwiderstehlich. Sie lautete, daß Ostdeutschland reich werde, wenn die Ostdeutschen ihre Zukunft den Westdeutschen überlassen würden, und daß Ostdeutschland arm werde, wenn die Ostdeutschen versuchten, ihre Interessen selbst zu vertreten. Und die Ironie lag darin, daß dieselben Ostdeutschen, die sich beklagten, daß sie das Privateigentum der Wessis seien und von den Wessis regelrecht überrannt würden, zugleich diejenigen waren, die glaubten, daß sie keine andere Wahl hatten als zu tun, was die Kommunisten sie gelehrt hatten – Leute, die es »besser wissen«, die Entscheidungen treffen zu lassen. Sie schienen nicht zu verstehen, daß ganz gleich, was Ostdeutschland wählen würde, es im größten Interesse Westdeutschlands lag, sie zu unterstützen. Es dauerte nicht lange, bis das Bündnis 90 anfing auszusehen wie eine von Erwachsenen geführte Studentenbewegung.

Heute teilen sich die Gruppen innerhalb des Bündnis' 90 die oberen Stockwerke eines alten Hauses an der Ecke Friedrich- und Behrenstraße. Sie leihen sich gegenseitig die Schreibmaschinen und Fotokopierer und Telefone und bedecken ihre Wände mit Plakaten über Graue-Panther-Abende und palästinensische Theaterstücke und »Arbeit für den Frieden«-Treffs und den »Dialog« zwischen der Sowjetunion und den Vereinigten Staaten – als ob Deutschland immer noch das Hauptangriffsziel in einem Kalten Krieg wäre. Es ist irritierend, dorthin zu gehen, denn im Erdgeschoß des Gebäudes befindet sich ein wunderschöner neuer Wessi-Buchladen mit Holztäfelung und seltenen Ausgaben und englischen Jagddrucken, die für sechs-, siebenhundert Mark verkauft werden. Für die Wessis im Buchladen sind die Leute vom Bündnis 90 nicht die Leute, die 1989 auf die Straße gegangen sind und geholfen haben, Ostdeutschland zu befreien. Sie sind (mit einem Achselzucken und einem nachsichtigen Lächeln) »die Leute über uns«, und in diesem neuen Deutschland wirken sie so unschuldig und anachronistisch wie ihre Plakate. Die Anliegen, für die noch zu kämpfen bleibt, sind diejenigen, die sie aus der DDR geerbt haben – und die sind so gemaßigt, daß sogar die Kommunisten sie zugelassen hatten –, doch niemand macht sich die Mühe, ihnen zu helfen herauszufinden, was ihre wahren Anliegen sind. Die Umfragen ergeben, daß zehn Prozent der Menschen in Ostdeutschland mit ihnen »sympathisieren«. Doch die Mehrheit ist der Meinung, daß sie 1989 ihre Arbeit getan haben und nun vernünftig sein sollten und nach Hause gehen und die Politik den Profis überlassen. Tilo erzählt mir, das schlimmste Schimpfwort, mit dem man im neuen Deutschland jemanden bedenken könne, sei »Amateur«.

Die Prioritäten in Ost-Berlin sind offensichtlich. Man erkennt sie, wenn man die Straßen entlanggeht und sich die Häuser anguckt, schaut, welche Gebäude den frischen Anstrich haben und die glatten westdeutschen Möbel und die Telefone, die funktionieren, und die Sekretärinnen, die mit Fremden Englisch statt Russisch sprechen – und das Gebäude, das all das zuerst hatte, ist die Treuhandanstalt, bei der mehr als dreitausend Leute mit dem beschäftigt sind, was man die »Privatisierung« Ostdeutschlands nennt. Die Treuhandanstalt ist im internationalen Konzernstil herausgeputzt worden. Die riesige Halle mit den wuchtigen Säulen, die Göring zur Einschüchterung gebaut hatte, ist mit Chrom-und-Leder-Sofas ausgestattet, sie wird von Designer-Richtstrahlern beleuchtet und ist mit mysteriösen weißen Würfeln dekoriert, die entweder Skulpturen sind oder Podeste für Skulpturen, die man zu bestellen vergessen hat. Genau scheint das niemand bei der Treuhand zu wissen, doch die Leute, die dort arbeiten, sind instruiert, sich gegenüber jedem, der amerikanisch oder japanisch aussieht, umgänglich zu verhalten, und deshalb überlassen sie einem die Entscheidung.

In Wirklichkeit hat kein Japaner Eigentum von der Treuhand erworben und lediglich zehn Amerikaner, obwohl die Treuhand ungefähr sechstausend ihrer zehntausend Betriebe noch zu verkaufen hat und so etwas wie Dauersonderangebote offeriert. Die Treuhand nennt das »den Ausverkauf des Jahrhunderts«. Die Japaner investieren immer auf lange Sicht, jedoch ganz offensichtlich ist auch ihre Sicht nicht lang genug, um irgendeine der heruntergekommenen ostdeutschen Fabriken zu übernehmen oder einen der alten Parteimanager oder die schlecht ausgebildeten Arbeiter oder um ihr Geld in Firmen zu stecken, die den Westdeutschen (inoffiziell) zuerst angeboten wurden und die die aus verschiedenen guten Gründen abgelehnt haben. Die Treuhand war eigentlich keine westdeutsche Erfindung. Sie war die Idee der Kommunisten – ein Versuch, sich selbst zu retten, indem sie ausländisches Geld ins Land holten. Hans Modrow, der letzte kommunistische Ministerpräsident der DDR, dachte sich die Treuhand aus. Er bestückte sie mit sechzig ostdeutschen Bürokraten, und schließlich schickte der westdeutsche Wirtschaftsminister fünf oder sechs Wessi-Bürokraten, um ihnen zu helfen, doch die Ostdeutschen waren kein bißchen qualifizierter dafür, Fabriken aufzulösen oder zu verkaufen – das, womit sie beauftragt waren –, als sie es gewesen waren, sie zu leiten. Sie waren Parteileute, und am besten waren sie darin, anderen Parteileuten einfache Jobs zu besorgen.

Volker Hillebrandt, der aus Westdeutschland kommt und nun für den Berlinbesitz der Treuhand verantwortlich ist, sagt, das System in Ostdeutschland sei »ein einfaches Protektionssystem« gewesen: Arbeiter hatten nichts zu tun, wenn sie zur Arbeit gingen, doch sie konnten nicht entlassen werden, weshalb letzten Endes jeder ein Interesse daran hatte, daß das Kartenhaus nicht zusammenfiel. Der erste Präsident der Treuhand war ein Ostdeutscher, der dreieinhalb Monate im Amt war. Der Mann, der ihn ersetzte, war ein Westdeutscher, der nach ein paar Wochen aufgab. Der dritte Treuhandpräsident – ein führender Stahlmanager aus Düsseldorf namens Detlev Rohwedder – tat, wie er sagte, was jeder vernünftige Industrielle tun würde, der zur Treuhand kommt. Er verstärkte die ursprünglichen fünf durch Hunderte von Westdeutschen und fuhr damit fort, bis praktisch jeder, der bei der Treuhand etwas zu entscheiden hatte, aus der Bundesrepublik kam, und dann transferierte er die gesamte ostdeutsche Industrie zusammen mit zwanzigtausend Bauernhöfen, Wäldern, Geschäften, Dienstleistungsbetrieben und Grundstükken in neun, nach Industriebereichen aufgeteilte Treuhand-Holdinggesellschaften, die zusammengenommen den größten Konzern des Landes bildeten.

Rohwedder war ein kluger, jedoch aus ostdeutscher Sicht rücksichtsloser Mann. Sein Auftrag lautete, Ostdeutschland zu verkaufen, und nicht notwendigerweise, Ostdeutsche zu retten. Er schloß Hunderte von Fabriken; von denen, die er verkaufte, wurde bestimmt die Hälfte nur wegen des Landes verkauft, auf dem sie standen, und die Leute, die sie erwarben, schlossen sie entweder ebenfalls, indem sie Bankrott erklärten, oder entließen so viele Arbeiter, wie sie konnten, und fingen von vorne an. Rohwedder wurde Anfang April diesen Jahres erschossen. (Er war zu Hause in Düsseldorf, und jemand – die Polizei sagt, ein Terrorist der Roten Armee Fraktion – schoß aus dem Garten durch sein Fenster und tötete ihn.) Doch bis April hatten nahezu eine Million Menschen in den fünf neuen Ländern ihre Arbeit verloren und mehr als zwei Millionen Menschen fuhren Freischichten, was ein alter ostdeutscher Euphemismus dafür ist, daß man für ein paar Stunden in der Woche auftaucht, seinen Lohn kassiert und dadurch die wahren Arbeitslosenzahlen verschleiert, und Rohwedder war bei den Ostdeutschen so unbeliebt, daß sie sich zu Hunderten, als er starb, eine Plakette ansteckten, auf der stand: »Ich war's nicht!« Die Geschichte machte die Runde, der einzige Betrieb in Ostdeutschland, der Gewinn machte, sei der Betrieb, der die Plaketten herstellte. Die nächste Geschichte war, daß der Betrieb in Westdeutschland sei.

Das Problem der Treuhand besteht darin, daß Deutschland die ostdeutschen Fabriken nicht wirklich braucht. Sie verdoppeln die Produkte und Fertigungsprozesse in Westdeutschland und tun es schlecht, und westdeutsche Geschäftsleute behaupten, daß sie die fünf neuen Länder durch Erhöhung der eigenen Produktion um zehn oder fünfzehn Prozent (und in manchen Industriezweigen um fünf Prozent) versorgen könnten und dies für weniger Geld und mit höherem Gewinn, als es bei einer Modernisierung der ostdeutschen Betriebe und

Beschäftigung der ostdeutschen Arbeiter möglich sei. Es überrascht nicht, daß Geschäftsleute beim Investieren im Osten zum eigenen Vorteil verfahren. Sie erwarten von der Treuhand, daß sie ihnen entgegenkommt, solange sie bezahlen, und sie lehnen es ab, für die Regierungsweisheit aufzukommen, daß es billiger ist, *sie* die Leute dafür bezahlen zu lassen, schlecht zu produzieren, als wenn die Regierung diese Leute fürs Nichtstun bezahlt. Im Augenblick muß die Treuhand zwischen den Ansprüchen der Geschäftsleute und den Ansprüchen der Arbeiter wählen, die nirgendwo anders Geld verdienen können, und das Beste, was sie tun kann, ist, die Kosten abzuwägen, einschließlich der sozialen Kosten. Es ist eine Frage grundsätzlicher Absichten und Prioritäten. Deutschland muß Millionen von Ostdeutschen davon abhalten, in den Westen zu ziehen, und das kann einzig dadurch geschehen, daß man ihnen das Leben zu Hause attraktiv macht – wozu zweifellos gehört, daß sie Arbeit finden, wo sie zuhause sind –, aber Deutschland muß ebenfalls dieses attraktive deutsche Leben mit Investitionen finanzieren, und kein vernünftiger Investor will einen Betrieb mit überzähliger Belegschaft oder einem schlechten Management oder fürchterlichen Produkten.

Das Problem wird kompliziert durch die Tatsache, daß viele Leute, die Eigentum durch die Treuhand erwerben, nicht einmal vernünftige Investoren sind. Sie sind, was Rohwedder gelegentlich »Wildwestler« nannte – Landspekulanten und Baulöwen und einige Kriminelle –, von dem jungen Mann, der eine Baufirma in Cottbus kaufte, die Betriebskonten plünderte und verschwand, bis zu der West-Berliner Firmengruppe, die eine Glühbirnenfabrik namens Narva in Ost-Berlin mit der Zusage erstand (gegen die Gebote von zwei echten Glühbirnenherstellern), fünfhundertsiebzig Millionen Mark zu investieren, und es stellte sich heraus, daß lediglich siebzig Millionen Mark davon zur Produktion von Glühbirnen benutzt werden sollten und der Rest für die Erschließung des Grundbesitzes. Der Verkauf ist gerade eben rückgängig gemacht worden.

Keine Schwierigkeiten hat die Treuhand, Grundstücke in Berlin zu verkaufen, wenn keine Fabriken darauf stehen – oder Ansprüche darauf erhoben werden oder Fideikommisse vorliegen. Hillebrandt sagt, daß Grund und Boden hier nun teurer ist als in Hamburg oder München; in einem Dorf namens Falkensee, das im Osten von Berlin liegt, stieg der Quadratmeterpreis in ein paar Wochen von unter hundert auf über viertausend Mark. Viel schwerer wird Hillebrandts Arbeit, wenn der Besitz, den er verkaufen muß, weiter als ungefähr fünfzig Kilometer von Berlin entfernt liegt – das heißt, wenn er sich irgendwo sonst in Ostdeutschland befindet. Offiziell sollen die Leute nicht mit dem Land der Treuhand spekulieren; sie sollen in Deutschlands Zukunft investieren. Wenn ein Investor ein Angebot unterbreitet, das die Entlassung von hundert Arbeitern plant, und ein anderer Investor zweihundert Arbeiter entlassen will, dann soll die Treuhand bei ihrer Entscheidung die einhundert verlorenen Stellen berücksichtigen. Geldbußen und Strafen und alle möglichen anderen Abschreckungsmittel sind vorgesehen, um die Leute davon abzuhalten, eine Fabrik zu kaufen und jeden zu entlassen und die Fabrik dann abzureißen und das Land mit Gewinn an jemand anderen zu verkaufen, doch es gibt beinahe ebenso viele Wege, die Vorschriften zu umgehen.

Die Firma, die versuchte, die Glühbirnenfabrik zu kaufen – Klingbeil heißt die Gruppe – hatte ein Übereinkommen ausgehandelt, welches ihr gestattete, jeden Arbeiter zu entlassen, wenn sie diesen Arbeiter mit einer Summe von zwanzigtausend Mark »abfand«. Nach 1992 war es ihr freigestellt, Arbeiter ganz ohne Abfindung zu entlassen. Etwa zwölfhundert Leute arbeiteten bei der Narva, als Klingbeil für die Fabrik unterschrieb. Laut Vertrag sollte Klingbeil tausend weiterbeschäftigen. Sobald *sie* verschwunden wären – für Abfindungen in der Höhe von insgesamt zwanzig Millionen Mark hätten die Makler an die zehntausend Quadratmeter Land im Zentrum Berlins freigeräumt gehabt, das bereits jetzt Hunderte von Millionen Mark wert ist.

Die Treuhand hat bislang einhundertfünfundsechzig ihrer neunhundert Berliner Betriebe verkauft und sagt, daß sie erwartet, den »Verkauf Berlins« innerhalb der nächsten zwei Jahre komplett abzuschließen. Die neue Vorsitzende, Birgit Breuel – sie war Finanzministerin in Niedersachsen, und Kohl wählte sie auf den Rat hin, daß ein berufsmäßiger Bürokrat in Ostdeutschland besser angenommen werden würde als ein weiterer berufsmäßiger Kapitalist –, hat versucht, »neutrale« Richtlinien zu etablieren, die besagen, daß wenn ein Betrieb im Monat zehn Millionen Mark Verlust macht und niemand ihn haben will, die alte Betriebsführung drei Monate Zeit hat, die Situation herumzudrehen, und danach macht ihn die Treuhand dicht. Doch die Ost-Berliner sind der Meinung, daß die Treuhand ihre Gesellschaften »beschützen« sollte, sozial (aus ihrer Sicht) und politisch (im eigenen Interesse). Manche Leute in Ost-Berlin wollen, daß die Treuhand ihre Fabriken in Kooperativen umwandelt oder mehr Übernahmen durch die Belegschaft oder durch die Betriebsleitung zustimmt, doch das bedeutet ebenfalls, das Geld für diese Übernahmen vorzuschießen oder einen anderen zu finden, der es tut, und Hillebrandt sagt, wenn Westdeutsche davon sprechen, ostdeutschen Betriebsleitungen Geld zu leihen, weiß er mit Bestimmtheit, daß dabei irgendwo ein faules Ding gedreht worden ist. Leute, die wie Ostdeutsche aussehen – Leute mit Synthetikanzügen, gebrauchten Autos und fotokopierten Visitenkarten –, haben es schwer, bei der Treuhand durch die Tür zu gelangen. Leute, die reich aussehen, können Termine erhalten und Aufmerksamkeit und ein Hochglanzportfolio zum Mit-nach-Hause-nehmen und manchmal sogar das Angebot, einen Betrieb zu kaufen, für den die Regierung die Garantien übernimmt.

Vor einigen Monaten tauchten zwei Reporter vom Kölner Fernsehen bei der Treuhand auf, die nichts vorzuweisen hatten als gefälschte Visitenkarten mit dem Namen »Euro Consult«, einen gemieteten Mercedes mit Autotelefon und eine Geschichte, daß sie eine japanisch-amerikanische Gruppe vertreten würden, die Film- und Tonbandfabriken in Wolfen und Dessau kaufen wolle. Der Mann, den sie bei der Treuhand trafen – er war der Direktor der »Chemikalien-Gruppe« –, war so begeistert von der Aussicht auf reiche ausländische Käufer für ein paar Fabriken, die kein Westdeutscher wollte, daß er die Reporter nie um Referenzen oder Offenlegung ihrer Finanzen bat, und es schien ihn auch nicht im geringsten zu stören, als sie sagten, daß ihre »Klienten« vorhätten, Pestizide herzustellen, und planten, ihre Abfallprodukte ungefiltert in der Nachbarschaft zu verbrennen, oder daß sie hofften, in einer Fabrik hundert Arbeiter sofort zu entlassen und in der anderen Fabrik fünfzehntausend in den nächsten drei Jahren zu feuern. Die Reporter kamen mit einem Abschluß nach Hause: Sie erhielten die Fabriken für fünfundzwanzig Millionen Mark weniger, als sie nach ihrer eigenen Einschätzung wert waren; die Treuhand wollte sie mit dem Bau einer Landstraße fördern; und die deutsche Regierung wollte ihnen nahezu fünfundsechzigtausend Mark für jede hunderttausend Mark bezahlen, die sie investierten.

Tatsache ist, daß die besten Besitztümer in Ostdeutschland schnell weggingen und fast immer an andere Deutsche. Volkswagen bekam die Trabant-Werke zur Umwandlung, Faber erhielt die Ölraffinerien in Schwedt an der Oder, BASF kriegte die Chemischen Fabriken ihrer Wahl in der Nähe Dresdens. Wenn Ausländer überhaupt umworben wurden, dann in der Regel, um die Angebote für Betriebe in die Höhe zu treiben, die Westdeutsche schließlich kauften – wie zum Beispiel die ostdeutsche Fluglinie Interflug, die am Ende von Piper übernommen wurde. Nun umwirbt man die Ausländer – es gibt ein neues »Verkaufsbüro« der Treuhand in New York – für die Überreste. Es ist immer schon schwer gewesen, sich in Deutschland einzukaufen, wenn Deutschland einen nicht will. Die Leute in der EG beklagen sich ständig darüber. Sie sagen, der Gemeinsame Markt ist ein nettes Konzept, das für die Deutschen entworfen wurde, die in *ihren* Ländern investieren, doch zu Hause in Deutschland gibt es ganze Bücher voller Regulierungen und haufenweise alte Verpflichtungen und Gefälligkeiten, von denen jeder Bankier und jeder Beamte weiß, wann und wie er sich an sie erinnern soll. Ein guter deutscher Beamter kann den entschlossensten Geschäftsmann entmutigen, und er kann es mit verrücktmachender Freundlichkeit und Korrektheit tun. Lediglich zweihundert Treuhandbetriebe sind an Ausländer gegangen, und viele dieser Ausländer waren Schweizer oder Österreicher, die einen offenkundigen Vorteil hatten. Die meisten Ausländer versuchen, wenn sie sich in Ostdeutschland einkaufen wollen, Grund und Boden direkt oder über deutsche Mittelsmänner oder deutsche Partner zu erwerben, denn wenn die Treuhand schnell an einen Ausländer verkauft, bedeutet das für gewöhnlich, daß bei dem Betrieb selbst nach alten ostdeutschen Standards Hopfen und Malz verloren ist – wie beispielsweise bei dem Betrieb in Dresden, der Kies über sechshundert Kilometer weit nach Norden an die Ostsee transportierte und der nie herausgefunden hatte, warum er Verlust machte. Die Treuhand versuchte, *diesen* Betrieb an irgendeinen Geschäftsmann aus Georgia zu verkaufen, der mit Bibeln im Gepäck reiste und wie ein Bauerntölpel aussah, jedoch auch wußte, daß man besser keinen Kies an die Ostsee transportiert, wenn man Gewinn machen will.

Die Besitzverhältnisse von Grund und Boden in Ost-Berlin wurden durch die vielen Ansprüche verkompliziert, die darauf erhoben werden. Deutsche, deren Land von den Kommunisten enteignet wurde, können Anspruch darauf erheben, falls es ihnen nicht während der vier Jahre der russischen Besatzungsherrschaft weggenommen worden ist. Juden, deren Land von den Nazis enteignet wurde, können Anspruch darauf erheben, wenn Dokumente existieren – oftmals tun sie es –, die beweisen, daß es ihres war. Die einzigen Unternehmen in den fünf neuen Ländern, die während des vergangenen Jahres Gewinn machten oder ihre Kosten deckten, waren Reinigungsbetriebe – Westdeutsche stellten Haushaltshilfen von ihnen an – und Bauunternehmen, und Bauunternehmer sagen, halb Ost-Berlin wäre eine Baustelle, wenn die Bauherren sich das Risiko leisten könnten, die Arbeit auf einem Grundstück anzufangen, von dem sie annehmen, es sei unbelastet, und dann eventuell gezwungen zu werden, die Arbeiten einzustellen und eine Untersuchung abzuwarten, weil jemand Anspruch darauf erhebt. Hundertzwanzigtausend Ansprüche sind anhängig in Berlin (und über eine Million in ganz Ostdeutschland). Die Treuhand arbeitet an Regelungen, die vorsehen, allen Leuten, die mit gültigen Ansprüchen antreten, nachdem der Verkauf getätigt ist und Bauarbeiten begonnen haben, das Geld zu geben, das die Treuhand für das umstrittene Eigentum erhalten hat – nicht jedoch den Besitz selbst. Im Augenblick muß eine Firma, die von der Treuhand kauft, mit der Renovierung oder dem Bau aufhören – oder wahrscheinlicher, sie entscheidet aufzuhören –, wenn jemand anders Ansprüche auf den Besitz erhebt, und in Berlin ist der Schwarzmarkt für Eigentumsnachforschungen und gefälschte Grundbuchurkunden beinahe ebenso groß und genauso schmutzig wie der Markt für Arbeitserlaubnisse. Friedrich Weber, ein West-Berliner Architekt, dessen Firma das Klingbeil-Projekt entwirft – er ist gerade dabei, den Leipziger Bahnhof, den größten und einen der ansehnlichsten Bahnhöfe Europas, in ein Restaurant- und Einkaufszentrum zu verwandeln –, sagt, daß eine besonders abstoßende Spezialität der neuen Besitz- und Grundbuchurkundensucher ist, die Identität verstorbener Juden zu ermitteln, das Land oder das Haus oder den Laden, den sie besaßen, ausfindig zu machen und die Information zu verkaufen.

Das Grundbuchamt für Ost-Berlin befindet sich im Roten Rathaus – das alte Rathaus ein paar Straßen östlich von Unter den Linden –, und Weber sagt, es ist nahezu unmöglich, dort die originalen Grundbuchblätter aufzuspüren. Die Grundbücher sind geschwärzt und zerfallen, und über die Jahre sind Tausende von Seiten von Nazis und Kommunisten entfernt worden, die anderer Leute Eigentum für sich selbst haben wollten. Weber mußte die Arbeit an einem Bauprojekt in Ost-Berlin einstellen, weil jemand Anspruch auf ein Stück Land in der Mitte des Baugebietes erhoben hat, das seiner Familie gehört haben soll, und weil er es zurück haben will. Es stellte sich heraus, daß der Mann ebenfalls ein West-Berliner aus dem Baugewerbe war. Dennoch, sagt Weber, zieht er es vor, in Ost-Berlin zu bauen, denn es gibt immer West-Berliner in der Verwaltung, die Probleme beseitigen können; er sagt, daß in Städten wie Leipzig die Leute, mit denen er es zu tun hat, gute, junge, motivierte Leute sind, doch sie haben keine Erfahrung im Umgang mit Architekten und Bauherren, ganz zu schweigen von fragwürdigen Fremden, die plötzlich mit gefälschten Grundbuchtiteln und falschen Ansprüchen und einer Truppe teurer westdeutscher Anwälte auftauchen. Webers Auftraggeber sind die größten Baufirmen Berlins, und er hatte Projekte in ganz Ost-Berlin, doch er sagt, daß wegen Problemen mit den Eigentumsnachweisen sich lediglich eins dieser Projekte tatsächlich im Bau befindet.

Weber stammt aus Dresden, und wenn er davon

spricht, was er wirklich tun möchte, dann spricht er davon, *dort* etwas zu bauen – ein schönes Miethaus oder eine Konzerthalle –, auf einem Stück Land an der Elbe, von dem sein Vater, der ebenfalls Architekt war, vor fünfzig Jahren träumte, daß er es besäße, und daß Weber, als er aufwuchs, auch davon träumte, und daß er endlich im August in der Lage war, es zu kaufen. Leute, die für private Bauherren in Deutschland arbeiten, können selten Konzerthallen bauen oder auch nur Miethäuser. Sie bauen Bürogebäude und Hotels und Einkaufs- und Geschäftszentren, weil private Bauherren mit kommerziellen Grundstücken mehr Geld verdienen und weil die Arbeit eines Architekten viel einfacher ist, wenn er Büros und Einkaufszentren entwirft, als wenn er versucht, so zu bauen, daß Familien sich in einer Wohnsiedlung wohlfühlen. In Ost-Berlin herrscht so viel Verwirrung darüber, wem die Miethäuser gehören, die schon da sind, daß die Bauherren aus dem Westen nahezu ihr gesamtes Geld in kommerzielle Immobilien stekken in der Hoffnung, es schnell wieder herauszubekommen, bevor der Markt gesättigt ist. Bereits jetzt fehlen zweihundertfünfzigtausend Wohnungen in Berlin. Zweihunderttausend Flüchtlinge trafen dieses Jahr in Deutschland ein, und die meisten kamen durch Berlin, und viele blieben hier. Der Wohnungsmangel wird sich verstärken, wenn die Hauptstadt beginnt, hierher umzuziehen.

In Ost-Berlin befindet sich ein Großteil der Mietwohnungen ohnehin in einem so schlechten Zustand, daß man durchaus sagen kann, *jeder* benötigt eine neue Wohnung oder die Instandsetzung der Wohnung, die er hat. Die wenigen guten Wohnungen werden an Wessis vermietet oder verkauft, aus dem einfachen Grund, daß Wessis zahlen können, und Viertel wie die um den Kollwitzplatz am Prenzlauer Berg, wo die Kommunisten ein paar hübsche Straßen aus dem neunzehnten Jahrhundert restaurierten, füllen sich mit jungen West-Berlinern, und es gibt dort nun Kunstgalerien und gute Buchläden und die unvermeidlichen Punk-Cafés, deren Spezialität schwarzes Leder und vegetarische belegte Brote sind. Die Kids aus Kreuzberg begannen gleich nach dem Fall der Mauer, sich am Prenzlauer Berg einzunisten – die Losung war, daß die Szene dort »reiner« und »authentischer« sei –, wenn auch zumindest der Kollwitzplatz nie ein gemütlicher Arbeiterbezirk gewesen ist, wie die Kommunisten behaupteten, sondern ein altes bürgerliches Viertel, bekannt für das Alter und die Kühle seiner Weinkeller, und eine Menge interessanter Ost-Berliner lebte hier in den Mietwohnungen, die die Stasi sich noch nicht unter den Nagel gerissen hatte. In Vierteln wie diesen lief das so, daß die lokalen Wohnungsämter – die die Wohnungen verwalteten und die Mieter aussuchten – eine Wohnung an Partei- oder Stasileute für ein paar Mark im Monat vermieteten und daß diese Leute sie dann mit Gewinn untervermieteten. Als die Mauer fiel, untervermieteten *deren* Mieter mit noch höherem Gewinn an die Westdeutschen. Nun will jeder die Wohnungen zurück. Eine Studentin, die ich kenne, sie heißt Dorothea und wohnt in West-Berlin, hütet für ein paar Freunde am Kollwitzplatz die Wohnung, wenn sie verreisen – denn wenn heutzutage jemand mit einer guten Wohnung in Ost-Berlin die Stadt verläßt, findet sich leicht ein anderer, der die Möbel auf den Bürgersteig stellt und die Wohnung selbst mit Beschlag belegt.

Die Mieten in Ost- und West-Berlin sind eigentlich stabil und steigen nur nach einer festgelegten Prozentrate über bestimmte Zeiten hinweg, doch der Berliner Senat ist dabei, die Preisbindung der Mieten im Osten und im Westen Stück für Stück aufzuheben, parallel zur Angleichung der Gehälter (zur Zeit betragen die Gehälter von Ost-Berlinern – oder, genauer gesagt, die Gehälter der Ost-Berliner in Ost-Berlin – lediglich etwa sechzig Prozent der West-Berliner Gehälter), und im vergangenen Monat haben sich die offiziellen Mieten für Wohnungen im Osten vervierfacht. Wenn der Senat die Anpassung abgeschlossen hat, werden Wohnungen im Osten etwa das Zehnfache dessen kosten, was Ost-Berliner jetzt für sie bezahlen. Ladenmieten werden sogar noch mehr steigen. Das bedeutet, daß Leute im Osten *und* im Westen, die normalerweise vielleicht umziehen würden – in eine andere Wohnung, in die Vororte, in eine andere Stadt –, auf den Wohnungen sitzen, die sie mieten oder die ihnen gehören oder die sie kontrollieren, da sie wissen, daß sie in einer kleinen Weile mit ihnen Geld machen können. Dorotheas Vermieter in West-Berlin finanziert seine Ausbildung in Saarbrücken mit der Miete, die Dorothea und ihre Mitbewohner ihm zahlen. Sie würde gerne umziehen. Sie meint, es wäre schön, in einem der Altbauten rund um den Kollwitzplatz zu wohnen, doch für Studenten ist die Gegend zu schick geworden – als Berlin letztes Jahr den Tag der Einheit feierte, gab die Schickeria vom Prenzlauer Berg eine Anti-Einheits-Party am Kollwitzplatz, zu der die Schickeria aus ganz Berlin gehen wollte, und zehntausend gingen tatsächlich hin –, und Dorothea sagt, daß es in ein paar Jahren dort nur noch »Börsenmakler und Mannequins« geben wird.

Die echten Arbeitergegenden haben eine andere »West«-Klientel. Die Aussteiger nisten sich ein. Die radikalen Studenten nisten sich ein. Die Autonomen nisten sich ein. Die Skinheads nisten sich ein. Die Straßenbanden nisten sich ein. Die einzigen Berliner Banden, die sich nicht irgendwo in Ost-Berlin einnisten, sind die türkischen Banden, denn Ost-Berlin ist zu gefährlich für sie. Wenige Ost-Berliner hatten je einen Türken zu Gesicht bekommen, bevor die Mauer fiel, doch sie müssen gehört haben, daß die West-Berliner Türken nicht mögen, denn sie erklärten es zu einem Kennzeichen ihrer Kultiviertheit, sie gleichfalls nicht zu mögen. Bei den Umfragen, die Wessis unentwegt in Ost-

Berlin anstellen, rangieren die Türken an erster Stelle der Leute, die die Ost-Berliner »am meisten hassen« (betrachtet man allerdings die Bedingungen, unter denen ihre eigenen vietnamesischen Wanderarbeiter zu leben gezwungen sind, und die Verwirrtheit und Verlorenheit dieser Arbeiter, kann man mit einiger Sicherheit vermuten, daß die Umfrageergebnisse nicht der Wahrheit entsprechen). Die jungen Türken haben, da sie klug sind, ihre Unterschlüpfe in Neukölln und Kreuzberg beibehalten, wo sie eigentlich hilfsbereite und angenehme Nachbarn sind.

Es gibt eine Menge leerstehender Häuser in Ost-Berlin. Einige der frühen Sozialsiedlungen – die scheußlichen Plattenbauten entlang der Karl-Marz-Allee, die östlich des Alexanderplaztes verläuft – stehen leer, weil die Wohnungsbehörden, die sie verwalten, die explodierenden Mieten abwarten, die mit der Hauptstadt kommen werden. In einigen der kleineren Gebäude sind nur drei oder vier von zwanzig oder dreißig Wohnungen vermietet. Ost-Berliner reden viel über den Markt, doch sie haben nicht viel mit der Sozialbindung am Hut. Leute in Ost-Berlin werden reich, indem sie sich als »Kapitalisten« verhalten, wie es die Wessis sind. Sie spekulieren auf die Wohnung ihres Nachbarn. Sie verkaufen gefälschte Versicherungen und wertlose Aktien. Geschäftemacher ziehen durch die Flure der Charité – dem größten Ost-Berliner Hospital – und verlangen von den Patienten Geld für den Transport im Krankenwagen, mit dem sie hierher gebracht wurden, und die Patienten bezahlen, denn schwierige Patienten pflegten unter dem alten Regime nach einer Operation aufzuwachen und zu entdecken, daß jemand ihre Niere entfernt und sie den Familien des Politbüros zur Transplantation zur Verfügung gestellt hatte. Nun haben die Ost-Berliner Angst vor den Wessis, und sie haben Angst voreinander. Sie haben Angst, ihren Arbeitsplatz zu verlieren, Angst, ihre Wohnungen nicht mehr bezahlen zu können,

Angst, ihren Kindern kein »West«-Leben bieten zu können. Das ist nicht nur ein Problem der Armen. Bis zum Ende des Jahres werden drei Viertel der Wissenschaftler an der Ost-Berliner Akademie der Wissenschaften entlassen sein. Die meisten Professoren und Dozenten der Humboldt Universität sind bereits entlassen. Sie wurden wegen Inkompetenz gefeuert – das Argument lautete, daß sie nicht so qualifiziert seien wie die West-Berliner Professoren und daß ihre Studenten leiden würden –, und nach einem Jahr Gnadenfrist waren alle guten Professoren und Dozenten weg und nur die schrecklichen waren geblieben. West-Berliner Studenten, die von sich selbst immer meinten, daß sie im Vergleich zu den anderen westdeutschen Studenten mehr an geistigen Dingen interessiert seien, klagen nun darüber, daß an der Universität nur noch von Geld gesprochen werde. Sie sagen, daß Studenten aus Ost-Berlin in ihre Seminare kommen und in der ersten Reihe in »umweltfreundlichen« handgestrickten Pullovern sitzen und jeden in ihrem schrecklichen Dialekt unterbrechen, und nachdem sie ihre Innerlichkeit zur Schau gestellt haben, indem sie über ernsthafte Dinge reden, wollen sie wissen, wie man vorankommt, wie man mit dem, was sie lernen, reich wird, wie man andere aus dem Feld schlägt, selbst wenn das Thema gerade die Lyrik der Renaissance oder analytische Philosophie ist. In der Hauptsache wollen sie wissen, wie sie mit der Wohnung ihrer Großmutter ein Geschäft machen können. Immobilien sind die einzige Währung, die sie besitzen.

Vor dem Fall der Mauer war Ost-Berlin wie Moskau eine geschlossene Stadt mit begrenztem Zugang. Ohne Genehmigung konnte man nicht dorthin ziehen, und wenn man sie bekam, dann besaß man einen bestimmten Status in der DDR. Die Einladung nach Berlin trug den Genehmigungsstempel der Partei oder der Stasi oder der wichtigen Forschungsinstitute oder der Regierungsbehörden, und wenn der Arbeitsplatz gut war, spielte es keine so große Rolle, ob man in einer Sozialsiedlung wohnte oder kein Telefon hatte oder ob die Wohnung voller Schimmel war. Für die Ost-Berliner kam es nicht als Überraschung, daß dreißig Prozent der Menschen in Marzahn, der schlimmsten der Sozialsiedlungen – die Deutschen nennen sie »Schlafstädte« –, letztes Jahr für die Kommunisten stimmten oder daß die Stellvertretende Bürgermeisterin von Berlin, eine Pharmakologin namens Christina Bergmann, die sich als Sozialdemokratin zur Wahl stellte, von ihrer Wohnung in Hellersdorf, einer der anderen Schlafstädte, voller Stolz sprach. Ungefähr vierhundertfünfzigtausend Menschen leben in den Siedlungen von Marzahn, Hellersdorf und Hohenschönhausen, und das Durchschnittsalter liegt bei dreiundzwanzig Jahren. Marzahn wurde 1976 erbaut, und ist nach jedem westlichen Maßstab bereits ein Slum – es soll dort mehr Banden und mehr Kriminalität geben als irgendwo sonst in der Stadt. Dem Fremden fällt es schwer, zwischen Marzahn und Hellersdorf, das erst acht Jahre alt ist, einen großen Unterschied zu sehen, doch die Berliner sehen ihn. Die Leute in Hellersdorf verbinden mit dem Ort immer noch das Gefühl einer gewissen Privilegiertheit, und sie hängen Blumenkästen an ihre Fenstersimse und Balkongeländer, und wenn sie das Bargeld dafur haben, statten sie ihre winzigen Wohnungen mit westdeutschen Stereoanlagen und Fernsehgeräten und komplizierten Bausatzmöbeln aus. Hellersdorf war ein Slum, der als Vorzeigeobjekt geplant war, die Straßen jedoch sind Gassen, und einige von ihnen wurden nie gepflastert, und es ist für die meisten Leute immer noch unmöglich, ein Telefon zu bekommen.

Eines der Probleme der Stadtplaner in Berlin – und ein Grund, warum so wenig Bauunternehmer etwas mit dem Ost-Berliner Wohnungsbau zu tun haben wollen – ist die Frage, was man mit Siedlungen wie Marzahn und

Hellersdorf anfangen soll, mit ihrer erschütternden Zusammenballung von Menschen. Es wäre billiger, die Schlafstädte niederzureißen und von vorne anzufangen, als sie zu renovieren und instandzusetzen, doch keiner weiß, wo man in der Zwischenzeit eine halbe Million Berliner unterbringen soll, und selbst wenn es irgendeinen Ort *gäbe*, an dem man sie unterbringen könnte, wäre die Politik der Umsiedlung in Berlin gewagt. Die Planer beim Stadtforum – die Kommission, die eingesetzt wurde, um bei der Vereinigung der beiden Berlin und bei der Konzeption der Hauptstadt beratend mitzuwirken – wollen die vorhandenen Wohnungen instandsetzen, damit die Leute dort bleiben können, wo sie leben und wo sie Freunde haben und Nachbarn und Spielkameraden für ihre Kinder, doch es ist eine Sache, ein solides Gebäude zu restaurieren, das die Bombenangriffe der Alliierten und sechsundvierzig Jahre Vernachlässigung überlebt hat, und eine andere, sich an Siedlungen zu wagen, die erst ein paar Jahre alt sind und die von vorneherein so billig und so schlecht gebaut wurden, daß sie bereits zusammenfallen. Eine große Zahl privater Wohnungen in Ost-Berlin wird nun instandgesetzt – Häuser, die sich in Familienbesitz befanden, die geerbt wurden oder auf die privater Anspruch erhoben wurde, als die Regierung wechselte, oder Miethäuser, die von ihren alten Besitzern übernommen oder von der Treuhand verkauft wurden. Den Leuten, die im Osten echte Privilegien besaßen – Stasioffiziere, Parteifunktionäre, genehme Maler und Intellektuelle und Künstler –, war es sehr oft gestattet, das Haus der Familie zu behalten oder sich in eine der Arbeiterwohnungsbaugenossenschaften einzukaufen, die vom Staat verwaltet wurde. Doch auch für sie gab es nie besonders viele Häuser, da fünfundvierzig Prozent des »alten« Berlin bei den Bombenangriffen zerstört wurden und alles, was seither an Solidem entstand, in West-Berlin gebaut wurde.

Im Jahre 1927 entwickelte ein radikaler deutscher Architekt namens Ludwig Hilbersheimer einen Plan zur Erschaffung eines »neuen« Berlin, der vorsah, die gesamte Innenstadt abzureißen und von vorne anzufangen. In modernistischen Kreisen war der Plan berühmt – wie Corbusiers *plan voisin* für die Pariser Innenstadt –, und überall sonst, wo Leute über Architektur redeten, war er berüchtigt, denn die frühen Modernisten wie Hilbersheimer und Corbusier glaubten, man könne sozialen Wandel buchstäblich »herbeibauen«, indem man das soziale Umfeld beherrschte und es den Werten und Verhaltensweisen entsprechend umgestaltete, die man für wünschenswert hielt. Die Kritiker bezeichneten (auf Corbusier zielend) diese Pläne als ein »trojanisches Pferd des Bolschewismus«, doch in Wirklichkeit zogen sie überall dort Ideologen der Linken *und* Rechten an, wo der Staat die Menschen in den Städten kontrollieren wollte, wie und wo sie lebten, denn die willkürliche und chaotische Ausdehnung der Städte – die Mischung in den Städten – hat immer soziale Berührungen und politische Ansichten hervorgebracht, die eher anarchisch als untertänig waren. Die Pläne führten zu Brasilia und den sozialistischen neuen Städten von Frankreich und Schweden. Sie führten zu der faschistischen Wunschvorstellung von der Gesellschaft als einem *Gesamtkunstwerk* und zu Albert Speers »Germania«. Sie fuhrten zu ein paar Generationen von Nachkriegs-Stadtplanern, die es recht gut meinten, indem sie glaubten, sie könnten menschliche Zufriedenheit auf Blaupausen und Abwasserkarten und demographischen Schautafeln entwerfen, und zu ein paar Generationen von Immobilienspekulanten, die ein respektables utilitaristisches Verkaufsargument benötigten, um ihre ausbeuterischen Machenschaften zu vertuschen. Hilbersheimer kam nie dazu, Berlin dem Erdboden gleichzumachen. Der Krieg tat es für ihn, und die Mauer erhielt diesen Zustand, und die Ironie daran ist, daß Berlin jetzt Planung *braucht*. Es gibt im Osten nicht viel von dem, was Stadtplaner Infrastruktur nennen – das heißt, keine Infrastruktur, die westlichen Maßstäben genügt. Die Stadt muß in Ost-Berlin Hauptversorgungsleitungen verlegen und Hunderttausende von Telefonen installieren (im Augenblick gelingt es niemandem in West-Berlin, den Bürgermeister und den deutschen Bundespräsidenten eingeschlossen, eine Verbindung nach Ost-Berlin zu bekommen), und die Nachfrage nach Leitungen ist so gewaltig, daß der Bundestag eventuell gezwungen sein wird, Berlin vom Fernmeldemonopol auszunehmen und das Telefonsystem an private Gesellschaften zu verkaufen. Die Stadt muß Straßen bauen, um den Verkehr von Hunderttausenden neuer Autos zu bewältigen. Die Stadt muß die beiden Berlins mit einem zusammenhängenden öffentlichen Transportsystem verbinden und dafür sorgen, daß Kinder zur Schule, Erwachsene zur Arbeit und Patienten ins Krankenhaus gelangen können. Die Stadt muß die Stromleitungen und die Gasleitungen und die Abwasserrohre verbinden, und nun, da der Osten zum Westen gehört, muß die Stadt auch eine Lösung für die Entsorgung des Berliner Mülls finden, denn in den alten Tagen bezahlte West-Berlin einfach Ost-Berlin dafür, daß es ihm seinen Müll abnahm, und Ost-Berlin verfrachtete ihn nach Brandenburg. Die Stadt muß dieses neue Berlin mit dem Umland verbinden, denn augenblicklich hört West-Berlin auf, wo die Mauer stand, und Ost-Berlin hört, da es eine geschlossene Stadt war, an den Stadtgrenzen auf und verwandelt sich abrupt in Wiesen.

Berlin braucht all dies jetzt – damit die Berliner sich in ihrer vereinigten Stadt einleben können, damit sich der Rhythmus eines normalen Alltags- und Wirtschaftslebens entwickeln kann. Die Entscheidung, die Regierung hierher zu verlegen, hat alles zum Stillstand gebracht, was in dem neuen Berlin »natürlich« war. Selbst die hiesigen Berlin-Befürworter – die Leute, die sagen, daß Bonn ein Treibhaus war und daß die Politiker in Bonn Gesetze für das Leben in Deutschland gemacht haben, ohne über wirkliche Erfahrungen mit dem Leben in Deutschland zu verfügen – räumen ein, daß die Verlegung der Regierung nach Berlin einen einzigartigen offenen Zustand beendet hat, doch sie räumen gleichfalls ein, daß es viel weniger Geld für diesen Zustand gegeben hätte, wenn die Regierung sich entschieden hätte, zu Hause zu bleiben.

Einige Leute haben lange vor der Hauptstadtabstimmung im Juni angefangen, Berlin zu »planen«. Im letzten Januar baten das Deutsche Architekturmuseum in Frankfurt und die *Frankfurter Allgemeine Zeitung* siebzehn Architekten (lediglich ein paar von ihnen waren Deutsche), sich das neue Berlin auszumalen, und im März wurde eine Ausstellung ihrer Pläne und Modelle mit dem Titel »Berlin morgen« eröffnet. Die Ergebnisse lösten weder die hiesigen Abwasserprobleme noch bekamen sie das Problem in den Griff, ob Berlin einen Zentralbahnhof mit speichenförmig angelegten Trassen haben sollte, die die Leute aus der Stadt befördern, oder einen Ring von Bahnhöfen mit Zweiglinien, die die Leute in die Stadt bringen. Das Kollektiv eines Architekten aus Wien mit dem Namen Coop Himmelblau wollte, daß die Mitte Berlins wie Kinderbauklötze aussieht. Zaha Hadid, der aus Baghdad stammt, wollte Berlin rot und braun anmalen. Giorgio Grassi, der italienische Architekt, wollte Berlin in eine Op-Art-Erfahrung verwandeln, indem er Fenstermuster über die ganze Stadt verteilte, und Jean Nouvel, der französische Architekt, wollte Berlin sozusagen semiologisch verbinden, indem er Dinge wie »Beschütze mich vor was« und »Bürgerbewegungs-Agit« auf die Gebäude schrieb. Während die Grundstücksspekulanten ihre Geschäfte mit der Treuhand machten und die Architekten phantasierten, versuchte das Stadtforum zwischen den Bürgergruppen und den Regierungsgruppen und den Interessengruppen und den Geschäftsgruppen zu vermitteln und ein paar Ideen zu entwickeln, wie Berlin tatsächlich aussehen könnte und wie es wachsen würde und in welche Richtung und wo eigentlich das Zentrum der Stadt liegen würde, ganz zu schweigen davon, wo Deutschlands Regierung wohnen würde.

Das Stadtforum wurde von Volker Hassemer zusammengestellt, dem Senator für Stadtentwicklung und Umwelt in Berlin. Hassemer war vorher Kultursenator. Er machte sich einen Namen mit seiner Werbung für Berlin als kulturellem Zentrum (und durch den Ankauf von Talent für Berlin). Er war ein wildentschlossener Berlin-Befürworter in der Hauptstadtkampagne. Sein Plan sah vor, das Zentrum der Regierung auf der Museumsinsel in der Spree anzulegen – der Insel, auf der Unter den Linden auf den Marx-Engels-Platz trifft und wo immer noch einige der großen öffentlichen Gebäude aus dem neoklassischen Berlin des neunzehnten Jahrhunderts stehen, zum Beispiel die Nationalgalerie oder das Pergamonmuseum –, und wenn es auch sehr unwahrscheinlich ist, daß Kohl in das Pergamonmuseum zieht, galt Hassemer doch in Bonn als jemand, der Kohls Berlinambitionen verstand. Im April rief er einige lokale Stadtplaner und Architekten zusammen, die sich zuvor auf informeller Ebene getroffen hatten, um über Berlin zu reden, und schließlich formte er eine Gruppe aus sechzig Experten, Interessenvertretern und Politikern, die sich ein paar Mal im Monat beraten und ihm Empfehlungen geben sollen. Die Gruppe trifft sich nun in einem alten Versicherungsgebäude in West-Berlin und verfügt über eine »Werkbank«, wie Hassemer es nennt, mit jungen Stadtplanern, die recherchieren und Statistiken zusammenstellen, doch es gibt nicht viel, worüber sich die Experten und Anwälte und Politiker einig sind. Die Verkehrsfachleute wollen aus der Leipziger Straße eine sechsspurige Schnellstraße machen, und die Planer – viele von ihnen sind Schüler von Helga Fassbinder, der Stadtplanerin, die bei der Sanierung Rotterdams beratend tätig war und die im Vorstand des Stadtforums sitzt und versucht, die Verkehrsleute zu einer »holländischen Solidarität mit der Natur« zu bekehren – wollen Nachbarschaften entstehen lassen, wo Menschen leben und arbeiten, und die Immobilienleute wollen die Traufhöhe in der Stadtmitte von vier auf neun Stockwerke erhöhen (die Alliierten haben sie wegen des Luftverkehrs auf siebzig Meter festgelegt), und die Geschäftsleute wollen Parkplätze unter dem Potsdamer Platz errichten, und die Politiker, die davon reden, »das Herz Deutschlands in das Herz Berlins« zu stellen, wollen die besten Grundstücke für ihre Büros. Es existieren bereits so viele Daten über das neue Berlin, daß die einzige Person mit einer Vorstellung davon *wieviel*, eine junge Frau ist, die an der Freien Universität in Vergleichender Religionswissenschaft promoviert und sich ihren Lebensunterhalt am Computer des Stadtforums verdient, und es schwirrt so viel modische Theorie über »die Idee von Berlin« durch die Luft, daß Hassemer schließlich Jacques Derrida und Wim Wenders einlud, zu der Diskussion beizutragen.

Hassemer möchte ein glamouröses Berlin – eine seiner Ideen zur Lösung des Berliner Wohnungsproblems bestand darin, die achtzehntausend Angestellten des Bundesversicherungsanstalt kurzerhand nach Bonn zu schicken, wenn die Hauptstadt hierher verlegt wird. Doch für einen Politiker scheint er viel Verständnis für den komplizierten Charakter Berlins zu haben. Vor ein paar Jahren hielt er den Bürgermeister Eberhard Diepgen davon ab, den Palais wiederaufzubauen – es war der Prinz-Albrecht-Palais –, in dem die Gestapo ihr Hauptquartier hatte, und er erhielt die Stätte als Ruine für eine Ausstellung, die »Topographie des Terrors« hieß, und die Leute von der Linken räumten ein, daß »Hassemer gelernt hat, wie man für die Enthüllung der Wahrheit kämpft«. Er ist sicherlich so glaubwürdig in seiner

Verteidigung Berlins wie Diepgen oder irgendein anderer der Christdemokraten, die die Stadt in einer sehr berlinerischen Koalition mit den Sozialdemokraten regieren. Berliner Politiker sind nicht gerade für Brillanz oder Charisma bekannt. Die Guten wurden gewöhnlich aus der Bundesrepublik hierher geschickt, um Zeit für ihre Partei abzusitzen, und wenn sie Erfolg hatten wie Brandt und von Weizsäcker und Hans-Jochen Vogel, dann gingen sie in der Regel wieder zurück nach Bonn. Hassemer blieb. Er war nicht brillant, doch er war eine Ausnahmegestalt in einer Stadt, wo die Lokalpolitiker provinziell, wenn nicht korrupt waren, und die Bürgermeister im Rhythmus der Immobilien- und Bauskandale kamen und gingen. Hassemers Enthusiasmus für die Stadt und vielleicht sein arroganter Stolz auf die Stadt hielten ihn sauber.

Viele Proteste gab es hier, als der Potsdamer Platz an Daimler Benz verkauft wurde – Leute, die gegen den Verkauf opponieren, sagen »verschenkt«. (Faktisch bekam Daimler den Platz von der Potsdamer Straße bis zur Eichhornstraße, und Sony Europa, die Kaufhauskette Hertie und der Elektronikkonzern Asea-Brown-Boveri teilten sich den Rest.) Hassemer versuchte, die Protestler zu besänftigen, indem er Daimler und die anderen Investoren dazu überredete, ihren Architekten Richard Rogers ein Projekt für den Potsdamer Platz entwerfen zu lassen, das sie *und* die Berliner glücklich machen sollte, doch das Stadtforum plante einen Wettbewerb für den Platz und hatte Rahmenbedingungen entworfen, die ein bestimmtes Verhältnis von privaten zu öffentlichen Transportmitteln, von Büro- zu Wohnflächen beinhalteten, und Daimler hatte erklärt, Rogers' Entwurf stehe außerhalb des Wettbewerbs und damit außerhalb der Rahmenbedingungen des Wettbewerbs. In Wirklichkeit tat er das schon allein deshalb, weil Daimler dafür bezahlt hatte. Hassemer sagt heute, daß der Entwurf nie verbindlich sein sollte, daß man mit ihm nur die Diskussion über das Viertel habe eröffnen wollen, um die »Idee von Berlin« zu stimulieren. Doch die Stadtforumleute waren wütend, und es spielte für sie keine Rolle, daß Rogers' Plan trotz all seiner Probleme schön war oder daß er zwei Drittel des Platzes in einen öffentlichen Park verwandelte oder daß Rogers selbst ihn »einen Platz für Menschen« nannte. Als alle Entwürfe eingegangen waren, wählten sie das Modell für den Potsdamer Platz von einem Münchner Architekten-Gespann namens Heinz Hillmer und Christoph Sattler, das einige Berliner an das trojanische Pferd des Bolschewismus erinnerte und andere an etwas, das Speer hätte einreichen können. Es war in der Tat vor allem häßlich. Daimler und die anderen Investoren bezeichneten es als »provinziell« und »medioker« und »eine Schande« und drohten damit, ihr Geld aus dem Projekt zu ziehen, wenn dem nicht der Plan, für den sie bezahlt hatten, zugrunde gelegt werde. Edzard Reuter sagte, daß Berlin schließlich nicht Posemuckel sei – Posemuckel ist hier, was bei uns Podunk ist –, sondern »die deutsche Metropole in Europa«.

Hardt-Waltherr Hämer ist einer von sechs Architekten, die im Ausschuß für »kreative Kontrolle« des Stadtforums sitzen. Er ist ein alter West-Berliner Radikaler, der seine eigenen Büros in einer verkommenen Kreuzberger Kleiderfabrik baute, die die Stadt gerade abreißen wollte, und dann bedrohte und beschwatzte er die Stadt, bis sie bereit war, den Abbruch der anderen alten Kreuzberger Mietskasernen zu stoppen – in ihnen befanden sich zum Teil Fabriken und zum Teil die Wohnungen der Arbeiter – und sie statt dessen instandzusetzen und dabei der recht exzentrischen Versammlung von Hausbesetzern, Künstlern, Studenten, Punks, türkischen Einwanderern und alten Kreuzberger Arbeiterfamilien, die in ihnen wohnten, ein großes Mitspracherecht einzuräumen und sie in manchen Fällen die Instandsetzung sogar durchführen zu lassen. Im Augenblick ist er für ein Stadtprojekt verantwortlich, das er selbst eine »Schritt-für-Schritt-Erneuerung« nennt und das dreißigtausend Kreuzberger Wohnungen und fünfzigtausend Tiergartenwohnungen umfaßt und im Osten hunderttausend Wohnungen am »echten Prenzlauer Berg«, der elendig arm ist.

Hämer war einer der Architekten, die den Verkauf an Daimler-Benz mißbilligten. Er meinte, den interessantesten Teil der Stadt an einen Konzern zu geben, der soviel seines Geldes mit der Produktion von Waffen verdient, setze von vorneherein ein katastrophales »Zeichen für Berlin«, und dieses Zeichen werde noch schlechter, wenn die »Übersetzung« zwischen der Stadt und ihren Investoren im Scheckbuch der Investoren stattfinde. Er sagt, daß die Auszahlung von Geldern für Projekte wie sein eigenes am Prenzlauer Berg, deren Absicht es ist, »den Wert dauerhafter Nutzung« zu erhalten und die den Menschen zu einem Zeitpunkt, da Arbeitsplätze in Berlin rar sind, die Gelegenheit geben wollen, an ihren eigenen Wohnungen und in ihren eigenen Vierteln zu arbeiten – und sie vielleicht sogar davon abhalten, Luftschlössern in Westdeutschland hinterherzujagen –, sich verzögert hat, weil Bonn in Wirklichkeit nur an Projekten mit »traditionellen Investoren« interessiert ist, womit er nicht Nachbarn mit Zeit zum Arbeiten meint, sondern zahlungskräftige Konzerne wie Daimler-Benz. Hämer weiß, daß die Macht des westdeutschen Kapitals, Berlin wiederaufzubauen, den Ost-Berlinern helfen wird – vor allem angesichts des Elends in Ost-Berlin und der Sehnsucht der Ost-Berliner nach Wandel. Doch er weiß ebenfalls, daß das diesen Ost-Berlinern nicht unbedingt helfen wird, über ihr Leben und ihre Rolle in der Stadt in einer prozessualen Art nachzudenken, auf die »Schritt für Schritt«-Weise, die er und seine Freundin Helga Fassbinder bewundern, und daß eine blindwütige Ausbeutung Ost-Berlins, ob man sie nun »Kolonialismus« oder »Eroberung« oder »den Wilden Westen im Osten« nennt (er nennt es am liebsten »zwei kollidierende Kontinentalplatten«), eine substantielle, wenn nicht unheilvolle Auswirkung auf die Mentalität eines jeden hier haben wird.

Die Wahrheit ist, daß weder die subventionierte Stadtinsel West-Berlin noch die subventionierte kommunistische Stadt Ost-Berlin je echte Erfahrungen mit Risikoinvestitionen oder den freubeuterischen Kräften des Marktes gemacht hat. Keine der beiden Seiten versteht wirklich, was mit der Stadt zur Zeit geschieht, oder wie verschieden sie von anderen westlichen Städten ist, oder warum es, mit der Treuhand als größter Vermieterin in Ost-Berlin und der Stadt selbst als zweitgrößter, kein Wunder ist, daß Investoren nicht besonders daran interessiert sind, die Menschen, die hier leben, zu Rate zu ziehen oder mit ihnen zu kooperieren. Der Auftrag der Treuhand besteht in der Privatisierung und nichts anderem. Sie ist juristisch nichts und niemandem verantwortlich außer ihrem Aufsichtsrat und ihren Bilanzen, und sie unterliegt nicht den üblichen Kontrollmechanismen und Machtbalancen westdeutscher Fertigungsbetriebe – die Tarifverträge haben und Arbeitervertreter, die im Aufsichtsrat sitzen, und die Teil eines sorgfältig austarierten Arrangements zwischen Arbeit und Kapital sind, das die Wachstumsraten sichert und den ökonomischen Rahmenbedingungen Westdeutschlands genügt.

Christina Bergmann, die stellvertretende Bürgermeisterin, ist die Berliner Senatorin für Arbeit und Frauen – das heißt, daß sie die Senatorin ist, die sich im Notfall mit der Treuhand auseinandersetzen muß. Bis zum Fall der Mauer hatte sie nie etwas mit Politik zu tun. Sie ist zweiundfünfzig und sagt, daß es jedem ihres Alters in Ost-Berlin schwer fiel, einem Politiker zu trauen, und einer Frau fiel es vielleicht noch schwerer, denn eine Frau in Ost-Berlin zu sein, das war als ob »einem jemand einen dicken Daumen auf den Kopf drückte, sobald man versuchte, sich aufzurichten«. Doch sie wollte etwas tun. Sie trat der SPD bei, »wegen der Ostpolitik und Willy Brandt«, und kam auf die sozialdemokratische Liste und schnitt zu ihrer großen Überraschung bei den hiesigen Wahlen gut ab. Diepgen brauchte als Stellvertreter einen Ost-Berliner *und* einen Sozialdemokraten, und er gab Frau Bergmann den Posten. Sie ist eine von drei Frauen im Senat – allesamt Sozialdemokratinnen –, und eine ihrer ständigen Beschwerden über die Treuhand ist, daß Frauen immer als erste gefeuert werden, wenn die Treuhand Arbeiter entläßt oder den Betrieb an jemanden verkauft, der sie entläßt. Sie hat bei den Verhandlungen der Treuhand keine Stimme; die Treuhand ist eine Gesellschaft des Bundes, und lokale Politiker haben ihr gegenüber keine Befugnisse. Wenn Frau Bergmann Informationen über einen bevorstehenden Geschäftsabschluß erhält, geht sie zur Treuhand und verlangt die Pläne und Verträge und »verhandelt« auf die einzige Art, die ihr möglich ist – indem sie mit öffentlichen Aktionen dagegen droht.

Hämer sagt, daß die Korruption bei der Treuhand sich nicht mehr messen läßt – »jenseits jeglicher Kontrolle« –, und Frau Bergmann hat damit einige Erfahrung gemacht. Als Klingbeil die Glühbirnenfabrik kaufen wollte, versuchte sie, die Investoren dazu zu bringen, die Arbeitsplätze zu garantieren, und verlor. Dann versuchte sie, sie dazu zu bewegen, ein paar hundert zusätzliche Arbeiter zur »Umschulung« zu behalten, wofür die Regierung die Gehälter zahlen würde, und verlor. Ostdeutsche Politiker und besonders Neulinge wie Frau Bergmann, besitzen nicht die Kontakte im Westen oder die notwendigen einzuklagenden Gefälligkeiten, die es ihnen erlauben würden, bei dieser Sorte von Verhandlungen gleichberechtigt zu operieren. Berlin-Zyniker würden sagen, daß das der Grund war, warum sie den Posten überhaupt bekam, doch am Ende hat sie gewonnen.

Lediglich vierzigtausend Arbeiter werden in Ost-Berlin für neue Aufgaben umgeschult. Ungefähr dreißigtausend weitere sollen in öffentliche »Umwelt«-Programme gehen und werden voraussichtlich dafür ausgebildet werden, Häuser instandzusetzen, Bäume zu pflanzen und Umweltverschmutzung zu beseitigen, wobei Berlin die Programme organisiert und Bonn sie aus Bundessteuergeldern bezahlt. Jeder in Westdeutschland mußte dieses Jahr zusätzliche Steuern von sieben Prozent zahlen, um für die Kosten der Vereinigung aufzukommen, und jeder bezahlte einen Sonderzuschlag von fünfundzwanzig Pfennig auf jeden Liter Benzin und Heizöl. Politiker der Linken wollen, daß ein Teil dieses Geldes für Arbeitsbeschaffungsmaßnahmen verwendet wird, etwa in der Größenordnung der »Work Projects Administration« im Amerika der Wirtschaftsdepression – sie reden davon, auf diese Weise vierhundertfünfzigtausend Arbeitsplätze in Ostdeutschland zu schaffen –, doch die Konservativen, die das Land regieren, wenden ein, daß öffentliche Arbeitsbeschaffungsmaßnahmen »gegen die Ethik des freien Marktes« verstoßen, ganz egal wie sehr Ostdeutschland, das in gefährlichem Maße verseucht ist, sie benötigt oder will. In Berlin pflegte jeder, der gegen die Ethik des freien Marktes war, ein Kommunist zu sein; heute heißt es, daß er besorgt ist.

Eines der schönsten Gebäude in Ost-Berlin ist ein Jahrhundertwendehaus an der Ecke Behren- und Glinkastraße, nur ein paar Schritte von der Komischen Oper entfernt. Es hat Bogenfenster, die von zarten kannelierten Säulen umrahmt werden, einen Steinadler, der aus seiner abgerundeten Nische hervorstarrt, und einen dicken, crèmefarbenen Anstrich, der es aus den umliegenden grauen Steinbauten heraushebt. Die Stasi, die das Gebäude dazu benutzte, die Botschaften und Konsulate in der Nachbarschaft auszuspionieren, restaurierte es 1988. (Der Polizist, der es nun bewacht, sagt, daß das das letzte war, was die Stasi in Ostdeutschland tat.) Heute arbeiten dort zwanzig Ost- und West-Berliner für einen Mann namens Joachim Gauck, einen lutherischen Pastor von bemerkenswerter Willensstärke, der in den Monaten vor der Vereinigung Deutschlands mitgeholfen hat, die Stasi aufzulösen, und der nun die nicht gerade beneidenswerte Aufgabe übernommen hat, ihre Akten zu sortieren, so daß vier Millionen Ostdeutsche und zwei Millionen Westdeutsche nachlesen können, was ihre Freunde und Nachbarn über sie der Geheimpolizei erzählten.

Die Stasi-Akten dürften wohl die gefährlichsten und schädlichsten Dokumente in Ostdeutschland sein. Michael Zabel ist ein West-Berliner Jurist, der ehedem für den Berliner Datenschutzbeauftragten tätig war und nun für Pastor Gauck arbeitet und die Abteilung leitet, die die Akten dann tatsächlich für die Leute freigeben wird, die in ihnen erwähnt werden, und er sagt, daß so viele Ostdeutsche so viel über andere Ostdeutsche zu Protokoll gegeben haben, daß allein in Berlin achtzig Kilometer Stasi-Akten stehen und weitere einhundertzwanzig Kilometer in den fünfzehn Distrikthauptquartieren der Stasi. Die Regierung rechnet damit, daß dreitausend Leute benötigt werden, nur um die Stasi-Akten zu bewachen, wenn sie ab Januar den Stasi-Opfern zugänglich sein werden. Bereits jetzt werden sie von zweitausend Leuten bewacht.

Im Winter 1989, direkt nach dem Fall der Mauer, besetzten Ostdeutsche die Stasi-Büros in ganz Ostdeutschland, und als die Stasi-Leute flohen, nahmen sie mit, was sie tragen konnten – in der Regel Akten, in denen sie selbst vorkamen, oder Akten über wichtige neue ostdeutsche Politiker, die verkauft oder als Erpressungsmaterial verwendet werden konnten. Die Informationen, die sie besaßen, waren so etwas wie eine harte Währung. Mit ihr konnte man D-Mark kaufen. Mit ihr konnte man Protektion kaufen. Jeder wollte sie. Die Presse wollte sie – Magazine wie *Spiegel* und *Stern* kauften der Stasi so viele Akten ab, daß ein Jahr lang jede Woche ein »Unbelasteter« aus Ostdeutschland am Zeitungsstand als Stasi-Agent oder Informant entlarvt wurde. Bonn wollte sie – und bekam *seine* Akten vom ostdeutschen Innenminister Peter-Michael Diestel. So viele Leute wollten aus den Stasi-Akten Nutzen ziehen und stahlen oder verkauften oder zerstörten Stasi-Akten oder tauschten sie gegen Protektion ein, daß ein schokkierter Maler des Neuen Forums tatsächlich mit den Erfurter Akten verschwand und gelegentlich verlauten ließ, daß er die Akten so lange in Sicherheit verwahrt halten werde, bis es den Opfern der Stasi freistand, sie zu lesen.

Für seine Ansicht sprach einiges, denn es gab Monate im Herbst 1989 und Winter 1990, da konnten Leute in ostdeutschen Städten schnurstracks in eine besetzte Stasi-Zentrale marschieren, dort einen Freund ausfindig machen und mit den Akten, die sie suchten, wieder hinausspazieren. Nach und nach wurden die Akten geschlossen, und die meisten Diebstähle hörten auf, obwohl letztes Jahr in das Berliner Lager eingebrochen wurde – die Akten sind in der hiesigen Stasi-Zentrale aufbewahrt, in blauen und orangefarbenen Ordnern –, und die Wachen sagen, daß die einzig sicheren Akten wohl die in Cottbus sind, die sich in einem Bunker in der Mitte eines Waldes befinden. Eines der Probleme der Gauck-Behörde geht darauf zurück, daß Erich Mielke, der Stasi-Chef, Computer nicht mochte. Er war ein alter Mann – zweiundachtzig als die Mauer fiel – und sagte, er sei zu alt für Computer. Als die Ost-Berliner seine Zentrale hier übernahmen, waren die einzigen computerisierten Akten, die sie vorfanden, die zentralen Kodierungsschlüssel und die Personalakten der Stasi über ihre Offiziere, Agenten und Informanten, und diese Akten waren auf BASF-Disketten und in Programmen abgespeichert, die sich Mielke anscheinend mit einer Busladung voller politischer Gefangener von Westdeutschland erkauft hat. Die sechs Millionen »Opfer«-Akten, die diese Offiziere, Agenten und Informanten produziert hatten, lagerten über ganz Ostdeutschland verteilt in ihren Ordnern.

Joachim Lass war einer der Ost-Berliner, die die Stasi-Zentrale besetzten. Er ist ein netter Mann mittleren Alters aus Hellersdorf, und als die Mauer fiel, hatte er einen erträglichen Job beim ostdeutschen Arbeitsministerium, doch sein Amt war von der Stasi infiltriert, und am ersten Tag der Besetzung verließ er seine Arbeitsstelle und ging »aus Neugier« in die Stasi-Zentrale in der Normannenstraße und sah die Verhörzimmer und die Zellen und die Rufe nach »Hilfe!«, die in die Wände gekratzt waren, und an diesem Tag trat er dem Berliner Bürgerkommittee bei und meldete sich freiwillig zur Besetzung. Er sagt heute, daß die Probleme mit den Stasi-Akten an dem Tag begannen, als klar wurde, daß niemand in dem Gebäude, nicht einmal die Stasi-Offiziere, die die Akten bewachten, irgend etwas von den tollen westdeutschen Computerprogrammen mit den Kodierungsschlüsseln und den Personalakten verstand. Das Bürgerkommittee verstand nichts davon, und der Runde Tisch – Leute aus der Regierung und von den Parteien, vom Neuen Forum und den anderen Bürgerrechtsgruppen, die Ost-Berlin damals mehr oder weniger regierten – verstand nichts davon. Sie fingen an, mit der Stasi zu verhandeln, und zum Schluß – es dauerte drei Monate, weil die Stasi sich zunächst weigerte, über die Disketten zu sprechen, solange nicht ein Verantwortlicher Immunität vor strafrechtlicher Verfolgung zusicherte – trafen sie eine Abmachung, derzufolge die Stasi im Austausch gegen die Offenlegung der Kodierungsschlüssel ihre eigenen Personalakten zerstören durfte.

Diese Abmachung kam in Ostdeutschland nicht gerade gut an. Die meisten Ostdeutschen wären sicher der

Meinung von Lass gewesen, der alle Akten gerettet sehen wollte, ob sie je jemand lesen konnte oder nicht, und der die Besetzung aufgab, nachdem er erfahren hatte, was geschehen war. Die Ostdeutschen hatten nun ihre Ordner und die Kodierungsschlüssel, mit deren Hilfe sie sortiert werden konnten, aber es gab keine Übereinkunft darüber, wie sie verwendet werden sollten oder wer sie zu sehen bekommen sollte, und nach der Vereinigung schloß Bonn die Akten, bis der Bundestag ein Gesetz über die Zugangsbedingungen entwerfen konnte. Es war jedoch in keinster Weise möglich, undichte Stellen zu stopfen oder den Schaden zu verhindern, den sie anrichteten, die Zusammenbrüche und Selbstmorde, die sie verursachten. Zwei Männer in der Gauck-Behörde ließen das Gerücht durchsickern, demzufolge Lothar de Maizière ein bezahlter Stasi-Informant gewesen sei. De Maizière war von April 1990 bis zur Vereinigung im Dezember der christdemokratische Ministerpräsident Ostdeutschlands, und zu dem Zeitpunkt, als das Gerücht gestreut wurde, kandidierte er für einen Sitz im Bundestag, und es stand fest, daß er ihn gewinnen würde. Die Männer, die den Inhalt seiner Akte hatten durchsickern lassen, wurden entlassen, doch niemand bei der Gauck-Behörde widerrief die Geschichte, und nach dem Wahlkampf ging das Gerücht um, de Maizière habe sich schon sehr früh Protektion in Bonn erkauft, indem er selbst Informationen durchsikkern ließ.

Einige Deutsche wollten, daß das Schicksal der Stasi-Akten in die Hände der fünf neuen Länder gelegt wurde. Sie waren der Ansicht, daß die Akten eine Angelegenheit Ostdeutschlands seien und daß nur Ostdeutsche wissen konnten, was sie bedeuteten und wen sie verletzen würden und daß sie, als Opfer *und* Informanten untereinander alleine klar kommen müßten. Das andere Argument war ein formales. Die Leute, die die Akten unter Bundesgesetz gestellt haben wollten, sagten, bei der Stasi habe es sich um eine Staatspolizei gehandelt und sie fiele unter die Verantwortung des Staates in seiner jetzigen Form – das heißt des vereinten deutschen Staates, der von Bonn aus regiert wird und zu drei Vierteln »westlich« ist. Sie vertraten die Meinung, daß es ordentliche und einheitliche Gesetze über den Zugang geben solle, und sagten, daß die Westdeutschen ohnehin die einzigen Leute im Land seien, die etwas von der Anwendung der Gesetze verstünden, von juristischen Prozeduren und ordentlichen Verfahren – was unglücklicherweise der Wahrheit entsprach.

Hans-Jürgen Garstka, ein westdeutscher Jurist, der das hiesige Datenschutzamt leitet, erzählte mir, daß er nach einem Jahr Erfahrung mit Ostdeutschen gerade begonnen habe zu verstehen, wie schwer es ihnen fällt, das Gesetz als einen Schutz zu betrachten. Er sagt, sie wurden so lange bis in jedes Detail ihres Lebens hinein kontrolliert, daß sie das Gesetz nun ebenfalls als eine Form der »Kontrolle« ansehen, etwas, das notwendigerweise gegen sie gerichtet ist. »Das Herz fließt ihnen über, aber sie haben kein Gefühl für Rechtsstaatlichkeit«, sagt Garstka, »und in ihren Händen bricht das Recht zusammen.« Noch immer rufen Ost-Berliner ihre Freunde in den Stasi-Archiven an und verlangen zu wissen, ob jemand über sie, sagen wir 1975, etwas zu Protokoll gegeben hat und wer diese Person war und wo sie sie finden können, und wenn die West-Berliner ihnen sagen, daß sie nicht so einfach anrufen sollten – daß sie warten sollten, bis ein Gesetz verabschiedet wird, damit *jeder* anrufen kann –, dann denken die Ost-Berliner, daß die West-Berliner wie Polizisten reden.

Aus ihren Akten werden die Ostdeutschen das erfahren: Sie werden erfahren, ob es ein Freund war oder ein Nachbar oder ein Kollege oder ein Verwandter, der der Stasi erzählte, daß sie Feinde des Sozialismus seien, und wer dieser Freund war – der Freund, der ihren Arbeitsplatz wollte, oder der Freund, der ihre Wohnung wollte, oder der Freund, der sie einfach nicht leiden konnte – und wessen genau er sie beschuldigte, und ob er dafür bekam, was er wollte. Sie werden erfahren, was ihre Ehemänner und Frauen und Kinder über sie erzählten oder, genauer gesagt, was die Stasi behauptete, daß es ihre Ehemänner und Frauen und Kinder erzählten. Sie werden erfahren, warum der schwarze Passat ein Jahr lang vor ihrem Haus parkte oder warum sie angeklagt und für zehn Jahre als Subversive ins Gefängnis gesteckt wurden. Man nimmt an, daß sie dabei allmählich ihr eigenes Leben ein bißchen besser verstehen werden.

Zunächst bezweifelten viele, daß Ostdeutschland die Öffnung der Stasi-Akten überstehen könnte. Sie glaubten, das bißchen Gemeinschaft, das Deutsche im Osten hatten, werde sich auflösen, wenn sie voneinander das Schlimmste erfahren würden und erkennen, wie gedankenlos der Verrat meistens geschehen war. Einer meiner Berliner Freunde sagt: »Stell dir das vor. Du setzt dich hin, du liest, was deine Tochter über dich gesagt hat, du liest, was *ich* über dich gesagt habe. Du möchtest ein Messer nehmen und uns umbringen. Doch was haben wir in Wirklichkeit gesagt? Und auf welche unaussprechliche Weise gelangte die Stasi zu dieser Information? Wie kannst du wissen, was die Wahrheit ist?« Mein Freund gehörte zu den Leuten, die die Akten verbrennen wollten oder sie in einem Tresor für andere, stärkere Generationen verschließen oder sie gar ignorieren, so wie die Polen die Verbrechen ihrer Geheimpolizei ignoriert haben. Er hatte Angst, weil so viele, die verraten worden waren, nach Rache verlangten.

Keinem, der an den Stasi-Akten gearbeitet hat oder etwas von den Stasi-Akten versteht, fiel es leicht zu entscheiden, wie die gesetzlichen Bestimmungen aussehen sollten oder wie der Zugang geregelt werden sollte. Spiros Simitis, der westdeutsche Berater der Kommission von Pastor Gauck, war zunächst skeptisch, doch er beschloß schließlich, die Leute müßten Zugang bekommen, weil sie ihn so entschlossen wollten. Er sagt, dabei werde nichts Gutes herauskommen, außer vielleicht, daß die Deutschen erkennen werden, wie abstoßend das ganze System war – wie ein jeder am Ende log. Die Agenten logen. Die Informanten logen. Sie erfanden Geschichten, um mehr Geld zu kriegen, oder um Lügen über *sich selbst* auszuräumen, und jeder wurde beschmutzt, jeder wurde beschädigt. Vertreter bürgerlicher Freiheitsrechte wie Professor Simitis sind jetzt mehr besorgt über den Zugang, den die Regierung erlangt, weil die Regierung in der Lage sein wird, von den Stasi-Akten unter Berufung auf die »nationale Sicherheit« Gebrauch zu machen – ein Begriff, dessen Definition Regierungen gerne sehr weit fassen, wenn es ihren Interessen dient. Professor Simitis vertritt den Standpunkt, daß Information, die mit »illegalen und unzulässigen Mitteln« erlangt wurde, logischerweise illegale und unzulässige Information ist. Es erfüllt ihn mit Unbehagen, daß deutsche Geheimdienste – und in der Folge viele andere Geheimdienste – die Akten benutzen werden, ebenso Staatsanwälte und die Polizei, der es erlaubt sein wird, im Zuge polizeilicher Ermittlungen Zugang zu den Informationen zu verlangen. Angehörige der Stasi können nun lediglich für das verfolgt werden, was die Deutschen »gewöhnliche Verbrechen« nennen, für Folter und Mord und – darüber gibt es einige Diskussion – Spionage. Als die Staatsanwälte nach verfolgbaren gewöhnlichen Verbrechen suchten, in die Erich Mielke verwickelt war, stießen sie auf nichts, was mit dem Terror zu tun hatte, mit dem Mielke so viele Jahre lang Ostdeutschland überzog, sondern auf die Unterschlagung von Stasi-Geldern und die Ermordung von zwei Polizisten im Jahre 1931.

Der Berliner Philosoph Ernst Tugendhat wuchs in Mies van der Rohes berühmtem Tugendhat-Haus in Brno auf.

Er floh, als der »Anschluß« kam, lebte in Venezuela, studierte in Amerika und kam 1949 nach Westdeutschland. Und er sagt, das beste am Leben in Deutschland in den vergangenen vierzig Jahren sei gewesen, daß »wir sagen mußten: ›Ich bin ein Bürger der Bundesrepublik.‹ Wir konnten nicht sagen: ›Ich bin Deutscher.‹« Er reist nun wieder ab, mit einem Gefühl der Traurigkeit und mit ein wenig Erleichterung, und ein Grund für die Erleichterung hat damit zu tun, daß er nicht Zeuge sein möchte für das, was er die »Annexion« der DDR nennt. Er findet die Deutschen im Augenblick nicht sehr bewundernswert. Er sagt, daß Detlev Rohwedder Besuchern der Treuhand zu erzählen pflegte: »Ich habe so-und-so-viele Kollegen und so-und-so-viele Ossis«, und daß Erich Böhme, der vom *Spiegel* kam, um die alte kommunistische Tageszeitung *Berliner Zeitung* zu übernehmen, *seinen* Besuchern erzählt: »Ich habe Wessis und Ossis, die am selben Schreibtisch sitzen und dieselbe Arbeit tun, und die Ossis bekommen das halbe Gehalt.« Tugendhats eigene Kollegen an der Freien Universität fürchteten so sehr, daß zu viele Ossis in ihre Seminare kommen könnten, das sie etwas einführten, was auf einen »ostdeutschen Numerus Clausus« hinausläuft. Professor Tugendhat stimmt es traurig, daß die westdeutschen Intellektuellen sich vierzig Jahre lang für die Probleme Deutschlands engagierten – sie äußerten ihre Meinung, schrieben etwas, erregten sich, zeichneten Petitionen, organisierten Proteste und taten, was sie konnten, um das zu animieren, was sie für ein demokratisches »europäisches« Bewußtsein hielten –, doch nun ist dieses »enorme Ding« passiert, und alles, was die meisten von ihnen tun, scheint sich darin zu erschöpfen, zurückzutreten und zuzusehen, perplex, unfähig, etwas beizutragen. Tugendhat sagt, er kann die paar aufzählen, die etwas beigetragen haben. Spiros Simitis meldete sich zu Wort. Jürgen Habermas meldete sich zu Wort – er wollte, daß die beiden Deutschlands gemeinsam eine

Verfassung schrieben und schauten, welche Geschichte sie teilten oder teilen wollten und *dann* entschieden, ob sie sich vereinigen wollten. Günter Grass meldete sich zu Wort – er sagte, daß er gegen die Vereinigung sei, denn Auschwitz spreche schon gegen ein Recht auf Selbstbestimmung und erst recht gegen ein starkes, vereinigtes Deutschland. Doch er hatte sich in Kalkutta aufgehalten und ist vielleicht seinem Karma begegnet, denn als er nach Hause kam, ist er ausgestiegen und hat Berlin verlassen und ist nach Schleswig-Holstein gegangen, wo seine nächsten Nachbarn Kühe sind. Viele der anderen bedeutenden westdeutschen Intellektuellen haben sich überhaupt nie zu Wort gemeldet, außer um über die Verwirrung zu spekulieren. Tugendhat sagt, daß es ihnen vielleicht unmöglich war, viel zu sagen. Der Osten verlangte die Vereinigung, und es gab keinen Weg, die haarsträubenden Unterschiede zwischen Ost und West zu verhindern oder zu leugnen. Tugendhat erinnert sich daran, wie einer der besten Philosophen der Humboldt Universität zu einem Vortrag an die Freie Universität kam, und zehn Minuten nach Beginn seines Vortrags waren sämtliche westlichen Philosophen eingeschlafen. Was Tugendhat beunruhigt, ist der Umstand, daß es keine *Vorstellungskraft* mehr gibt, um solche Begegnungen zu erleichtern oder die Demütigung zu beenden.

Zu Beginn galt es unter West-Berlinern noch als schick, einen – wie die Szene hier sagt – Vorzeige-Ossi zu haben, mit dem man durch die Gegend ziehen und angeben konnte. Jetzt beklagen sich die West-Berliner, daß die Ost-Berliner passiv sind und keine Anstrengung unternehmen, *sie* kennenzulernen; die Ost-Berliner beklagen sich, weil die West-Berliner ihnen das Gefühl geben, sie seien arme Touristen in einem fremden Land, falls diese Wessis nicht die »bösen« dreisten Wessis sind, die mit einem Ossi Geschäfte machen. Soviel Verdacht und Verbitterung und Mißtrauen herrscht zwischen Ost-

und West-Berlinern, daß manchmal die einzige Gemeinsamkeit das ist, was Wiglaf Droste ihren »bellenden, unhöflichen Berlin-Chauvinismus« nennt. Droste sagt, daß er vor dem Fall der Mauer dachte: Wir haben genug Faschisten hier, wir brauchen nicht noch mehr. Nun ist die Lage so unangenehm, daß er eine »nette, friedliche Atmosphäre« in Berlin nur noch spürt, wenn er um vier Uhr morgens vom Schlesischen Tor aus nach Schöneberg spaziert. Er sagt, daß die berühmte Szene verschwunden sei, weil es sich bei den Leute, aus denen sie sich zusammensetzte, entweder um übriggebliebene Radikale handelt, die immer noch davon reden, daß das Recht des Proletariats erhalten werden müsse, ein Leben ohne Wasserspülung zu »wählen«, oder um übriggebliebene Punks, die wie die alte SA klingen und für Saddam Hussein demonstrieren und dabei schreien: »Die Juden sind schuld.« Und die Szene im Osten, glaubt man Wiglaf, ist nicht viel besser, weil die Leute *dort* entweder zu naiv sind – lange Bärte und »Der Mensch ist gut« und Gott statt Politik – oder zu zornig, um klar zu denken und um sich professionell zu verhalten und zu versuchen, ihr Leben weiterzuleben. In Ost-Berlin gibt es jetzt fernmündliche Hilfsangebote, die Wut-Telefone heißen, wo die Leute anrufen und hineinschreien, daß sie die Wessis hassen, daß sie die Regierung hassen, die sie gewählt haben, daß sie die Dinge hassen, die nie funktionieren, das Telefon eingeschlossen, das in der Mitte ihres Anrufs plötzlich tot ist. Es gibt »Wut-Zeitungen« wie das Boulevardblatt namens *Super!*, das täglich fünfhunderttausend Exemplare in den fünf neuen Ländern verkauft und Geschichten groß herausstellt wie jene über einen »aufschneiderischen Wessi«, der in Bernau mit einer Bierflasche totgeschlagen wurde; sie erschien mit der Schlagzeile »Ganz Bernau freut sich«.

Die Wahrheit ist, daß Ost- und West-Berlin für ein paar Generationen wohl nicht sehr viel miteinander zu reden haben werden. Tilo sagt, einer seiner West-Berliner Freunde, der eine Schauspieltruppe in Ost-Berlin leitet, habe ihm erzählt, es sei einfacher, in Frankreich oder Italien zu arbeiten als mit seiner ostdeutschen Truppe, weil »die Schauspieler, die offen sind, nichts können, und diejenigen, die was können, dicht gemacht haben und in ihren Wohnungen sitzen und arbeiten und nie in die Welt hinausgehen«. Wolf Jobst Siedler sagt, daß es mit *seinen* Kollegen in Ost-Berlin noch schlimmer sei, denn sie sind fünfzig oder sechzig Jahre alt und sprechen buchstäblich eine andere Sprache, wenn es um die Welt geht – sie wissen nicht, wie sie ein lokales Blatt wie die *Tageszeitung* lesen sollen, geschweige denn eine echte europäische Zeitung –, und das macht eine Unterhaltung unmöglich. West-Berliner sprechen viel über Sprache, wenn sie über Ost-Berliner sprechen. Brigitte Hammer, die hier in einem Museum arbeitet, sagte neulich, daß die Zusammenarbeit mit den Kuratoren in Ost-Berlin unmöglich sei, »weil du sprichst dieselbe Sprache und meinst etwas ganz anderes – und der Unterschied fängt bei dem Wort ›Kunst‹ an«. Frau Hammer erzählt die Geschichte, wie sie versucht hat, eine Ausstellung über Berliner Kunst, Ost und West, zusammenzustellen. Ost-Berlin sollte fünfundsiebzig Gemälde schicken, und West-Berlin sollte fünfundsiebzig Gemälde schicken. Der Unterschied war, daß die West-Berliner Jury einen Wettbewerb veranstaltete, zweihundertachtzig Einsendungen erhielt und *dann* die Gemälde aussuchte, wohingegen die Ost-Berliner Jury eine Liste mit sechzig Malern von der staatlichen Künstlervereinigung erstellte und diese Liste überreichte, und das war's.

Meine Freundin Dorothea spielt Flöte, und manchmal spielt sie mit einem jungen Ost-Berliner Pianisten, der in der Nähe der Frankfurter Allee wohnt. Als sie das erste Mal zum Üben in seine Wohnung fuhr, dachte sie, es sei die seiner Mutter oder Großmutter, da alles voll fürchterlicher romantischer Gemälde und falscher Biedermeiermöbel war, und auf dem Tisch lag eine braune Tischdecke. Er war jedoch stolz auf seine Wohnung. Ihm war es sehr wichtig, daß er eine schöne Wohnung hatte, die er seiner Wessi-Flötistin zeigen konnte, und Dorothea sagt, daß an ihrer Freundschaft für sie das schwierigste war zu akzeptieren, daß »schön« für ihn etwas ganz anderes bedeutete als für sie – oder wahrscheinlich für jeden anderen West-Berliner Studenten – und daß selbst Musik für ihn etwas anderes bedeutete, denn er spielt nur Bach, und Dorothea und ihre West-Berliner Freunde interessiert es, die neuen französischen Komponisten auszuprobieren, die für Synthesizer schreiben. Sie fragt sich oft, wie sich wohl ein Ostdeutscher fühlt, der wie ihr Freund so hart gearbeitet hat, um in einem schrecklichen System etwas aus sich zu machen, und dann plötzlich herausfindet, daß alles in seinem Leben, von seinem Musikgeschmack bis zu seinem Geschmack für Tischtücher, einem anderen System »angepaßt« werden muß. Viele Leute hier fragen sich das. Hans-Jürgen Garstka, der vierundvierzig ist, fragte mich: »Was kann ich bloß zu einem Ost-Berliner Wissenschaftler sagen, der nach jahrelangen Versuchen endlich eine Reiseerlaubnis erhalten hat und für sein Labor ein altes Stück westlicher Ausrüstung kauft und ein Jahr damit verbringt, es zu reparieren, und stolz darauf ist – und dann kommen Wissenschaftler aus dem Westen und sagen: ›Diese ostdeutsche Forschung ist lächerlich‹, und sein Labor wird geschlossen.« Das Problem ist, daß er wirklich gar nichts dazu sagen kann.

In der Nacht, in der sich Deutschland vereinigte, veranstaltete der Schauspieler Hanns Zischler eine Lesung in seiner Wohnung in Charlottenburg, ganz in der Nähe der Paris Bar. Er lud einige West-Berliner Freunde ein, und seine West-Berliner Freunde brachten Ost-Berliner Freunde mit, und um Mitternacht – »beim ersten Schlag

›Deutschlands‹«, sagt Zischler – waren alle mit dem Abendessen fertig und saßen im Wohnzimmer im Kreis, und er las laut aus Goethes »Das Märchen«. Der Augenblick war so unwirklich, sagt er, und so außergewöhnlich, er wußte, daß er nicht auf »normale deutsche Art« verstanden werden konnte, und er »klammerte sich an Goethe« in dem Versuch, ihn zu erklären. Die Ostdeutschen dachten, sie wären zu einer Party gekommen. Es war ihre erste »West-Party«, und als sie sich hinsetzen mußten und sich Literatur anhören, waren sie gelangweilt und ein wenig verunsichert, doch letzten Endes, sagt Zischler, »akzeptierten sie, was man vielleicht den Subtext nennen könnte – der bedeutete, daß dieses enorme, unverständliche Ereignis, diese plötzliche Metamorphose Deutschlands, nichts war, das irgendeiner von uns, Ost-Berliner oder West-Berliner, meistern konnte.« Zischler veranstaltet oft Lesungen in seiner Wohnung – sie gehören zur Berliner Szene, und die Leute lassen sich gerne einladen. Dieses Mal wußte er nicht, was er lesen sollte. Er hatte überlegt, etwas Politisches auszusuchen, doch schließlich entschied er sich für Goethes »Märchen« – weil es ihm schien, daß die Anwesenheit so vieler Ost-Berliner im Wohnzimmer einer Charlottenburger Wohnung auf ihre Art ebenso phantastisch war, wie die Lilien und Irrlichter und sprechenden Blumenkohlköpfe, die Goethes Geschichte bevölkern. Er und seine Freunde hörten das Pfeifen des Nachtzuges, der zum Bahnhof Zoo fuhr, und sie wußten, daß er auf seinem Weg in Richtung Osten zum erstenmal in über vierzig Jahren nicht an einem Grenzübergang anhalten oder Grenzbeamte aufnehmen würde. Niemand wußte, was er sagen sollte, und so lauschten sie weiter Goethe.

November 1991

Die Stasi auf dem Prenzlauer Berg

Wolf Biermann ist ein folksinger – oder wie man auf Deutsch sagt: ein *Liedermacher*. Als junger Mann in Ost-Berlin wurde er der Bob Dylan der Deutschen Demokratischen Republik genannt. Er kam mit seiner Gitarre zum Alexanderplatz und sang traurige, sehr persönliche Protestsongs, die eigentlich Gedichte waren und von Deutschland handelten, von so einfachen und unmöglichen Dingen wie Wahrheit und Frieden, die so schwer zu finden seien – und Tausende von Ost-Berlinern kamen, um ihm zuzuhören. Biermann auf dem Alexanderplatz, dachten sie, das sei wie ein Auftritt von Dylan in Berkeley während des Vietnamkriegs – wobei in ihrem Fall allerdings die Polizei kam, die Konzerte abbrach und manchmal einige hundert Jugendliche verhaftete und sie ins Gefängnis steckte, wo sie dann einige kalte Nächte selbstkritisch nachdenken konnten. Normalerweise wurde Biermann auch festgenommen. Die Polizei wußte nicht, was sie mit diesem Liedermacher anfangen sollte, der behauptete, ein Sozialist zu sein – so wie sie, nur ein besserer – und dann darauf bestand, daß die deutsche Vergangenheit *ihre* Vergangenheit sei, daß die Berliner Mauer *ihre* Mauer sei (und das zu einer Zeit, als alle wußten, daß Nazismus und Kalter Krieg westdeutsche Erfindungen waren) und sogar, daß ihr Sozialismus korrupt und grausam sei und nichts mit dem »wahren« Sozialismus der Dichter, Liedermacher, ökologischen Hausfrauen und friedensbewegten Pfarrer zu tun habe. Biermann war zu berühmt, als daß man ihn hätte lange einsperren können, etwa in Waldheim oder in Cottbus, wohin die politischen Häftlinge verschwanden, bis Westdeutschland sie mit harter Währung, Computeranlagen und Limousinen für das Politbüro freikaufte. Außerdem war Biermann als Dissident ganz zweckmäßig, er konnte als Symbol ostdeutscher Toleranz dienen, obgleich die Polizei es vorzog, daß er vor seinen Freunden sang, alleine und an Orten, die weniger auffällig waren als das Zentrum der ostdeutschen Hauptstadt, also in Gegenden wie am Prenzlauer Berg, wo viele Häuser immer noch vom Krieg gezeichnet waren und niemand hinging außer den Kids, die schreiben, malen oder eine Rockband gründen wollten, Kids, die allmählich aus allen Ecken Ostdeutschlands dorthin kamen und die verlassenen Häuser besetzten, bis die Behörden auftauchten und sie »Mieter« wurden und bezahlen mußten.

Die Polizei hatte schließlich von Biermann genug. Als dieser die Genehmigung beantragte, bei einem Konzert der IG Metall in Westdeutschland auftreten zu dürfen, ließ man ihn gehen. Irgendwo auf der Strecke zwischen Köln und Bochum hörte er im Autoradio, daß man ihm die ostdeutsche Staatsbürgerschaft aberkannt habe und daß er nicht zurückkehren könne. Er landete in seiner Geburtsstadt Hamburg, wo er traurige Lieder sang und traurige Gedichte über die korrumpierende Wirkung des Exils schrieb und sich Gedanken darüber machte, warum es für einen Liedermacher anscheinend so wenige freundliche »sozialistische« Alternativen zum hingebungsvollen Kampf für oder gegen den Sozialismus in Ostdeutschland gab.

Das war im November 1976. Als im November 1989 die Mauer fiel, war Wolf Biermann in Ostdeutschland ein Fremder, genauso fremd, wie er nach eigener Behauptung in Westdeutschland war. Die jungen Prenzlauer Dichter schrieben Dada – und manche glaubten, es handele sich dabei um eine Erfindung des französischen Poststrukturalismus. Die jungen Liedermacher standen auf Punk und Heavy Metal. Im Prenzlauer Berg nahm sich Wolf Biermann so folkloristisch aus wie seine Songs – ein alternder Hamburger Hippie mit einem Hängeschnäuzer, ein Klampfenschlaffi, der dann, wenn Nostalgie in Deutschland Konjunktur hatte, gelegentlich in die Hitlisten aufstieg, und der im Osten tatsächlich im Geruch stand, Millionär zu sein. Der neue *spiritus rector* der Szene im Prenzlauer Berg war der Lyriker Sascha Anderson. Er war kein sehr guter Lyriker, aber wie kein anderer trug er zu dem bei, was in Ostdeutschland unter Bohème verstanden wurde. Die Franzosen haben einen Begriff für Anderson: er war *débrouillard*, will heißen, er war gewieft, kannte sich aus und konnte das System für die eigenen Interessen nutzen. In seiner kleinen Welt hatte er einen Ruf als Organisator und Unternehmer. Er hatte die Schriftsteller, die er kannte, mit den Rockgruppen, die er kannte, bekanntgemacht und die Rockgruppen wiederum mit den Malern, und er war berühmt für die Parties, die er im Atelier seiner Freundin schmiß – Parties, bei denen die Maler ihre Bilder aufhängten, die Lyriker ihre Gedichte vorlasen, die Rockgruppen ihre Songs spielten und alle es sich gut gehen ließen und meinten, daß der Protest in Ostdeutschland tatsächlich quicklebendig sei. Er hatte im Eigendruck kleine Bücher mit Zeichnungen und Gedichten hergestellt und dafür gesorgt, daß diese Bücher im Prenzlauer Berg zirkulierten. Er hatte die Szene im Prenzlauer Berg tatkräftig gefördert, längst ehe es dort eine Szene gab, und das heißt, daß West-Berliner, die nach Untergrundliteratur in Ost-Berlin suchten, zum Prenzlauer Berg kamen, die Bücher und Zeichnungen mitnahmen, die sie dort sahen und dann die »Westkontakte« mit Galerien und Verlegern herstellten, die wiederum Geld, Textverarbeitungssysteme und Künstlerfarben hereinbrachten und – was am wichtigsten war –

die Aufmerksamkeit West-Berlins auf die Szene dort lenkten, denn diese Aufmerksamkeit war der beste Schutz für einen Künstler in Ost-Berlin. Anderson war eine beständige und geheimnisvolle Quelle für Materialnachschub, Neuigkeiten, Tonbänder und Bücher, von denen noch niemand am Prenzlauer Berg je gehört hatte.

Anderson wurde 1986 in den Westen abgeschoben, doch bis dahin hatte er es geschafft, die Lyriker im Prenzlauer Berg aus ihren Buden in den besetzten Häusern zu Veranstaltungen herauszuholen, auf denen sie Lautgedichte von Schwitters lasen, Debatten über Jacques Derrida, Jean-François Lyotard und Jean Baudrillard führten, und er hatte sie überzeugt, sie seien eine Avantgarde – sie seien nicht nur poststrukturalistisch, sondern auch post-dekonstruktionistisch und post-politisch und was nach Andersons Auffassung sonst noch jenseits der Mauer alles »post« war. Die Kinder der Polizeistaatsschulen waren poetologisch, ästhetisch und handwerklich oft gänzlich unbelastet. Der Prenzlauer Berg-Stil sah so aus, daß man nach einer von Sascha Andersons Abendveranstaltungen nach Hause ging, bis zum Morgen einige hundert Gedichte schrieb und diese dann Dada oder »City Lights« oder einfach cool nannte. Sascha war cool. Er kultivierte wie Arafat einen Dreitagebart und sah damit aus wie die Männer in amerikanischen Anzeigen für Unterwäsche, er trug einen knöchellangen Mantel, eine Nickelbrille und hatte eine blonde Stoppelhaarfrisur. Über die Unterdrückung in Ostdeutschland sprach er nie. Er schien zu sagen, perfekte Politik sei, sich völlig aus der Politik herauszuhalten, Distanziertheit sei die höchste Form des Protests, und Kunst in höchster Vollendung sei möglicherweise infantil oder unverständlich oder beides zugleich – aber Genaues wußte niemand, denn er sprach nie über das, was er dachte. Er sprach überhaupt nie von sich. Über Sascha Anderson wußte keiner etwas. Keiner wußte, warum die Staatssicherheit sich ihn nicht schon früher vorgenommen hatte, obwohl die Leute vermuteten, daß es die Stasi war, die ihn schließlich ausgewiesen hatte. Seine Freunde zuhause waren glücklich darüber, daß Sascha Anderson in West-Berlin war, wo er etwas für sie tun konnte. Er war eine Ein-Mann-Kulturagentur, die gelegentlich für Aufsehen sorgte, nichts, wie es hieß, im Vergleich zu Wolf Biermann, der in Hamburg saß und mit Traurigkeit und Gefühlen reich wurde. Es hieß auch, daß Mißhelligkeiten zwischen Biermann und Anderson bestanden und daß diese mit Literatur zu tun gehabt hätten, denn Biermann war ein altmodischer Schriftsteller – eine Art literarischer Achtundsechziger – und brachte seine Gefühle auf starke, direkte und peinliche Weise zum Ausdruck, wohingegen Anderson und seine Freunde mit Anspielungen arbeiteten, modern waren und Sachen schrieben, die niemand entschlüsseln konnte. Oder es wurde gesagt, es sei eine Frage der persönlichen Haltung gewesen, denn Biermann war nicht cool geblieben und hatte protestiert, während Anderson abgewartet, »seine Sache gemacht« und die Politik hatte Politik sein lassen. Oder es hieß, es sei eine Frage der Politik gewesen, denn Biermann, dessen Vater Jude war, wandte sich während des Golfkriegs gegen den deutschen »Pazifismus« – er sagte, gegen den Krieg zu sein, das sei wie *für* Mutterschaft einzutreten, damit könne er nichts anfangen – während Anderson natürlich niemals ein Wort über Krieg verloren hat. Aber am Ende stellte sich heraus, daß alles eine Frage des Rufs war, den einer hatte.

Im letzten Frühjahr gewann Biermann den Georg-Büchner-Preis, den bedeutendsten Literaturpreis, mit dem jährlich deutschsprachige Schriftsteller und Dichter dafür ausgezeichnet werden, daß »sie einen wichtigen Einfluß auf die Gestaltung der deutschen Gegenwartskultur ausgeübt haben«. Biermann nahm den Preis im Oktober förmlich in Darmstadt, dem Geburtsort Büchners, entgegen und hielt eine zornige Rede über die »finsteren Zeiten« in Deutschland und darüber, was ein wirklicher Sozialist wie Büchner aus den Sozialisten der DDR gemacht hätte. Diese Sozialisten hätten ihre Macht nur deshalb erhalten können, weil hunderttausend Stasileute jedermannn anhielten, seine Freunde zu bespitzeln; die Leute seien so gefügig gewesen, daß sie nie eine Arbeiterbewegung wie die »Solidarität« oder eine Bewegung wie die »Charta 77« zustande gebracht hätten. Er sagte, in der DDR habe es an Mut gemangelt. Es habe ein paar mutige Leute gegeben – er nannte einige Namen – aber am Ende habe sich herausgestellt, daß sogar die »Opposition« mit Informanten und Spitzeln der Stasi durchsetzt gewesen sei, und dann nannte er einige von diesen beim Namen. Der letzte Informant auf seiner Liste war Sascha Anderson. Er sagte nicht »Sascha Anderson«. Er sagte: »Der unbegabte Schwätzer Sascha-Arschloch, ein Stasispitzel, der immer noch cool den Musensohn spielt und hofft, daß seine Akten nie auftauchen« – denn jeder wußte, wer mit Sascha gemeint war, weil ihn jeder so nannte. Sascha hatte etwas für seinen Ruf getan. Er war *débrouillard*. Er war ein bezahlter Informant. Er war achtunddreißig und hatte seit seinem siebzehnten Lebensjahr seine Freunde ausspioniert, erst in Ost- und danach in Westdeutschland.

Es gibt Leute in Deutschland, die glauben, daß die Szene im Prenzlauer Berg eine Erfindung der Stasi war, daß es dabei vor allem um die deutsche Sprache ging – darum, die politischen Möglichkeiten und den subversiven Gebrauch des Deutschen zu kontrollieren, indem man eine Generation von Möchtegern-Biermanns nahm, sie aus ihrem Zuhause holte, zu Zusammenkünften und in die Untergrundpresse brachte, wo man sie überwachen und zum Selbstbetrug ermuntern und dann von der Politik und vom Protest ablenken konnte mit obskuren Texten und ausgefallenen ästhetischen Konzeptionen, die sie nicht verstanden, weil ihnen die Bildung oder die Erfahrung und oft einfach auch der nötige Grips fehlte. Jene Leute erinnern daran, daß Biermanns Deutsch – roh, konkret und vergleichsweise »harmlos« in Westdeutschland – in Ostdeutschland als extrem subversiv angesehen wurde, wohingegen das »wolkige, metaphorische Zeugs«, das Anderson förderte, in Ostdeutschland als harmlos galt, während man es andererseits nach westdeutschen Maßstäben sicherlich für aufregend und subversiv hielt. Man kann natürlich unmöglich wissen, ob der Stil vom Prenzlauer Berg zynisch programmiert wurde oder ob er ein Spiegelbild der offiziellen Verschleierungspropaganda war, ob er das, was Agitprop heißt, bloß kommentierte oder davor flüchtete oder ob es sich bloß um pubertäre Poesie handelte.

Adolf Endler, ein gestandener Romancier vom Prenzlauer Berg, warf Biermann nach der Büchner-Preis-Rede vor, er rede »Wehrmachtsdeutsch« (was Biermann zufolge bedeutete, daß jeder, der offen die Wahrheit sagt, ein Faschist sei und in Knobelbechern herumlaufen müsse, wie beispielsweise Luther, Brecht und Büchner); und eine mir bekannte Journalistin sagte nach der Rede tatsächlich, sie hätte Leute auf schicken Hamburger Partys sagen hören, Biermann sei »unser bester Schriftsteller seit Martin Luther«. Vielleicht befrachten Deutsche heute ihr Deutsch mit einer moralischen Aufgabe, weil sie diese Sprache in der Vergangenheit so oft mißbraucht haben, und zwar im Interesse von Dingen, die weitaus beunruhigender waren als freie Rhythmen. Der Schweizer Romancier Jürg Laederach, der sich viel in Deutschland aufhält, sagte einmal, was die deutsche Sprache so gnadenlos mache, sei – vom deutschsprachigen Basel jenseits des Rheins aus gesehen – die Tatsache, daß Deutsche »Sprachakte« benutzen könnten, um zu vernichten. Günter Grass, der mit Biermann in Darmstadt war, klagte Biermann an, er habe sich in seiner Rede der »Stasisprache« bedient, und nannte ihn

»Wolf Großinquisitor«. Ulrich Greiner, der Feuilletonchef der *Zeit* beschuldigte Biermann, er habe ohne Beweise angegriffen, weil er von »Arschlöchern« sprach, und ein anderer Journalist meinte, er verwende die Sprache eines »radikalen Achtundsechzigers in Gesundheitslatschen«. Freimut Duve, Publizist und sozialdemokratischer Bundestagsabgeordneter, sagte in der *Frankfurter Rundschau*, Biermann könne sich nicht benehmen und solle gefälligst das Preisgeld zurückgeben, das sich auf 50.000 DM belief. Und Laederach meinte, ein politischer Angriff auf den gewissermaßen poetischen Konkurrenten sei »gegen die Prinzipien des politischen Diskurses«. Sie brachten damit zum Ausdruck, daß Deutsche, die »Sprachakte« benutzen, um andere Deutsche zu attackieren, alle in Aufregung versetzten.

Der eigentliche Angriff kam natürlich von Andersons Seite. Zwar hatte er am Prenzlauer Berg Zeilen geschrieben wie »denn ich bin deine / schwester dein schoß & die zwei / gesichtige maske ohne profil alles / fassend ein topf voll chaos gelöchert / von den sozialwissenschaften«, aber die Zeilen, die er an seine Kontrolleure im einige Kilometer entfernten Stasikomplex in der Normannenstraße schrieb, die waren sachlich, nüchtern, direkt, und sie schadeten jemand. Jene Freunde, die er verriet und die bereits angefangen haben, die von Anderson über sie angefertigten Berichte durchzulesen, sagen, daß sie immer noch zumindest seine Disziplin bewunderten, daß Anderson ein gewissenhafter Informant gewesen sei. Saschas Berichte waren nie so blumig wie seine Gedichte, weder erging er sich in Vermutungen noch übertrieb er und wurde emotional, wie das in den Berichten vieler anderer Informanten vom Prenzlauer Berg der Fall ist. Seine Berichte waren geradezu von modellhafter Exaktheit und Objektivität – von der Art, wie man sie an Erstsemester in Journalistenschulen verteilt. Er hätte vielleicht Journalist werden sollen, denn was in den Zeitungen jetzt über Anderson geschrieben wird, das hat wenig mit den Fakten seines Falls zu tun, sondern das sind Überlegungen, wie die richtige Einstellung zu Anderson in Deutschland auszusehen habe. Es geht dabei um die Frage, was »gute Deutsche« und was »schlechte Deutsche« sind, und um die Frage, ob gute zu schlechten Deutschen werden, wenn sie einen wie Anderson akzeptieren, tolerieren oder entschuldigen, oder umgekehrt, wenn sie einen wie Anderson bloßstellen, ablehnen oder bestrafen.

Die deutsche Regierung hat ein Künstlerdomizil in Rom, die Villa Massimo, und vor der Büchner-Preis-Rede war Anderson eingeladen worden, dort einige Monate zu verbringen. Nach der Rede beschwerten sich einige der Autoren, die gerade in der Villa Massimo waren, und schließlich gab Anderson wiederstrebend nach und blieb zu Hause. Die *Süddeutsche Zeitung* berichtete darüber folgendermaßen: »Der als Stasi-Spitzel verdächtigte Berliner Lyriker Sascha Anderson verzichtet freiwillig auf ein Stipendium in der römischen Villa Massimo.« Biermann meinte, die Nachricht hätte eher so lauten müssen: »Der als langjähriger Spitzel entlarvte Stümper Alexander Anderson wurde durch den Protest sämtlicher Stipendiaten in der Villa Massimo gezwungen, seine vom Steuerzahler gezahlte Reise nach Rom lieber nicht anzutreten.« Anderson hätte eine dritte Version gewählt, wenn er der Normannenstraße Bericht erstattet hätte. Er hätte formuliert: »Die Villa Massimo hat eine Einladung an den Berliner Lyriker Sascha Anderson widerrufen, nachdem die im Oktober geäußerten Verdachtsmomente, er sei in Informant der Stasi gewesen, sich im Januar bestätigt haben« – denn genau das war passiert.

Eine Revolution jedenfalls hat in Ostdeutschland nicht stattgefunden. Die Leute sprechen zwar von der »Revolution«, und die Malerin Bärbel Bohley, die in der ostdeutschen Friedensbewegung aktiv war, wird manchmal als »die Mutter der Revolution« bezeichnet, doch die Mauer in Ostdeutschland brach deshalb zusammen, weil das Land buchstäblich in Stücke fiel – und das hatte sehr wenig mit den Dichtern vom Prenzlauer Berg oder mit den tausenden von politischen Häftlingen zu tun oder gar mit den Massen, die in Leipzig, Dresden und Berlin mit dem Ruf »Wir sind das Volk!« auf den Straßen marschierten. Ostdeutschland brach zusammen, weil der Staat bankrott war, weil die Industrie und die Landwirtschaft bankrott waren, weil kein Geld mehr da war und weil nur noch ein Massaker die Ostdeutschen davon hätte abhalten können, abzuhauen. Ostdeutschland war zu kostspielig und zu einer unangenehmen Belastung für Gorbatschows Perestroika geworden, weshalb Gorbatschow die DDR gerne im Austausch für einundzwanzig Milliarden Dollar von Helmut Kohl sausen ließ, der Ostdeutschland für sich haben wollte.

Wolf Biermann sagte in Darmstadt, für ihn habe die Parole »Wir sind das Volk!« weniger mit den Demonstranten von 1989 zu tun gehabt als mit dem empörten Mob in »Dantons Tod«, dem Theaterstück, das Büchner 1835 über den Terror in Frankreich geschrieben hatte. Dieser Hinweis war aufschlußreich, denn in Deutschland wurde gewöhnlich dann *das Volk* beschworen, wenn die Rechtlosigkeit zum Gesetz erhoben wurde – also wenn ungefähr das passierte, was die meisten Ostdeutschen in den letzten sechzig Jahren erlebten. Die Revolution in Ostdeutschland war nicht wie die friedliche Revolution der Tschechen oder die monetäre Revolution der Ungarn oder gar wie die Arbeiterrevolution der Polen. Man kann sagen, die Deutschen folgten einfach der Anordnung, nun frei zu sein. Hansjörg Geiger, ein westdeutscher Jurist in der Gauck-Behörde, der den Auftrag hat, vier Millionen Ostdeutschen und zwei Millionen Westdeutschen Zugang zu den Berichten zu ermöglichen, die Informanten wie Sascha Anderson über sie angefertigt haben, sagt, er wünsche sich manchmal, die DDR hätte ein Jahr länger bestanden und die Wirtschaft wäre *total* zusammengebrochen, denn dann wären die Ostdeutschen von diesem Revolutionsmythos befreit worden. Nach seiner Auffassung haben sich die meisten Ostdeutschen gefügt oder sie haben mitgemacht – was nicht heißt, daß sie glücklich oder mit ihrem Leben zufrieden waren. Was sie am Ende zuwegebrachten, das war die Möglichkeit, Ostdeutschland verlassen zu können, es ging nicht um eine Reform oder einen Neuaufbau des Landes.

Niemand kann sagen, wieviele Ostdeutsche tatsächlich als Informanten der Stasi tätig waren; die Stasi war auch ohne Spitzel riesig und im Verhältnis zur Bevölkerung gesehen um ein Vielfaches größer als die Gestapo. Sehr viele Informanten hatten mehrere Decknamen, und bislang konnten nur rund dreitausend Stasiopfer ihre Akten einsehen und jene Decknamen dem Mann oder der Frau zuordnen, der oder die beispielsweise am Abend des 12. Feburar 1979 zu einer Partie Schach oder auf ein Bier vorbeigekommen war. Die Schätzungen belaufen sich jetzt auf dreihunderttausend Informanten, was heißt, daß wahrscheinlich die ganzen letzten vierzig Jahre über zu jeder Tages- und Nachtzeit mindestens einer von fünfzig Ostdeutschen über den Rest berichtet hat. Dabei produzierten sie achtundachtzig Millionen Seiten Mikrofilm, und die Aktenbestände sind so gewaltig, daß die Mitarbeiter in Geigers Behörde – die Deutschen nennen sie Gauck-Behörde – die Ausmaße in Kilometern beschreiben: rund neunzig Kilometer Akten in Ost-Berlin, einhundertzwanzig Kilometer Akten in den fünfzehn Bezirksverwaltungen der Stasi. Allein über Wolf Biermann gibt es eine Akte, die sechsunddreißigtausend Blatt enthält (und eine Menge Geschichten wie die über zwei Stasibeamte, die ihre Arbeitszeit damit zubrachten, Biermanns Hamburger Wohnung abzuhören und sich darüber beschwerten, daß Biermann immer die »Goldberg-Variationen« anhörte). Nach Geigers Ausführungen galten die literarischen Informanten, verglichen beispielsweise mit den Informanten in Krankenhäusern oder Fabriken, wahrscheinlich als weniger verläßlich, sie waren phantasievoller und neigten zu Übertreibungen. Dies könnte, so Geiger, der Grund sein, warum so viele über diesselben Personen berichteten. Anscheinend gibt es sechshundert Namen in der Akte über die Schriftstellerin Christa Wolf, und das heißt, daß nahezu jeder, den Christa Wolf kannte, entweder von Informanten bespitzelt wurde oder selbst ein Informant war.

Sascha Anderson erhielt seine Decknamen in Dresden, wo er anfing, und diese Namen waren alles andere als aufregend. David Menzer lautete der erste, dann kam Fritz Müller und dann noch Peters, und soweit man weiß, waren dies die Decknamen, die er beibehielt. Das interessanteste Detail aus Andersons Vereinbarungen mit der Stasi in Dresden ist die Tatsache, daß er und seine Kontrolloffiziere, ein Major Heimann und ein Oberst Reuter, ihre jeweiligen Nachrichten in den Ausgabeschacht eines Kondomautomaten klebten, der sich in der Toilette eines Cafés befand, das Anderson und seine Freunde aus der Dresdener Kunstszene immer besuchten. Vielleicht wollte Anderson den Tatbestand der Kollaboration hervorheben, indem er so gewöhnliche deutsche Namen wie Müller und Peters auswählte, doch manche der Namen, die Informanten sich gaben oder die Kontrolloffiziere für sie auswählten, waren geradezu genial. Leitz überwachte jeden. Pegasus flog, denn er überwachte Leute in der Friedensbewegung, und die fuhren immer zu ihren Treffen. Matisse überwachte Maler. Hölderlin überwachte natürlich die Dichter auf dem Prenzlauer Berg – und dies macht die Theorie ziemlich glaubwürdig, derzufolge die Stasi genau wußte, was sie tat, als sie die Bücher auswählte, die Informanten wie Anderson in Umlauf brachten.

Einige Leute sind der Ansicht, daß die Stasi bis zum Fall der Mauer genau gewußt hat, was sie tat, daß nicht allein der Prenzlauer Berg, sondern sogar die Revolution selbst von der Stasi gewissermaßen mitproduziert, wenn nicht ausgeheckt wurde, denn die Stasi sah die kommenden Veränderungen besser als irgend jemand sonst, und sie wollte dabei etwas für sich herausholen. Dem Autor Henryk Broder wird gemeinhin die »Theorie der Stasirevolution« zugeschrieben. Broder ist ein polnischer Jude, der in Deutschland arbeitet. Seiner These zufolge hat die Stasi, als sie 1986 ein Papier über das Ende der kommunistischen DDR vorgelegt hat, die »Revolution« in Gang gesetzt. »Sie sprangen auf den fahrenden Zug und führten sich wie die Schaffner auf«, sagt er. Sie wurden »fortschrittlich«. Sie plazierten ihre Informanten dabei so, daß sie die Revolution entweder vermeiden, und wenn dies nicht funktionieren sollte, kontrollieren und zu ihrer eigenen Sache machen konnten, wodurch sie sich selbst – wie Mafiosi, die sich neue Namen und Gesichter verschaffen – in respektable und einflußreiche deutsche Neubürger verwandeln konnten. Drei Jahre später führten sie die Wahllisten an, lenkten die Unternehmen, die zum Verkauf anstanden und leiteten sogar ganz unverhüllt die Bürgerkomitees, welche die berüchtigten Akten in den Stasizentralen bis zur Vereinigung der beiden deutschen Staaten »schützten«. Die Stasi ist eigentlich nicht das Arbeitsgebiet Broders (in jüngster Zeit beschäftigte er sich mit der Geschichte des Jüdischen Kulturbundes in Deutschland zwischen 1933 und 1941). Aber er wurde vom Wirbel um die deutsche Vereinigung eingeholt und störte sich dann, wie er das nennt, am »theologischen« Charakter der Vereinigungsdebatten. Er entdeckte, daß viele Deutsche eine biblische Vorstellung von Geschichte hatten und die Teilung Deutschlands als »Strafe Gottes für Auschwitz« begriffen; Günter Grass beispielsweise wiederholte regelmäßig, es könne nach Auschwitz kein »Deutschland« mehr geben. Doch Broder glaubt weder an göttliche Strafen noch an kollektive Schuld. Seiner Auffassung nach müßten Deutsche, die beginnen, den Holocaust als Maßstab zu benutzen, Deutschland in eine endlose Anzahl von »Deutschländern« aufteilen. Broder glaubt, die Deutschen würden dann anfangen, sich wieder als Opfer zu fühlen und die Juden wieder dafür verantwortlich machen – was tatsächlich in einigen dieser Diskussionen passierte. Und deshalb begann er, sich mit der Stasi zu beschäftigen, die jeden zum Opfer machte; dabei entdeckte er, daß eine ganze Reihe von Opfern selbst zur Stasi gehörten.

Bei dreihunderttausend Informanten war die Stasi nicht bloß das Spiegelbild Ostdeutschlands, sie war viel eher das Land selbst. Sie beschäftigte oder beteiligte so viele Ostdeutsche, daß man ruhig unterstellen darf, daß es sich dabei um eine sehr unterschiedlich zusammengesetzte Gesellschaft handelte, daß viele sich auf die Demokratie oder den Kapitalismus freuten oder sogar darauf, nicht mehr bei der Stasi zu sein. Die Stasi war überall, und die Stasi war praktisch jeder. In jeder Kirche gab es Leute der Stasi, in jedem Landwirtschaftsbetrieb, in jeder Fabrik, in jedem Krankenhaus, in jeder Schule, in jeder Wohnsiedlung und in jeder Partei, die sozusagen ehrenamtlich ins kommunistische Parlament einziehen durfte. Man wußte, wer die Agenten und Offiziere der Stasi waren, und sehr oft wußte oder vermutete man auch, wer die Informanten waren, man akzeptierte sie, oder genauer gesagt, man ging eine angeblich problemlose Vernunftehe mit ihnen ein, hielt sich an die Spielregeln einer solchen Ehe und gewöhnte sich daran, daß diese Leute da waren. Ich habe die »hauseigenen Stasileute« in Schweinezucht-Genossenschaften, Chemiefabriken und schönen protestantischen Backsteinkirchen getroffen, und letzten Monat habe ich mit einem Philosophen der Humboldt-Universität angenehm zu Abend gegessen, der den Dekan seiner Fakultät bespitzelt hatte. Nach dem Fall der Mauer offenbarte er sich, wurde gefeuert und dann wieder eingestellt, als herauskam, daß fast alle anderen an der Humboldt-Universität sich so verhalten hatten wie er. Jetzt freut er sich auf Amerika, wo er ein Semester lang unterrichten wird, denn dort gebe es, wie er sagte, noch marxistische Philosophen wie ihn, mit denen man sprechen könne.

Eigentlich weiß keiner in Deutschland, was man mit so vielen Informanten machen soll. Eine Menge Informanten versichert, sie hätten niemandem Schaden zugefügt. Wenn jeder jeden bespitzelt habe, so argumentieren sie, dann habe es in Ostdeutschland auch keine vertraulichen Nachrichten und schon gar keine geheimen Informationen gegeben; vom Standpunkt der Sicherheit oder der Einschüchterung aus gesehen, sei die Stasi mit »all den Erkenntnissen« für den Staat nicht nützlicher gewesen als eine Stasi ohne Informationen; die ganzen Erkenntnisse seien ja auf eine Art Desinformation hinausgelaufen. Gegen diese Argumentation sprechen offenkundige Tatsachen. Denn neben den sinnlos notierten und katalogisierten Tatsachen, Vermutungen und psychologischen Profilen in den Regalen der Normannenstraße gab es die Realität der Abschiebungen, der zerstörten Existenzen und der auf mysteriöse Weise gescheiterten Karrieren und natürlich die Wirklichkeit der politischen Gefängnisse, wo Leute mißhandelt und gefoltert wurden und in denen viele Leute den Tod fanden. Alle, und erst recht die Informanten, kannten die Realität, auch wenn sie jetzt sagen, sie hätten nie jemandem geschadet, niemals etwas »Schlechtes« getan oder sie hätten ihre Freunde »geschützt«, indem sie diese, anstatt sie der Überwachung durch Fremde auszusetzen, selbst bespitzelt hätten. Daß die Wirklichkeit nicht jedem Stasimitarbeiter gefiel, ist klar. In der Opposition gab es Stasileute zuhauf, die sagten, sie würden ein Deutschland *ohne* Stasi aufbauen. Aber ob sie ihre Lügen, wie das bei professionellen Lügnern oft der Fall ist, glaubten oder nicht, es bleibt die Tatsache, daß sie aktiv an der »Revolution« beteiligt waren, und von daher überrascht es nicht, daß manche Leute zu dem Schluß kamen, die Stasi habe die »Revolution« geplant.

Ralf Kerbach ist ein sechsunddreißig Jahre alter Maler in Berlin. Er stammt aus Dresden und kam 1982 über Ost-Berlin in den Westen. Er wohnt in einem Loft im Wedding, und seine Bilder werden bei Ausstellungen der Galerie Poll im Tiergarten verkauft. Er ist, was die Deutschen einen Westler nennen, womit sie Gelassenheit, Selbstvertrauen und Weltoffenheit meinen. Einen Westler wie Kerbach in Berlin auszumachen, fällt leicht. Er trägt ausgeschnittene Pullover, verwaschene T-Shirts und schwarze Jeans. Seine Motorradjacke ist echt. Es ist eine dicke, abgetragene, bequeme Lederjacke – nicht so wie die glatten brauen Jacken mit Schlaufen, Nieten und zu vielen Reißverschlüssen, mit welchen Ostleute so auszusehen versuchen wie Westler. Er trägt sein braunes Haar kurz geschnitten, rasiert sich jeden Morgen und hat ein verschmitztes Lächeln im Gesicht, in dem eine hohe, schmale Nase sitzt, mit der er etwas zu schnuppern scheint und die ihn aussehen läßt wie einen jungen dunkelhaarigen Bobby Kennedy. Ostdeutsche Maler mit ihren ernsten und zerzausten Schnäuzern sehen eher wie Lech Walesa aus. Die Leute bewundern Kerbach. Sie bewundern seine Malerei, seinen Charme und mögen sein nettes, frisches und freundliches Gesicht. Wenn er im *Florian* ißt, einem empfehlenswerten West-Berliner Restaurant in der Nähe des Savignyplatzes, dann lächeln ihm die Damen an den Nachbartischen zu. Die Kellner bitten ihn, etwas aufs Tischtuch zu malen. Und diesem Wunsch kommt er oft nach, denn er ist sehr umgänglich und von seinem Ruhm überhaupt nicht verdorben. Er sagt, er habe sich in Ostdeutschland immer als Fremder gefühlt, er möge den Westen, die Leute in seiner Umgebung und die Kunst um ihn herum und ihm gefalle, daß die Polizei nicht kommt, wenn er eine Ausstellung hat, und die Bilder abnimmt.

Das Schlimmste, was Kerbach passierte, seit er im Westen ist, das waren die Nachrichten über Sascha Anderson. Anderson war einer seiner ältesten Freunde. Die Freundschaft reicht bis nach Dresden zurück, wo Kerbach Anderson bei einem Leichtathletikwettkampf kennenlernte – sie rannten damals Bahn an Bahn. »Es war ganz irre«, sagte Kerbach, als er davon erzählte, wie er Anderson kennengelernt hatte. »Sascha kannte mich, ich kannte ihn nicht, und so fing es an.« Jetzt schüttelt er seinen Kopf, lacht und sagt: »Es hörte so auf, wie es begonnen hat«, denn in diesem Januar kam ein Redakteur der TV-Sendung *Brennpunkt* mit einem Kamerateam zu ihm in sein Weddinger Atelier und zeigte ihm Dokumente, die bewiesen, daß Sascha Anderson ihn fast zwanzig Jahre lang in Ostdeutschland und wahrscheinlich auch im Westen bespitzelt hatte.

Kerbach konnte seine Akten noch nicht einsehen, obwohl er im Januar einen Antrag gestellt hatte. Das war kurz nachdem Millionen von Deutschen *ihn* im Fernsehen gesehen hatten, wie er ungläubig und verwirrt auf die Papiere des Redakteurs starrte und vor sich hinsagte, er könne diese schreckliche Nachricht nicht verdauen. Jemand wie Kerbach, jemand der keinen Schaden genommen hat, muß warten, bis er seine Akten zu sehen bekommt. Erst müssen sie aufgearbeitet werden, das heißt, daß jemand in der Gauck-Behörde die Akten zuerst durchgeht und alle Stellen schwärzt, die *andere* Leute betreffen, beispielsweise ärztliche Berichte oder die Mitteilung, daß die Frau eines Freundes mit dem Nachbarn geschlafen habe. Dann gibt es Dringlichkeitsstufen bei der Akteneinsicht. Zuerst kommen die Leute dran, die wegen der Stasi im Gefängnis saßen, die ihr

Zuhause wegen der Stasi verloren haben, die wegen der Stasi abgeschoben wurden und ihre ostdeutsche Staatsbürgerschaft verloren haben, die wegen der Stasi ihre Ausbildung abbrechen mußten oder ihre Karriere nicht fortsetzen konnten, diejenigen, die über fünfundsiebzig sind und nicht mehr so viel Zeit haben zu warten. Und dann gibt es noch ein logistisches Problem, denn die Akten müssen aus den »Archiven« in der Normannenstraße in »Leseräume« überführt werden, die sich im ehemaligen Innenministerium in der Glinkastraße befinden, wo Mitarbeiter der Gauck-Behörde beschäftigt sind und die Regel gilt, daß sich nicht mehr als dreißig Leute einen dieser Leseräume teilen können.

Kerbach hat keine Eile, aber er weiß inzwischen, daß ihn außer Anderson noch andere Leute bespitzelt haben, und er fragt sich, welcher seiner Freunde sich hinter dem Decknamen Max Beckmann verbergen könnte, denn er vermutet dahinter einen anderen Maler und sagt, der Gedanke, daß Maler sich gegenseitig bespitzeln, sei »gräßlich«. Er ist an seinen Akten interessiert, aber sie sind nicht sein *Lebensinhalt*, wie das für Biermann der Fall zu sein scheint, der immer nach Berlin kommt, um in seinen sechsunddreißigtausend Seiten nachzulesen. Kerbach denkt, das habe etwas damit zu tun, daß Maler malten, wohingegen es notwendigerweise die Arbeit von ostdeutschen Schriftstellern sei, herauszufinden und zu erklären, was in der DDR falsch gelaufen sei. Er sagt, die Auseinandersetzung zwischen Ost und West, links und rechts, Dada und Dylan habe eine Neuauflage erlebt als Auseinandersetzung zwischen den Leuten, die die Stasi vergessen und denjenigen, die sich daran erinnern wollten. Er sieht sich bei dieser Auseinandersetzung in der Mitte stehen, »irgendwie frei«, so wie die Schauspielerin Katharina Thalbach vom Schillertheater, die Akteneinsicht beantragte, feststellte, daß es sich um zwölftausend Seiten handelte und dann die Gauck-Behörde bat, die Akten wegzuwerfen, weil sie nicht die Absicht habe, die zweite Hälfte ihres Lebens mit der Lektüre über die erste Hälfte zuzubringen.

Anfänglich war Kerbach von den Nachrichten über Anderson »gelähmt«. Er dachte über Sascha Anderson nach und sagte zu sich selbst: »Ich kann mir als Mensch, als Freund, nicht vorstellen, daß man jemandem so etwas antun kann.« Er versuchte zu malen, aber es ging nicht. Er wollte ausgehen und mit dem gewohnten Leben fortfahren, aber er schaffte es nicht. Er hielt Ausschau nach etwas, das er tun konnte, nach etwas Sauberem, und da fiel ihm ein, in welch schrecklichem Zustand sich sein Loft, sein Atelier in der Fabriketage befand. Das Dach und die Mauern mußten isoliert werden. Er hatte das Atelier schon sieben laute Jahre lang und war auch damit zurecht gekommen, aber jetzt entschied er, daß er nicht in einer lauten Fabriketage wohnen und über Sascha Anderson nachdenken könne, und deshalb fing er mit Reparaturarbeiten an. Die Arbeiten nahmen ihn einen Monat in Anspruch, er arbeitete jeden Tag und meistens auch noch abends, und dabei »klärte sich alles auf – die ganze Geschichte löste sich in Rauch auf«. Er sagt, er könne Sascha Anderson nun »von außen« betrachten. Mit anderen Worten bringt er damit zum Ausdruck, daß er sich nun frei fühlt.

Kerbach meint, der Unterschied zwischen ihm und Sascha Anderson habe vielleicht familiäre Ursachen. Ostdeutsche reden viel über die Familie, wenn sie Informanten beschreiben, wenn sie diejenigen charakterisieren, die informierten, und diejenigen, die angeblich darüber »erhaben« waren. Anderson kam aus *gutem Hause*, doch Kerbachs Familie rangierte in der Hierarchie der klassenlosen Gesellschaft der DDR viel weiter oben. Andersons Mutter hatte ein Architektendiplom und arbeitete bei der Herstellung von Zeichentrickfilmen, Andersons Vater war Dramaturg an der Oper. Beide waren jedoch Apparatschicks, Kulturbürokraten, die sich über alles, außer über die Kommunistische Partei, stritten und denen es ziemlich egal war, daß Sascha Anderson das Studium abbrach und als Setzer arbeitete oder daß er schon als Teenager heiratete und mit Frau und Kleinkindern in einem Zimmer ohne fließend Wasser lebte oder daß er wegen Scheckbetrugs ins Gefängnis kam. Die Kinder der Bürokraten in Ostdeutschland heirateten jung, wie Arbeiterkinder eben, und sie ließen sich jung scheiden; die Mädchen erhielten Geld vom Staat und zogen ihre Kleinkinder allein auf.

Anderson habe den »normalen« ostdeutschen Hintergrund gehabt, sagt Kerbach, denn er habe von seinen Eltern gelernt, »daß man etwas für das System tun muß, denn dann tut das System etwas für einen selbst«. Kerbachs Eltern waren ordentliche deutsche Bürger, jene Art Eltern, die man in Köln und Düsseldorf antraf, kaum aber in Dresden. Von ihnen lernte er etwas anderes, nämlich daß das System schrecklich sei. Sein Vater hatte eine Metallfabrik mit 150 Arbeitern, und als Ralf noch ein Junge war und davon zu reden begann, einmal Maler zu werden, da verhielt sich sein Vater, wie auch westliche Eltern das tun, und wollte wissen, was denn daran falsch sei, zu Hause zu bleiben und den Betrieb einmal zu übernehmen. Er starb, als Ralf zehn Jahre alt war, doch die Fabrik blieb im Familienbesitz bis zu den »ökonomischen Reformen« in Ostdeutschland im Jahre 1972, als der Staat sie übernahm. Dieser Privatbesitz machte die Familie »anders«, d. h. die Kerbachs hatten Kapital und waren keine Kommunisten, sie identifizierten sich genauso wenig mit dem System, wie dieses sich mit ihnen identifizierte.

Ralf hatte immer Schwierigkeiten mit seinen Lehrern. Sie hielten ihn für widerborstig, und einer hielt es im Interesse Ralfs für besser, wenn die Schule, an der er Kunst studierte, ihn entließ – was dann auch geschah. »Ich fand das prima«, sagt Kerbach, »dieser Lehrer war ganz offen, nicht so problematisch wie ›mein Freund‹

Sascha, und vielleicht wollte er mir sogar wirklich damit helfen, denn damals gab es in Dresden keine Ausbildungsmöglichkeiten für einen Maler. Ein Original bekam man nie zu Gesicht. Es gab zwar Kunst, einen Matisse, einen Picasso und die Expressionisten, aber nur Reproduktionen aus Büchern. Ostdeutschland war wie ein Filter. Was man an Philosophie, Literatur oder Malerei bekam, war nicht notwendigerweise das, was gut war, sondern das, was durch den Filter gelangte. Rockmusik beispielsweise kam durch. Warum, das wußte ich nie, aber heute weiß ich, daß das eine Stasisache war. Alles was neu war, erhielt ich von Sascha Anderson. Die Lieder von Biermann, französische Strukturalisten oder die Bücher von Wagenbach. Als ich den Katalog der Galerie Müller aus Köln erhielt, wo die Neuen Wilden vorgestellt wurden, sah Sascha ihn bei mir zu Hause und sagte: ›Eh, Ralf, die machen das gleiche wie *wir*!‹«

Kerbach hatte mit siebzehn sein erstes Atelier. Er entdeckte ein Dorf in der Nähe Dresdens, wo eine ältere Frau eine Weinkellerei als Familienbetrieb führte; dort mietete er einen riesigen Raum für 120 Mark im Monat und begann zu zeichnen. Er mochte die ländliche Gegend, und das taten auch seine Freunde, die aus Dresden zu Besuch kamen und schließlich eine Ausstellung neuer Dresdener Maler in einer alten Scheune zusammenstellten. Einer der Maler, Helge Leiberg, lud Sascha Anderson ein, um bei der Ausstellung aus seinen Gedichten zu lesen. Gedichtrezitationen, sagt Kerbach, gehörten bei Ostdeutschen zu Kunstausstellungen dazu, doch in der Regel waren diese Ausstellungen privat, sie fanden bei den Künstlern zu Hause statt, und es wurden nur Leute eingeladen, von denen man wußte, daß sie »sicher« waren. Es ging dabei weniger um Malerei als darum, Leute zusammenzubringen und »etwas *dagegen* zu tun« – etwas Verbotenes, doch Kerbach, Leiberg und die anderen jungen Dresdener Maler wollten, daß *ihre* Ausstellung ein großes öffentliches Spektakel würde. Sie schlugen Plakate an und verschickten Einladungen, und an einem schönen Maiwochenende, als die Leute mit ihren Familien von Dresden herauskamen, da luden sie alle ein und sagten: »Los, kommt, in der Scheune findet ein Happening statt.« Fast alle kamen, und einige blieben noch, um Sascha Andersons Gedichte zu hören. Dann kam die Polizei und machte die Ausstellung dicht.

»Wenn ich zurückschaue«, sagt Kerbach heute, »dann glaube ich, alles was passierte, das war geplant. Denn als die alte Besitzerin der Kellerei starb, da mußte ich ausziehen, und plötzlich wurde mir eine kleine Ladenfläche im Stadtteil Neustadt angeboten, wo die Dresdener Szene ihr Zentrum hatte. Und da stellte sich heraus, daß Sascha Anderson genau gegenüber wohnte. Er kam zu mir und fing gleich zu reden an. Er zeigte mir seine Ablehnungsschreiben und sagte: ›Ach, jetzt hängen wir zusammen drin.‹ Er stellte mich Bert Papenfuß-Gorek und Stefan Döring vor, Dichter wie er, die aus der Dresdener Szene kamen und die die gleichen Erfahrungen gemacht hatten. Sie wurden nicht gedruckt und konnten, was sie geschrieben hatten, nicht in die Öffentlichkeit bringen, während ich meine fertigen Bilder nur rahmen mußte. Ich wollte helfen. Wenn wir, so wußte ich, bei einem Buch zusammenarbeiteten und es nicht bloß von Hand in 18 oder 20 Exemplaren herstellten, dann könnten wir es auch publizieren. Also machte ich einige Zeichnungen zu Gedichten Andersons, die den Titel ›Jeder Satellit hat einen Killersatelliten‹ trugen. Wir produzierten das Buch selbst, und es war eine wunderbare Sache. Ich fühlte mich wie Blake, als dieser seine Holzschnitte machte.«

Kerbach hielt Anderson für »eine sehr moderne Person«, womit er meinte, Anderson habe weder feste noch schwankende Überzeugungen gehabt. (»Ein Spion ohne Überzeugung ist der erste sozialistische Geschäftsmann«, schrieb Iris Radisch in der *Zeit* über ihn). Anderson war immer wie wild beschäftigt. Er und Kerbach brachten im Lauf der nächsten acht Jahre vier Bücher mit Gedichten und Zeichnungen heraus, und Anderson sorgte dafür, daß die Bücher in Umlauf und auch immer in den Westen, zum Rotbuch-Verlag, gelangten, womit sich beide einen Namen machten. Er war eine Art Agent für Kerbach. Kerbach fragte Anderson nie, wie er das alles anstellte oder ob er sich finanziell davon etwas abzweigte oder ob er der Stasi einen Anteil abliefern mußte. Er hegte nie einen Verdacht, auch wenn er heute sagt, er hätte das tun sollen, nicht weil ihre Bücher so erfolgreich waren, sondern weil Anderson in allem so zurückhaltend war, nur dann nicht, wenn es um den Erfolg ging. Anderson sprach mit Kerbach nie über sich selbst. Er »belastete« Kerbach nie mit seinen Problemen, er wollte sie nicht einmal mit ihm »teilen«. Von *Innerlichkeit* wollte er nichts wissen, er sprach nie über Gefühle, über tiefe deutsche Empfindungen oder tiefe deutsche Angst oder all die anderen Dinge, über welche Deutsche mit ihren Freunden so reden. Für Kerbach war Anderson der beste Freund, und dieser besaß alles, was er von einem Freund erwarten konnte, nur konnte er sich mit ihm nicht richtig unterhalten, und darum zu bitten, fürchtete er sich, denn Anderson hatte klargestellt, daß Vertrauenspersonen nicht »cool« seien.

Kerbach erinnert sich, wie er eines Tages, als die beiden in seiner Wohnung zusammenarbeiteten, zufällig ans Fenster trat und sah, wie sich draußen Gewitterwolken zusammenbrauten. Er rief Anderson zu sich her und sagte: »Schau dir das an, schau dir diesen unglaublichen Himmel an.« Und Anderson blickte nach draußen und sagte: »Der Himmel berührt mich überhaupt nicht.« Anderson war damals dreiundzwanzig und Kerbach war beeindruckt. »Ich konnte mir nicht vorstellen, wie ein 23jähriger so cool sein konnte.«

Als er 1980 eingeladen wurde, an einer Ausstellung in Hamburg mitzuwirken, stellte Kerbach einen Ausreiseantrag, doch die Regierung ließ ihn nicht gehen. Danach war er oft am Prenzlauer Berg mit Sascha Anderson zusammen und mit dessen Freundin, einer Töpferin namens Wilfriede Maaß, die wegen Anderson ihren Ehemann verlassen hatte und in der Schönfließerstraße in einem Atelier wohnte, das groß genug war, um Andersons Freunde aufzunehmen und Andersons berühmte Abende dort zu veranstalten. Anderson machte sich wenig Gedanken über Kerbachs Ausreiseabsichten; es galt als »nicht cool«, in den Westen zu wollen, sagt Kerbach, doch Anderson habe nie versucht, ihn zum Dableiben zu überreden. In gewisser Weise brachte er den Westen zu Kerbach, denn Leute, die nach West-Berlin kamen und an Kunst und Literatur oder an Rockmusik und Theater interessiert waren, hörten früher oder später von den Ateliers jenseits der Mauer, wo Dichter »die Subjektivität entdeckten« und »die Sprache demontierten« oder die »Sprache sich selbst entfremdeten« und sogar »den Text von Sprache reinigten«; und diese Leute erhielten Visa, zahlten die obligatorischen 25 DM an den Grenzübergängen und verbrachten einen Abend bei Wilfriede und Sascha, wo sie die eindrucksvollen Arbeiten von Kerbach sahen. Eine Menge Amerikaner kam. Als die Mauer fiel, hatten sich bereits Grace Paley, Donald Barthelme, William Gaddis und Walter Abish in Wilfriedes Gästebuch eingetragen, doch der größte Augenblick, so Kerbach, muß gewesen sein, als Allen Ginsberg und Peter Orlovski auf Saschas Einladung hin kamen und auf eine von Wilfriedes Vasen einen Phallus malten. Anderson besitzt diese Vase, sie gehört zu einer schönen Sammlung von Schalen, Krügen und Töpfen, die von anderen »Freunden am Prenzlauer Berg« bemalt worden waren. Es war seine Idee gewesen, daß jeder Künstler, der im Atelier Schönfließerstraße ausstellen wollte, sich revanchieren mußte, indem er Wilfriedes Töpferware bemalte, und die besten Stücke behielt er für sich.

Kerbach verbrachte die nächsten Jahre damit, auf die Ausreiseerlaubnis zu warten. Er arbeitete mit Anderson an Büchern und bemalte zwei oder drei Teetassen und eine etwas schrille Teekanne, stilistisch irgendwo zwischen de Koning und de Stael, wie Kerbach sagt, aber er dachte nie daran, hierzubleiben. Kaum war das Visum da, da gab Anderson eine Abschiedsparty für ihn, die »eher einem Leichenbegängnis« glich, wie Kerbach sagt, und dann ging er an der Friedrichstraße über die Grenze. Er hatte einen Koffer mit Zeichenpapier und schwarzer Tinte bei sich und die Telefonnummer von jemandem, den Anderson beim RotbuchVerlag kannte und der ihm ein Bett versprochen hatte. »Ich war damals keine Berühmtheit«, sagt er, »das war alles, was ich besaß.«

Erst nach vier Jahren sah er Anderson wieder. Er zog nach Kreuzberg ins Künstlerhaus Bethanien, in ein öffentlich gefördertes Atelier und fing an zu malen. Dort lernte er, wie er sagt, die »Aussteiger aus dem Establishment« kennen, und schließlich lernte das Establishment *ihn* kennen und er wurde zu einem der fünf »neuen« deutschen Künstler, die bei der wegweisenden »Malstrom« gezeigt wurden. Zu ihnen gehörten auch seine alten Dresdener Freunde Cornelia Schleime und Helge Leiberg, die es ebenfalls nach West-Berlin geschafft hatten. Er fand neue Freunde. Er zog in den Wedding um. Die Leute begannen, Kerbachs zu sammeln. Jene Jahre waren, sagt er, sehr gut für ihn: »Ich mußte mich selbst in der Welt und auf dem Markt testen, aber ohne mich als Dissident herauszustellen. Dissident zu sein, das war ein großes Geschäft, man sagte, was die Leute im Westen hören wollten. Das war ein Mittel, um die Aufmerksamkeit auf sich zu ziehen, manchmal sogar die einzige Möglichkeit, akzeptiert zu werden. Aber nicht mit mir. Ich glaube nicht, daß ich mich im Westen verändert habe. Wenn sich jemand geändert hat, dann Sascha. Er kam in den Westen, und da waren wir nur noch *Bekannte*, keine Freunde mehr. Sascha stand im Westen unter einem merkwürdigen Druck, er dachte immer ans Geschäft und handelte gar nicht mehr ungezwungen – vielleicht weil hier alle frei waren. Es gab Streit zwischen uns. Er kam beispielsweise in mein Atelier und sagte: ›Du malst zu schwer, du mußt deine Farben und deinen Stil ändern.‹« Es stellte sich heraus, daß vor allem Ostdeutschland die beiden zusammengehalten hatte. Nach einer Weile beendeten sie ihre gemeinsame Arbeit. 1988 veröffentlichten sie ihr letztes Buch.

Im Jahr, als Sascha Anderson in den Westen kam, machte Kerbach eine Reihe von Bildern und Zeichnungen über ihre Freundschaft. Er kann heute nicht mehr sagen, was diese Serie ausgelöst hat, denn das war lange bevor er wußte, daß ihre Freundschaft vorbei war und ganz sicher bevor er wußte, daß Anderson ihn verraten hatte. Er meint, es könnte sich um eine Reaktion aus »westlicher Perspektive« auf das Wiedersehen mit Anderson handeln. Eines der Gemälde heißt »Die Freundschaft geht baden«. Das Wortspiel ist offenkundig, denn das Bild zeigt Kerbach und Anderson, wie sie voneinander entfernt im Wannsee baden. Eine Zeichnung trägt den Titel »Sascha«, und darauf sieht man Anderson mit einer Art Klumpfuß; er rennt mit einer Aktentasche weg, und häßliche, schwarze Vögel mit verschwommenen Konturen hacken auf seinen Kopf und seine Füße ein und reißen seine Jacke entzwei. Nicht viele Leute kennen das Bild, die Zeichnung hingegen ist berühmt. Die *Zeit* druckte diese Zeichnung am 24. Januar 1992 ab, als Iris Radisch, zurück von der Gauck-Behörde, Biermanns Anschuldigungen bestätigte. Kerbach erzählt, daß nun Kunstkritiker zu ihm mit der Frage kämen: »Haben Sie gewußt, was Sie da 1986 gemacht haben? Der Fuß, die Vögel und die Aktentasche – hatte das damals eine Bedeutung für Sie?« Und er weiß nicht, was er ihnen antworten soll. Er weiß nur, daß der »Sascha Anderson«, an den die meisten Deutschen sich erinnern werden, kaum das Bild von der Hand eines Freundes ist, – eines Freundes, der ohne Anderson möglicherweise niemals auf den Weg gebracht worden wäre.

»Im Oktober habe ich die ersten Gerüchte über Sascha Anderson gehört«, sagte Kerbach eines Abends in diesem Frühjahr, nachdem er den ganzen Tag mit Reparaturarbeiten in seinem Atelier zugebracht und dann Schnitzel im *Florian* verzehrt hatte. »Ich war in Frankreich, und als ich zurückkam, sagte ein Bildhauer, den ich kannte, zu mir: ›Paß auf, Kerbach, da wird eine Stasibombe in dein Leben hineinplatzen.‹ Nun, ich ging in mein Atelier zurück und dachte angestrengt nach. Ich fragte mich, wer könnte das sein, wer bloß in *meinem* Leben? Ich hatte so meine Vermutungen, war aber nicht sicher, also fragte ich Sascha, wer seiner Meinung nach der Stasiagent gewesen sei, und Sascha antwortete: ›Das war ich.‹ Das war noch vor der Büchner-Preis-Rede, und es kam mir damals überhaupt nicht in den Sinn, daß es sich tatsächlich um Sascha handelte. Als Sascha ›ich war es‹ sagte, dachte ich, er meinte damit, daß es sich um Gerüchte handelte, die Biermann verbreitete. Biermann verhält sich sehr taktisch, seine Taktik hat immer darin bestanden, die Sache köcheln zu lassen, den Klärungsprozeß über das Verhalten der Künstler in der DDR immer weiterlaufen zu lassen. Doch dann las ich seine Rede und fand darin auch die Arroganz, mit der er jeden beurteilte und las, daß er Sascha ein ›Arschloch‹ nannte. Ich dachte, das ist schon keine Diskussion mehr. Diese Attitüde der Allmacht und Omnipotenz zeigt doch auf den stalinistischen Hintergrund Biermanns, und er sollte nicht vergessen, wie sehr er davon geprägt ist. Nicht jeder, der die Scheiße in Ostdeutschland durchlebt hat, hatte so wie er die Chance, nach Hamburg zu ziehen; und wem eigentlich hat er geholfen mit all seinem Gerede über Täter und Opfer? Diejenigen, die die Befehle gaben, laufen frei herum, und Informanten wie Sascha werden geopfert. Ich weiß nicht recht – Sascha hat mich angelogen. Ich lese die Akten eines einzigen Autors, und diese Berichte von Sascha reichen von der einfachen Beschreibung bis zu äußerst persönlichen

Dingen. Ich bat Sascha, darüber zu sprechen, aber er lehnte ab. Die ostdeutsche Heimlichtuerei war bei ihm immer noch da.

Sascha hatte die Möglichkeit, zur Stasi nein zu sagen – wie andere doch auch. An einen Typen, den ich kannte, machte sich die Stasi in Dresden heran. Man fragte ihn nach meiner Arbeit und meinem Privatleben, und er sagte nein. Er sagte: ›Ich werde Ihnen überhaupt nichts erzählen, und sollte ich dennoch reden, dann werde ich hinterher sowieso Ralf alles mitteilen.‹ Jemand, der sich selbst als Schriftsteller bezeichnet, der hat die Pflicht, die Wahrheit über das zu erzählen, was ihm widerfahren ist und was er gemacht hat. Das ist das mindeste, daß ein Schriftsteller aufsteht und die Wahrheit sagt. Ich hätte es gut gefunden, wenn Sascha sich hingestellt und gesagt hätte: ›Das habe ich getan‹ und dann zu seinem Leben zurückgekehrt wäre. Ich habe vom allerersten Tag an versucht, ihn davon zu überzeugen. Ich wollte von ihm hören: ›Ralf, ich habe diesen Leuten über dein Privatleben berichtet‹, und nicht: ›Ich war's nicht.‹ Deshalb ließ ich Filmaufnahmen mit mir machen. Ich dachte, dann verstehen die Leute vielleicht etwas besser, was da passiert ist. Es fällt nicht leicht, eine derart alte Freundschaft, wie die mit Sascha, aufzukündigen, aber als Sascha nichts kapierte, da gab es schließlich einen Bruch. Ich habe ihn später noch öfter gesehen, aber jetzt kommt er nicht mehr vorbei. Wahrscheinlich habe ich darauf gewartet, daß er bei mir zu Hause auftaucht und etwas sagt, ehe es zu spät ist – bevor ich meine Akte einsehe. Ich glaube nicht, daß er nochmal kommt.«

In Deutschland entrüstet man sich gegenwärtig hauptsächlich über die Angriffe auf die Privatsphäre, die stattgefunden haben und die den Namen *Hausfriedensbruch* tragen. Es geht nicht mehr so sehr um Erich Mielke, der die Stasi leitete und sicher der zweitmächtigste Mann in Ostdeutschland war. Es geht erst recht nicht um Erich Honecker, den mächtigsten Mann, der nun sicher in Moskau sitzt und sein »Recht« auf einen ruhigen Lebensabend fordert. Ostdeutsche sind böse auf Honecker und seine Freunde und hätten es am liebsten, wenn diese Männer sterben würden; doch diese Männer versetzen die Ostdeutschen nicht mehr in Angst und Schrecken, zumindest nicht so wie die Vorstellung, die sie nicht losläßt, daß sie noch immer von Informanten umgeben sind. Der Schweizer Schriftsteller Jürg Laederach sagt, das Merkwürdigste an der DDR sei, daß »in dem Augenblick, wo sie verschwand, alle wie harmlose alte Männer aussahen und es schwer fällt, die Vorstellung von Terror oder selbst dessen Sprache am Leben zu erhalten, sobald der Terror einmal zu existieren aufgehört hat«.

Wolf Biermann drehte plötzlich durch, als er versuchte, einen Stasigeneral wie Wolfgang Schwanitz zu beschreiben, einen Mann, der jeder Beschreibung spottet. Schwanitz sagte im Fernsehen, die Ostdeutschen hätten nie gewußt, daß irgend etwas in ihrem Leben falsch war, daß sie überhaupt gelitten hatten, bis sie ihre Akten gelesen und beschlossen hätten, nun »Opfer« zu sein. Und danach schrieb Biermann, er hätte am liebsten die Bildröhre eingetreten, Schwanitz durch die Scherben in sein Wohnzimmer hereingezogen und verprügelt. Doch Biermann kann herzzerreißend sein, wenn er über Leute schreibt, die er kannte, besonders wenn er über Schriftsteller schreibt, die er kannte wie etwa Sascha Anderson. Vielleicht sind die von Freunden geschlagenen Wunden die allerschmerzlichsten. Ich habe gehört, daß man Biermann beschrieben hat als »einen Mann, dem die Erfahrung die Haut abgezogen hat«.

Anfänglich wollten nur die Ostdeutschen, daß die Akten zugänglich gemacht werden sollten. Es waren die Westdeutschen, die von Vergebung, Versöhnung oder

Toleranz redeten und darauf hinwiesen, daß niemand je mit Gewißheit sagen könne, was er an der Stelle eines ostdeutschen Informanten gemacht hätte. Ostdeutsche wollten wissen, ob es sich um einen Freund oder Nachbarn, einen Verwandten oder einen Kollegen handelte, der die Stasi darüber informiert hatte, daß sie Feinde des Sozialismus seien; sie wollten wissen, wer genau dieser Freund war und wessen genau er sie bezichtigt hatte oder wessen genau die Stasi sie aufgrund seiner Berichte beschuldigt hatte; sie wollten wissen, ob er herausbekommen hatte, was er wollte, ja ob er überhaupt gewußt hatte, was er wollte. Sie wollten erfahren, warum der schwarze Wartburg ein ganzes Jahr lang immer vor ihrem Haus parkte oder warum man ihnen den Prozeß machte, sie als Umstürzler für zehn Jahre ins Gefängnis steckte oder warum sie im Exil in Hamburg landeten wie Wolf Biermann. Sie nahmen an, daß sie im Verlauf dieses Verfahrens dahin kämen, ihr eigenes Leben ein klein wenig besser zu verstehen. Sie rechneten nie damit, daß es soviele Informanten gab. Sie machten sich nie Gedanken darüber, wie es anschließend für sie in einem »oppositionellen« Viertel wie dem Prenzlauer Berg weitergehen sollte, welche Reaktionen es dort gäbe, oder ob sich die zerbrechliche Gemeinschaft, die sie gebildet hatten, nun auflösen würde, wenn sie das Schlimmste voneinander wüßten und auch, wie zufällig und vorübergehend der Verrat in den meisten Fällen war. Die meisten Ostdeutschen wollten selbst über das Schicksal der Stasiakten entscheiden können. Sie waren der Auffassung, daß nur Ostdeutsche wissen konnten, was diese Akten bedeuteten und wie verletzend und leidvoll sie sein würden. Sie sagten, daß Opfer und Spitzel alleine mit der Sache zurechtkommen und selbst entscheiden müßten, ob man die Akten verbrennt oder in Tresoren wegschließt oder ob man sie einfach ignoriert, so wie die Polen das mit den Verbrechen ihrer Geheimpolizei gemacht hatten. Sie fürchteten um sich selbst, denn so viele Leute, die man verraten hatte, verlangten nach Vergeltung.

Die Westdeutschen hatten immer geglaubt, daß die Stasimachenschaften ein »Triumph der Verstaatlichung« gewesen seien, das Endprodukt eines wahnwitzigen bürokratischen deutschen Dranges, doch als die Tore der Normannenstraße sich öffneten, da fand man mehr Wahnwitz als Bürokratie. Die wichtigsten Akten waren dank eines Handels zwischen der Stasi und den »Revolutionären« weg, in welchem es der Stasi gelang, ihre Personalakten zu vernichten, wofür sie im Gegenzug die Akten mit den Zugangsschlüsseln für alle anderen Unterlagen auslieferten. Die spektakulärsten Akten waren bereits im Umlauf. Sie tauchten erstmals im Frühjahr 1990 während der ersten freien Wahlen in Ostdeutschland auf, als ein Rostocker Bürgerrechtsanwalt namens Wolfgang Schnur, der eine neue Partei, den »Demokratischen Aufbruch« leitete, beschuldigt wurde, ein Informant zu sein. Schnur stieg aus dem Wahlkampf aus und verschwand in einer Klinik, und von da an war klar, daß der Handel mit Stasiakten das große politische Geschäft war. Es gab einen richtiggehenden Markt, und in jenen Tagen war er hauptsächlich in den Händen der Stasi, denn viele Stasiangehörige hatten sich vor der Besetzung ihrer Zentralen mit allem, was sie tragen konnten, aus dem Staub gemacht, normalerweise mit den sie selbst betreffenden Akten oder mit Akten über Dissidenten, die verkauft oder zur Erpressung benutzt werden konnten. Ihre Informationen waren eine Art harter Währung, die man gegen DM eintauschen oder mit der man Schutz kaufen konnte. Bonn wollte davon haben und erhielt Informationen normalerweise an der Quelle, nämlich vom ostdeutschen Innenminister.

Die Presse bezahlte dafür und gab hunderttausende von Mark für Akten aus, welche »Nachrichtenhändlern« von allen möglichen Leuten, von aufgebrachten Bürgern bis hin zu alten, um ihre Pension besorgten Stasimitarbeitern angeboten wurden. Diese Nachrichtenhändler sind ein merkwürdiges Anhängsel des westdeutschen Medienbetriebs und unterhalten eine Art legalen Schwarzmarkt mit anderer Leute Geheimnisse. Die konservative Presse, die einen Erfolg der Linken erwartete, kaufte Akten über linksgerichtete Kandidaten. Die liberale Presse, die einen Sieg der Rechten erwartete, kaufte Akten über rechtsstehende Kandidaten. Der finanzkräftige *Spiegel* kaufte Akten über jedermann. Der *Spiegel*-Herausgeber Rudolf Augstein zahlte angeblich 100.000 DM für die Stasigehaltsliste, eine Liste mit den Namen von 96.000 Stasiagenten und -offizieren. Die Liste tauchte wenige Tage, bevor Augstein sie abdrucken konnte, auf dem schwarzen Markt auf und kostete dort weniger als ein Drittel des Preises, den Augstein bezahlt hatte. Die Leute amüsierten sich darüber, aber zunächst einmal sprach kaum jemand über die ethischen Aspekte des Informationshandels, und die einzige Person, die dagegen etwas zu unternehmen schien, war ein Erfurter Maler mit dem Namen Matthias Büchner; er verschwand mit den Akten von Erfurt und ließ bei dieser Gelegenheit mitteilen, daß er die Akten so lange sicher verwahren werde, bis garantiert sei, daß die Stasiopfer diese als erste lesen könnten. Daraufhin beschuldigte man *ihn*, ein Stasiagent zu sein.

Viele Leute wollten die Stasiakten haben. Bis zum 3. Oktober 1990, als die Akten offiziell von Ostdeutschland an »Deutschland« übergingen und die Gauck-Behörde sie unter dem Schutz von 1500 Bewachern verwahrte, war es vielen Leuten gelungen, einfach das örtliche Stasibüro zu betreten, wo sie Freunde unter den »Besetzern« hatten, und wieder hinauszugehen mit den Akten, die sie haben wollten. Die Westdeutschen kamen zu dem Schluß, daß derartiges in »Deutschland« nie passiert wäre. Als sie den Ostdeutschen erklärten, daß es korrekt und rechtmäßig gewesen wäre, auf ein

Gesetz zu warten, das allen gleichermaßen den Zugang zu den Akten ermöglicht, da meinten die Ostdeutschen, die Westdeutschen redeten wie Polizisten.

Eine ganze Reihe oppositioneller Politiker verschwand im Gefolge von Wolfgang Schnur in der Versenkung. Ibrahim Böhme, der Vorsitzende der ostdeutschen Sozialdemokratie, wurde als Informant enttarnt und zog sich schleunigst aus der Politik zurück. Lothar de Maizière, Vorsitzender der ostdeutschen Christdemokraten und Ministerpräsident vom April 1990 bis zur Vereinigung, wurde gleichfalls enttarnt; auch er verließ die politische Bühne. Als im Januar 1992 die Akten zugänglich gemacht wurden, gab es keine undichten Stellen mehr, die Lecks waren sozusagen legal. Bis dahin waren schon einige Leute belastet worden, die zum Kern der »Revolution« gehörten, Leute aus der Bürgerrechtsbewegung »Neues Forum«, das praktisch in den ersten vier Monaten nach dem Fall der Mauer die DDR regiert hatte. Einige gehörten zu den wenigen Kommunisten, denen man noch vertraute. Gerhard Riege, ein kommunistischer Abgeordneter im Bundestag, erhängte sich, nachdem ihn jemand beschuldigt hatte, Informant gewesen zu sein. In seinem Abschiedsbrief sagte er: »Ich habe Angst vor der öffentlichen Meinung ... die von den Medien bestimmt wird und gegen die ich mich nicht verteidigen kann.« Dieser Brief wurde von seinem Parteivorsitzenden Gregor Gysi fürs Protokoll vorgelesen, und Gysi wurde nun seinerseits beschuldigt, Informant gewesen zu sein. Wolfgang Berghofer, der letzte kommunistische Bürgermeister von Dresden arbeitete mit der Stasi zusammen. Zwei der fünf neuen Ministerpräsidenten in Ostdeutschland waren Mitarbeiter der Stasi. Der einzige Ministerpräsident eines ostdeutschen Bundeslandes, der noch heute amtiert, ist der protestantische Rechtsanwalt Manfred Stolpe in Brandenburg. Er sprach die ganze Zeit über mit der Stasi und manchmal »rettete« er, wie er sagt, einen Dissidenten vor den Ostdeutschen dadurch, daß er vorschlug, diesen nach Westdeutschland auszuweisen. Jetzt wird er beschuldigt, unter dem Decknamen »Sekretär« für die Stasi gearbeitet zu haben. Er sagt: »Ich hätte mit dem Teufel verhandelt, wenn der uns geholfen hätte.« Er ist bei alten ostdeutschen Dissidenten noch immer sehr beliebt. Er war – wie Sascha Anderson – die letzte Person, die man verdächtigt hätte. Er paßt weder in das Klischee, das die Deutschen von Informanten haben, noch scheint Sartres berühmte Definition auf ihn zuzutreffen, in der es über Kollaboration heißt, es handele sich dabei um »falschverstandenen Hegel«. Sartres Auffassung zufolge waren Informanten entweder Außenseiter ohne den Mut zum Widerspruch oder Idealisten ohne den Mut zu glauben oder schließlich Individualisten ohne den Mut zur Freiheit, aber allen gemeinsam sei, wie Sartre sagte, die Illusion, sie handelten als »Realisten«. Stolpe war ein Realist. Anderson hatte wahrscheinlich geglaubt, er sei auch ein Realist.

Wilfriede Maaß hat noch immer ihr Atelier in der Schönfließerstraße. Es ist weiträumig, es gibt zwei Töpferscheiben, einige Brennöfen, Trocken- und Ausstellungsräume und Nebengelasse voller Töpferwaren, die von mit ihr bekannten Künstlern bemalt wurden. Das Atelier liegt versteckt im Hinterhof eines alten und für die Gegend dort typischen Hauses, und wenn man das erste Mal hinkam, konnte man es nur finden, weil neben der Tür ein Poster hing, ein vergrößertes Foto, verkehrt herum angebracht, das einen nackten Mann in der Badewanne zeigte. Wilfriede ist einundvierzig Jahre alt und vom Typ her das, was die meisten Deutschen eine Ostfrau nennen würden. Sie ist sanft, handwerklich geschickt und, abgesehen von einem silbernen Ring am rechten Ohr, eine schlichte Erscheinung; sie ist mit Bedacht »natürlich«. Einer ihrer Freunde, ein Schriftsteller vom Prenzlauer Berg, meinte zu mir, Wilfriede sei wie eine »Bio-Tomate«, die nicht in die Stiege für griffige, gefällige Handelstomaten paßt, man müsse sie nehmen wie sie sei.

Wilfriede sitzt in alten Jeans, Schnürstiefeln und in einem tonverschmierten blauen Arbeitskittel vor ihrer Töpferscheibe; im Winter heizt sie mit zwei Elektroöfen und kämpft gegen die Kälte zusätzlich mit selbstgefertigten Fußwärmern an. Sie trägt ihr braunes Haar kurz, glatt, gescheitelt und nach hinten gekämmt, und sie schminkt sich nie. Zwischen ihren Augen ist eine tiefe Furche eingegraben, und ihre Augenbrauen heben sich kräftig ab. So macht sie den Eindruck, als konzentriere sie sich ganz fest, als sei sie mißmutig, doch tatsächlich ist sie eine sanfte, eher gelassene Person, die nie etwas anderes als ein »ruhiges Außenseiterleben« in der DDR gewollt hat, ein Leben ohne viel Geld und großen Ehrgeiz, ganz bestimmt jedenfalls ein Leben ohne die Zwänge jenes mysteriösen und aufreibenden westlichen Phänomens namens »Markt«. Sie richtete ihr Leben so ein wie ihr Atelier, sie stellte sich immer wieder aufs neue auf die Dinge ein, die sich um sie herum ereigneten. Als Sascha Anderson einzog, und sie sich von ihrem Mann Eckehard scheiden ließ, da nahm sie eine andere Wohnung auf derselben Etage und hielt so die Familie, einen Sohn und eine Tochter, zusammen. Als sie Platz für ihre Töpferwaren brauchte, nahm sie eine leere Nachbarwohnung in Beschlag, riß die Toilette heraus, streute Sand auf den Fußboden und verteilte darauf Steine wie in einem japanischen Garten. Als die Mauer fiel und sie sozusagen »ins Geschäft einstieg«, machte sie ihr Schlafzimmer zum Ausstellungsraum und zog in einige leere Zimmer am anderen Ende des Flurs. Ihre Monatsmiete betrug im November 1989 einhundertvierzig Mark, und ihr Lebensunterhalt war gesichert, denn sie war im Osten offiziell ein »Privater Kunsthandwerksbetrieb« der Stadt Berlin. Jetzt ist ihre Miete auf über eintausendvierhundert Mark angestiegen, und sie ist von einem jährlichen Stipendium des Berliner Senats abhängig, der entschied, daß Wilfriede Maaß für das neue Berlin »kulturell bedeutsam« sei. Dazu kommen noch die Einnahmen aus dem Verkauf der Töpferwaren, die von ihren Künstlerfreunden auf Ausstellungen in ihren Räumen verziert werden und Anteile von verkauften Bildern.

Wilfriede rechnete nie mit dem Fall der Mauer, obwohl sie immer vom Reisen träumte und 1987, als ein Onkel von ihr in Westdeutschland fünfundsiebzig wurde, ein Ausreisevisum für einen Monat beantragte. Der Staat sagte damals nein, und sie war enttäuscht. Sie rechnete auch nie damit, daß Sascha Anderson sie verriet, obwohl sie nicht überrascht war, als sie erfuhr, daß er es getan hatte, denn selbst nach fünf gemeinsam im Prenzlauer Berg verbrachten Jahren, »wußten wir eigentlich nichts voneinander«. Ralf Kerbach, der während der Reparaturarbeiten in seinem Atelier bei Ekkehard Maaß in der Schönfließerstraße wohnte, äußert die Ansicht, daß Wilfriede ein Opfer von Sascha Andersons System und zugleich ein Opfer des ostdeutschen Systems gewesen sei. Er meint, daß die »unterschiedlichen Erfahrungen«, die ihn zum Westler und Wilfriede zur Ostperson gemacht hätten, genau so eine Mauer wie die leibhaftige Mauer waren, daß im Hinblick auf die »Mentalität« die Mauer in Deutschland sehr hoch sei und auch in zwanzig Jahren noch nicht viel niedriger sein werde.

Wilfriedes Atelier war bekannt. Es war eine Wohnküche, wo man es sich bequem machen konnte. Es gab dort unförmige alte Samtsofas, volle Kuchenbleche, Kaffeewärmer, herumstreunende Katzen, gemütliche Topfpflanzen und ein hübsches Sammelsurium von Tassen, Büchern, Spielsachen und Gästepullovern, und es war immer warm. Heute sieht es dort nicht sehr viel anders aus, nur sind jetzt Ölgemälde von Mikael Eriksson ausgestellt, wo Wilfriede früher die Waschmaschine stehen hatte und die Bettücher zum Trocknen hingen. Für die Maler und Dichter, die aus ihren Buden zu Wilfriede kamen, war das Atelier der Untergrund, und Anderson nannte es manchmal »einen Salon in der Tradition der Franzosen«, doch eigentlich waren es nur die Bequemlichkeiten eines exzentrischen Heims, die allen gefielen. Sie saßen gewöhnlich um den runden Tisch herum, den Wilfriede immer als ihr »Wohnzimmer« bezeichnete, beobachteten Wilfriede und ihre Freunde, wie diese friedlich Töpfe glasierten und fühlten sich von emsigen, netten und entgegenkommenden Frauen umsorgt. Es gab immer Frauen, die in Wilfriedes Atelier arbeiteten. Wilfriedes Freundin Petra Schramm, heute eine ihrer Partnerinnen, tippte damals, als Sascha Anderson einzog, für Christa Wolf das Manuskript von »Kassandra« ab, und Petra sagt, daß bis zum Erscheinen von »Kassandra« das Äußerste an Feminismus für die Frauen im Prenzlauer Berg ein aus Westdeutschland eingeschmuggeltes Exemplar von Marilyn Frenchs Roman »Frauen« gewesen sei.

Ekkehard Maaß war ein Liedermacher wie Wolf Biermann. Die beiden Männer waren sehr gute Freunde. Biermann hatte Ekkehard beigebracht, wie man singt und Gitarre spielt, und Wilfriede sagt, Ekkehard habe Biermann angebetet. Er verschwand immer mit Biermann. Sie zogen mit ihren Gitarren los, um sich Lieder über den wahren Sozialismus auszudenken, und sie wurde allein mit den Babys zu Hause zurückgelassen, was, wie sie sagt, nicht viel anders gewesen sei, als allein zu Hause zu bleiben, wenn Sascha Anderson eines seiner mysteriösen und mit »David« unterzeichneten Telegramme erhalten habe und dann mit seinem Stasioffizier verschwunden sei. Wilfriede ist kein intellektueller Typ. Sie kommt aus Ahrenshoop, einem Dorf an der Ostseeküste, verließ die Schule nach der zehnten Klasse und fing eine Lehre an. Sie wollte nicht mehr auf dem

Lande leben, vielleicht sogar eine höhere Schule besuchen, aber als sie nach Berlin kam, da lernte sie Ekkehard kennen und wurde gleich schwanger. Damit, so sagt sie, sei ihre Ausbildung beendet gewesen. Ekkehard war Student. Er studierte Theologie, dann Philosophie und danach Russisch, und nach allem, was man hört, studiert er immer noch irgend etwas. Weil er in der Biermann-Affäre protestiert hatte, wurde er einmal von der Humboldt-Universität gewiesen. Man hat gesagt, daß die Ankunft von Anderson in der Schönfließerstraße im Prenzlauer Berg den Übergang von den Liedermachern zur Avantgarde markierte.

Offiziell arbeitete Anderson für Wilfriede. Sie beschäftigte immer drei oder vier Leute im Atelier – die Obergrenze für einen »Privaten Kunsthandwerksbetrieb« waren zehn – und als Sascha Anderson kam, da stellte sie ihn ein. Nicht damit er bei ihr arbeitete, sondern damit Anderson auf dem Papier etwas nachweisen konnte, denn die Stadt war dicht für Leute, die, wie es von Staats wegen hieß, nicht ordentlich, werktätig und kommunistisch waren. Faktisch waren das Dissidenten. (Die Kommunisten gebrauchten dafür das Wort »asozial«). Sie konnten aufgegriffen, heimgeschickt oder ins Gefängnis gesteckt werden, und manchmal ließ man ihnen die Wahl zwischen Stasi, Rückführung oder Gefängnis. Der offiziellen Auffassung zufolge bestahlen Leute den Staat, wenn sie keiner produktiven Tätigkeit nachgingen. Offiziell galten sie als Kriminelle, aber im Prenzlauer Berg waren sie, wie alle, die dorthin kamen, kaum eine »Randgruppe«, und sie waren von Freunden wie Wilfriede abhängig, die selbst eine Außenseiterin war, wenn auch nach offiziellem Verständnis eine harmlose. Anderson zeigte an der Töpferei kein Interesse. Er war »eher Patriarch als Töpfer«, sagt Wilfriede. Er machte es sich bequem und telefonierte. Wilfriede besaß ein Telefon, was im Prenzlauer Berg eine Seltenheit war, und dann organisierte Anderson seine Abende. Die Leute in der Szene waren hocherfreut, denn wenigstens unternahm hier einer was, einer erteilte Anweisungen und sagte ihnen, was zu tun sei. Jetzt meint Wilfriede, das System habe alle passiv gemacht.

Im Januar beantragte Wilfriede Einsicht in ihre Stasiakten. Sie weiß nicht, was sie da erwartet, aber sie trifft sich noch immer mit Anderson. Wie Kerbach sagt auch sie, es falle schwer, eine so lange und so enge Freundschaft wie die mit Anderson zu beenden, eine Freundschaft, die eine lange Liebesbeziehung und drei Jahre, in denen sie durch die Berliner Mauer getrennt waren, überlebt habe. Ihrer Ansicht nach muß man »nach jeder Unterhaltung seine Meinung über Sascha ändern«. Manchmal lacht sie und sagt: »Fühle ich mich betrogen? Verspüre ich Wut? – Nein. Ich finde das ziemlich faszinierend. Es macht ihn interessant.« Sie trägt einen störrischen, skeptischen Humor zur Schau, wenn die Rede auf Anderson kommt. Und sie ist tolerant, aber eher wie eine Mutter und nicht wie eine Geliebte, die von Anderson wegen des guten Lebens in West-Berlin, einer Wohnung in Schöneberg neben dem Café »M« und wegen einer Freundin mit besseren Westkontakten verlassen wurde. Er war wie das System – man erwartete nicht viel, jedenfalls nicht Vertrauen, und Wilfriede sagt, es sei sowieso unergiebig, seine Zeit damit zu verbringen, über den einen Informanten nachzugrübeln, wenn der Markt direkt vor ihrer Tür stehe, die Miete eintausendvierhundert Mark betrage und fremde Leute aus Köln ankämen, die mit begehrlichen Blicken die beiden Vorderräume beäugten und erzählten, diese hätten einmal einer Fleischerfamilie gehört. Wilfriedes Leben war besser, als Anderson noch da war. Die Leute, die sie kennt, die Kontakte, die sie knüpfte, der Spaß, den sie »in dieser beschissenen DDR« hatte – all dies verdankt sie Anderson. Sie sagt, sie habe immer gedacht, etwas stimme nicht, aber sie habe sich »auf andere Frauen konzentriert«, was er offensichtlich auch tat.

»Biermann sagt jetzt, der Prenzlauer Berg sei ein Gemüsegarten der Stasi gewesen«, sagt Wilfriede, »aber ich habe keinerlei Verdacht geschöpft. Es gab Gerüchte in Dresden, Sascha sei ein Stasiagent, doch darüber lachte man. Es gab immer derartige Flüsterpropaganda über irgendwelche Typen. Man trat diesen Leuten mit Vorsicht entgegen, man hielt die Augen offen, doch auf jedes Gerücht folgte ein anderes, das dem ersten widersprach, und Gerüchte wurden ohnehin systematisch ausgestreut, und in der Regel kamen sie von der Stasi. Mein Mann wurde einmal aus einer Versammlung hinausgeworfen, weil die Leute dachten, *er* sei ein Stasiagent, und dann wurden die wirklichen Stasileute für einige Tage ins Gefängnis gesteckt, um den Verdacht von ihnen abzulenken. Ich habe Sascha niemals verdächtigt. Ich habe die Telegramme, die er hier bekam, nie gelesen, denn sie waren ja nicht an mich adressiert. Manchmal hat er mir eins gezeigt. Es lautete meistens so ähnlich wie ›Komm zur Probe‹ und war immer mit ›David‹ unterschrieben. Sascha organisierte immer Musikveranstaltungen, also kamen mir die Telegramme auch nicht merkwürdig vor. Das einzige, was mich mißtrauisch machte, das war die Unterschrift. Ich habe niemanden gekannt, der David hieß. Aber ich habe nie danach gefragt. Sascha führte ein sehr intensives Leben, und ich mußte zwei Kinder großziehen, ich hatte meine Arbeit, ich hatte mein Leben, und da war nicht viel Zeit, ihn nach *seinem* Leben zu fragen. Ich denke, für Sascha war ich eine Art Empfangsdame oder vielleicht auch eine Chefsekretärin. Es kamen immer Anrufe und Nachrichten für ihn. Es war wie bei meiner Mutter zu Hause. *Sie* war auch so. Ganz Ostdeutschland war so. Man kann sagen, ich habe das alles für den Untergrund im Prenzlauer Berg getan.«

Wilfriede denkt in der letzten Zeit öfter über die Männer des Prenzlauer Bergs nach. »Sie haben unser Selbstbewußtsein nicht unterstützt«, sagt sie, und selbst die russischen Frauen, die manchmal zu Besuch ins Atelier gekommen seien, hätten dem Leben, das sie selbst führten, skeptischer gegenübergestanden. Die Russinnen pflegten ihren typischen Tag folgendermaßen zu beschreiben: arbeiten, kochen, anstehen, nach den Kindern sehen – und die Beschreibung endete dann immer in schallendem Gelächter: »Und dann mußte ich den Trunkenbold nach Hause schleppen.« Die einzige Frau, für die Sascha Anderson jemals etwas »organisierte«, war Cornelia Schleime, eine alte Bekannte aus Dresden, die dann zum Freundeskreis im Prenzlauer Berg gehörte und danach, als beide in den Westen gingen, Andersons Freundin wurde. Wilfriede bewundert Cornelia Schleime, sie hat ein Bild von ihr über der Töpferbank hängen, aber mit etwas Bedauern in der Stimme sagt sie, Cornelia sei die Ausnahme gewesen. Die meisten Frauen im Prenzlauer Berg galten nicht sehr viel, es sei denn, es handelte sich um ältere Frauen wie etwa die Malerin Angela Hampel, die ein Buch Andersons illustrierte, um Frauen, die bereits einen Namen hatten und mit Männern verheiratet waren, die sich ihrerseits einen Namen gemacht hatten. Wenn Wilfriede etwas bedauert, dann, daß sie einige Feste verpaßt hat, beispielsweise die Party im Jahr 1984, als Allen Ginsberg kam, und sie mit den Kindern in Ferien war. Denn Anderson war es egal, ob sie dabei war oder nicht. Nach dem Weggang Andersons gründete sie eine Frauengruppe in ihrem Atelier. Sie und Petra zogen den Wohnzimmertisch aus und luden zwanzig Frauen zum Gespräch ein. Sie konnten ihre eigenen Gedichte lesen und ihre eigenen Bilder zeigen und vielleicht auch darüber diskutieren, warum so viele von ihnen jung geheiratet und sich wieder hatten scheiden lassen, warum sie ihre Kinder alleine großzogen – lauter Dinge, über die sie zuvor nie gesprochen hatten. Es gab Probleme untereinander, nicht zuletzt das Problem, daß die Dichter vom Prenzlauer Berg, mit denen sie zusammenlebten, auf die Idee der Frauen, sich alleine zu treffen und über *sie* zu diskutieren, »böse reagierten«. Einige der Frauen wollten über Literatur sprechen, denn »Kassandra« war endlich erschienen, und den durchdringenden, bitteren weiblichen Ton des Orakels fanden sie atemberaubend und überaus eindrucksvoll; manche wollten über Bewußtseinsfragen reden, denn sie hatten persönliche Probleme trotz des kostenlosen Kindergartens, der legalen Abtreibung und all der anderen Vergünstigungen, die Frauen in der DDR, bezeichnenderweise aber nicht Frauen im »progressiven Westdeutschland«, geboten wurden. Wilfriede sagt, es sei ihnen nie eingefallen, über Literatur und Bewußtsein oder über beides zusammen zu diskutieren. Sie trafen sich ein knappes Jahr und »starben« dann, wie sie sagt an *Kulturtourismus*, womit sie meint, daß Leute aus dem Westen sie entdeckt und bekannt gemacht hätten. Ein feministischer Verlag in West-Berlin wollte ein Buch mit ihren Gesprächen und Lesungen herausbringen. Die Verlegerinnen sagten zu Wilfriede, sie habe die erste radikale feministische Gruppe in Ostdeutschland, und dann fingen sie an, mit ihren Tonbandgeräten in der Schönfließerstraße 21 aufzutauchen, und die Frauen vom Prenzlauer Berg kamen sich dabei ganz verlegen, verklemmt und uninformiert vor. »Die Geschichte ging einfach zu schnell«, meint Petra Schramm dazu, und Wilfriede sagt: »Die Gruppe brach auseinander wie eine schwierige Freundschaft.«

In diesem Winter erhielt Wilfriede ein Schreiben ihrer Hausverwaltung. Es ist diesselbe Hausverwaltung wie früher, mit denselben Mitarbeitern, nur der Name hat sich geändert. Die Hausverwaltung hatte einen typisch ostdeutschen Namen aus einer Reihe von Anfangsbuchstaben, die für etwas Bürokratisches und Gewichtiges standen. Jetzt heißt sie »Wohnen im Prenzlauer Berg«. Das Problem war, daß einer der Nachbarn Wilfriede nachspionierte. »Ein echter Ostdeutscher«, sagt Wilfriede, »ein Mann, der Schwule, Künstler, Ausländer und alles, was anders ist, haßt, und besonders haßt er mich.« Er hatte schon dem homosexuellen Russen in der Nachbarwohnung, der jüdischen Familie in der nächsten Etage nachspioniert, und nachdem er durch Wilfriedes Fenster den Sand und die Steine auf dem Boden gesehen hatte, konnte er der Hausverwaltung »Wohnen im Prenzlauer Berg« berichten, daß Frau Maaß den Raum nicht zu »Wohnzwecken« benutzte, und daraufhin verlangte die Hausverwaltung den Raum zurück. Wilfriede sagt, der einzige Unterschied zwischen der Hausverwaltung von heute und von vor sieben Jahren, als sie den Raum angemietet und die Wand zu ihrem Atelier durchgebrochen habe, der einzige Unterschied sei der, daß die Hausverwaltung heute an diesem Gebäude verdienen wolle. Sie macht dafür die Tatsache verantwortlich, daß ein Westdeutscher einen Rückgabeanspruch gestellt hat. Es ist ihr bis jetzt noch nicht in den Sinn gekommen, daß dieses Nebengelaß ihres Ateliers unter dem Schutz der Stasi stand, solange Sascha Anderson hier den Untergrund organisierte, obwohl sie sich manchmal fragt, ob die Frau, die ihr die Erlaubnis gab, den großen quadratischen und sonnendurchfluteten Raum zu nutzen, nicht selbst bei der Stasi war, denn immer dann, wenn Wilfriede bei der Hausverwaltung anruft, bekommt sie die Auskunft, daß die Dame »verreist« sei.

Das Leben im Prenzlauer Berg hat für Wilfriede ein Wort hervorgebracht. Ihr Problem hieß *Zweckentfremdungsverbotsverordnung*, soll heißen, es war »nicht in Ordnung«, daß sie die Toilette herausriß und Ausstellungsregale einbaute anstatt sich ein Bett und eine Kommode anzuschaffen. Zwei Mitarbeiter des Wohnungsamtes kreuzten eines Tages bei ihr auf, als Wilfriede und ich bei Tee und Gebäck saßen, und das waren eindeutig keine Westler, denn sie setzten sich einfach, und einer von ihnen sagte: »Ich bleibe hier und möchte Ihrer sehr interessanten Unterhaltung zuhören.« Wilfriede hat für ihre Werkstatt die Gemeinnützigkeit beantragt. Sie hat außer Petra noch zwei Partnerinnen, und sie glauben, daß eine offizielle Bescheinigung der Gemeinnützigkeit das Atelier zusammenhalten könnte. Wilfriede hat bereits ihre Mitarbeiterinnen entlassen. Sie hat kein Geld, um sie jetzt zu bezahlen, und dies läßt sie nostalgisch an »die alten Tage« zurückdenken, als alle in ihrem Atelier zusammenarbeiteten, niemand Geld brauchte und das Leben »ruhiger« war.

»Mein Leben ist jetzt vollkommen anders«, sagt sie. »Der Prenzlauer Berg ist anders. Die Leute kommen immer noch zu einer Ausstellungseröffnung, Leute von hier und Leute aus dem Westen, denen die Vergangenheit nichts ausmacht. Hierher zurückzukommen hängt davon ab, wie man mit der Vergangenheit umgeht, diejenigen, die damit nicht zurechtkommen, bleiben eben weg. Es gibt immer noch Musik für die Leute, es gibt etwas zu essen und zu trinken. Aber wir treffen uns nicht mehr so oft privat. Jetzt gibt es Cafés und Kneipen, und man weiß genau, wo im Prenzlauer Berg sich jemand aufhält, wo man ihn finden kann. Die Kids gehen in Jugendklubs, aber es ist auch für sie anders. Was mich betrifft – ich habe vierzig Jahre mit diesem Ostsystem gelebt, dieses System hat mich geprägt, und deshalb fühle ich mich einsamer im Alltag. Jeder scheint einsamer zu sein.«

In der Hochzeit des Prenzlauer Bergs waren Sascha Anderson und Wilfriede Maaß bekannt für ihre Abschiedsfeten. Ihre Freunde gingen immer Richtung Westen, und wann immer einer die Ausreisegenehmigung erhielt, in der Regel, nachdem die Stasi seinen DDR-Paß eingezogen und ihn durch ein einmaliges Ausreisevisum ersetzt hatte, dann machten sie ihr Atelier auf und gaben eine Party. Kerbach hatte seine Abschiedsparty, und danach gingen einige andere Maler weg. Anfang 1984 verschaffte sich eine Gruppe von Dissidenten Zutritt zur amerikanischen Botschaft und bat um Asyl, und danach konnte eine Menge Leute das Land stillschweigend verlassen. Eine von Wilfriedes Freundinnen, die Malerin Christine Schlegel, heiratete einen Holländer, und Wilfriede und Sascha richteten den beiden eine dreitägige Hochzeitsfeier aus. Es sei leicht gewesen, das Land zu verlassen, sagt Wilfriede, wenn man einen heiratswilligen Amerikaner gefunden habe, denn je weiter man von Ostdeutschland wegging, desto einfacher sei es gewesen, eine Ausreisegenehmigung zu bekommen.

Im Jahr 1984 begannen Wilfriede und Anderson darüber zu reden, gemeinsam wegzugehen. Aber es kam nichts dabei heraus. Wilfriede wollte ihre Mutter in Ahrenshoop oder ihren Sohn in der Nachbarwohnung nicht zurücklassen – sie hatte das Sorgerecht für die Tochter, doch ihr Sohn lebte bei Ekkehard – oder sie wollte, wie sie sagt, nicht auf die Freiheit verzichten, vom Erlös ihrer Töpfe zu leben, ohne sich Gedanken darüber machen zu müssen, wie sie diese loswerden sollte. In der Zeit als Anderson 1986 dann wegging, verließen so viele Leute aus der Szene vom Prenzlauer Berg das Land, daß niemandem auffiel, wie schnell seine Genehmigung kam oder daß er tatsächlich seine Ausreise einige Wochen aufschieben konnte, um »aufzuräumen«. Lästige Poeten wie Sascha Anderson erhielten in der Regel vierundzwanzig Stunden Zeit, um ihre Sachen zu packen und zu verschwinden. Ein Jahr lang trafen er und Wilfriede sich auf Reisen nach Budapest und Prag. Danach hatte er seine Westfreundin, und es dauerte noch zwei Jahre, ehe Wilfriede ihn wiedersah.

Einige Tage nach dem Fall der Mauer trafen sie sich im Atelier von Cornelia Schleime. »In all dem Chaos hat sich Sascha ans Telefon gesetzt und eine Dichterlesung für die alte Gruppe organisiert«, sagt Wilfriede, »und natürlich bin ich hingegangen. Es gab ja eine ganz alte Beziehung zwischen uns.« Anderson wollte, daß sie Freunde blieben. Er besorgte Wilfriede ihr erstes Westauto, einen alten Mercedes, und gelegentlich trafen sie sich bei Lesungen oder auf Parties oder zu einer Tasse Kaffee. Wenn im Atelier eine Ausstellung stattfand, dann kam er. Unmittelbar nach der Frankfurter Buchmesse, als die Gerüchte über ihn einsetzten, kam er abends vorbei und sagte Wilfriede, die Gerüchte entbehrten jeder Grundlage, und Wilfriede sagt, sie habe ihm damals geglaubt. Sie glaubte ihm auch noch nach der Büchner-Preis-Rede und nachdem er mit Biermann in einer Fernsehsendung, die alle in Deutschland sahen, zusammengetroffen war. Als er das nächste Mal zum Prenzlauer Berg kam, nahm er sie auf einen Drink ins *Kyril* mit (was rückwärts gelesen Lyrik heißt). Dort saßen sie unter vergrößerten Bildern und Gedichten aus »Jeder Satellit hat einen Killersatelliten«, mit denen die Decke tapeziert war, und Anderson trank jede Menge, wobei er ständig wiederholte, daß sein Leben verpfuscht sei, daß alles, was *er* gemacht habe, falsch gewesen sei. Wilfriede sagt, Anderson sei so betrunken gewesen, daß er nicht mehr habe gehen können, sie habe ihn ins Auto gesetzt und nach Hause fahren müssen.

Doch Anderson kam immer wieder in den Prenzlauer Berg zurück. Im Januar traf sich die alte Gruppe in Wilfriedes Küche, und er versicherte allen, er sei nie Informant gewesen, und dann verfielen alle, wie die *Zeit* berichtete, in sentimentale Erinnerungen an die »Gemeinschaft« und an die guten alten »finsteren Zeiten« in Ostdeutschland. Wilfriede fragte ihn noch einmal nach seinen geheimnisvollen Verabredungen mit »David«, mit dem er sich traf, als sie und Anderson noch ein Liebespaar waren, aber sie besaß, wie sie erzählt, nicht den Mut, »Du lügst« zu ihm zu sagen, als er fortfuhr, alles abzustreiten. Keiner hatte den Mut dazu. Anscheinend warfen nur diejenigen Sascha Anderson etwas vor, die aus dem Westen kamen und das Glück hatten, im richtigen Land geboren zu sein, und die gar nichts verstanden oder Leute aus dem Osten, wie etwa Cornelia Schleime, die ein Jahr in New York zugebracht hatte und eine

Westlerin geworden war; sie hatte Gedichte in ihrem Atelier an die Wand gepinnt, in denen »Anderson der Tod gewünscht« wurde.

»Im Grunde wußte ich die Wahrheit«, sagt Wilfriede, »ich habe sie immer gewußt. Aber ich konnte sie nie aus ihm herauskriegen, und ich dachte, gib ihm weitere sechs Monate, dann wird er schon etwas sagen. Jetzt ist es meiner Meinung nach dafür wirklich zu spät. Ich denke an sein Doppelleben, wie er Ausstellungen und Lesungen organisierte und sich danach hinsetzte, um Berichte zu schreiben, und dann denke ich, er ist entweder hochgradig schizophren oder absolut cool, berechnend und gerissen. Er ist ein Topagent. Jemand, den man in den Vereinigten Staaten groß herausbringen könnte. Er konnte immer besser organisieren als dichten. Er schrieb so wie er war – äußerst vorsichtig, wobei ihm trotzdem einige großartige Zeilen geglückt sind.«

Ostdeutsche beschweren sich manchmal, sie hätten »für das Dritte Reich bezahlt«, und in gewisser Weise trifft das auch zu. Sie befanden sich am Schluß auf der falschen Seite der Alliierten, während die Westdeutschen »rehabilitiert« und belohnt wurden und zu Wohlstand kamen. Die Tatsache, daß einige Ostdeutsche das kommunistische Regime akzeptierten und sogar glaubten, es beschutze sie vor Faschisten, ändert nichts daran, daß jene Ostdeutschen der festen Auffassung waren, der moralische Sieg gehöre ihnen. Sie glaubten, daß sie – und nicht die Westdeutschen – Opfer gebracht, daß sie unter »der Geschichte« zu leiden gehabt hätten. Man muß klar sagen, daß ihre Verbrechen, verglichen mit dem Holocaust, geringfügiger Art waren, daß Deutschland das Dritte Reich nicht wegzaubern kann mit dem Spektakel, das die Ostdeutschen mit dem Stasiexorzismus veranstalten. Doch bei diesem Spektakel kommt unweigerlich die Rede auf den Nazismus. Dabei erheben sich Fragen, die 1945 hätten gestellt werden sollen, die aber unterblieben und eine ganze Generation und oft noch länger vergessen worden waren. Wie war das möglich? Und wie deutsch ist das?

Michael Naumann, heute Verlagsleiter von Rowohlt und früher selbst Autor, bezeichnet die Stasi gern als »soziologisches Wunder«, aber seiner Meinung nach macht man es sich viel zu einfach, wenn man von einem »typisch deutschen soziologischen Wunder« spricht, auch wenn viele Deutsche dies glauben möchten. Er zieht es vor, den wirklichen Vorläufer der Stasi im Saint-Simon-Kult zu sehen, wo alle Kleider am Rücken geknöpft wurden, und die Leute immer jemanden brauchten, um sich anzuziehen und deshalb auch nie allein sein konnten. Ihn interessiert, »wie Leute sich derart entwürdigenden Verhältnissen anpassen«. Naumann bringt jetzt Texte von Biermann heraus, und er ist völlig aufgebracht, wenn es um das Thema Ostdeutschland geht. Er kommt selber aus dem Osten, wo er 1941 geboren wurde. Zwölf Jahre später mußte seine Familie aus »Klassengründen« weggehen. Zwischen 1949, als Ostdeutschland ein eigener Staat wurde, und 1961, als die Mauer gebaut wurde, um die Leute dazubehalten, waren drei Millionen Menschen weggegangen, und Naumann sagt, die Leute, die blieben, hätten »ihre Geschichte verloren«. Ostdeutschland habe versucht, ihnen beizubringen, *was* sie seien, habe versucht, Arbeiter für einen Arbeiterstaat zu schaffen, es aber dabei unterlassen, den Menschen irgendetwas darüber beizubringen, *wer* sie seien oder gewesen waren, und einige gelangten zu der Überzeugung, sie seien Hitlers »Opfer« gewesen. Sie waren, wie Naumann es formuliert, »im tiefsten Sinne unzivilisiert, denn sie hatten einen Verlust der Alltagserinnerung erlitten«. Erinnerung spielt die Hauptrolle bei dem, was Naumann seinen »westdeutschen Groll« gegen die Ostdeutschen nennt. Er sagt, dieser Groll rühre von der Erfahrung her, daß man etwas über »Deutschland«

gelernt habe, von einer Erfahrung, die viele aus seiner Generation erst in der Auseinandersetzung mit ihren Eltern gemacht hätten, und von einer Entschlossenheit, das Schweigen über das, was Deutschland in den zwölf Nazijahren gewesen war, zu brechen, über die Taten der Deutsche zu reden und darüber, wie begeistert sie von Hitler gewesen waren. Diese Erfahrung trennt wie nichts anderes seiner Meinung nach seine Generation in Westdeutschland von den Ostdeutschen gleichen Alters, denn diese Ostdeutschen seien mit einem bloß rhetorischen Antifaschismus aufgewachsen, der sie als Deutsche nie betroffen habe. Die Ostdeutschen hätten nie gewußt, warum sie im Stechschritt hinter einem Führer hermarschiert waren und erst recht nicht, weshalb sie weiterhin mit so vielen Polizisten leben mußten. Wer sich »erinnerte«, seien in der Regel diejenigen gewesen, die Ostdeutschland verlassen hätten und, wie etwa Biermann, Westdeutsche geworden seien.

Wolfgang Kohlhaase, ein 61jähriger Ost-Berliner Schriftsteller, der nichts mit den Dichtern vom Prenzlauer Berg zu tun hat, vertritt die Auffassung, daß jedes Land seine eigene »kulturelle Intelligenz« hervorbringe, was nicht identisch sei mit »Kultur«, sondern heißen solle, daß ein 61jähriger deutscher Sozialist wie er etwas darüber wisse, wie und warum Ostdeutschland entstand und warum es verschwand. Er sagt, daß Autoren seiner Generation, die wie Biermann das Land verlassen hätten, und andererseits die Schriftsteller, die – wie er – geblieben seien, oft die gleichen Motive für ihre unterschiedliche Entscheidung gehabt hätten: Sie wollten ihr Land gesund und den Sozialismus möglich machen. Seiner Meinung nach geht der Streit zwischen Autoren wie Biermann und den Schriftstellern in Ostdeutschland jetzt in Wahrheit darum, wer von ihnen der wahre Revolutionär sei. Am Ende des Jahrhunderts könnte die Deutschland betreffende Frage vielleicht lauten: »Wo stehen wir jetzt? Sind wir wieder da, wo wir angefangen haben?« Seiner Meinung nach geht es dann nicht mehr um den Prenzlauer Berg, wo durch die anteilnehmende Aufmerksamkeit des Westens »der Dilettant ermutigt wurde, sich als Genie zu fühlen«.

In Westdeutschland gibt es Leute, deren Karriere als Literaturkritiker auf der Beschäftigung mit dem Prenzlauer Berg gründete, doch andererseits führte der Fall der Mauer auch zu literarischen Gewissensbissen, denn die Westdeutschen, die den Prenzlauer Berg förderten, nehmen nun eine Art Umbewertung vor, und einige von ihnen sagen, es sei allein Schuld des Westens, daß es derart viele überschätzte Namen gebe. Die wenigen ostdeutschen Autoren von herausragendem Talent, wie Christa Wolf und Heiner Müller, die den Büchner-Preis längst vor Biermann erhalten hatten, sie halfen den Dichtern vom Prenzlauer Berg, unterstützten sie mit Geld und besuchten die Lesungen, die Sascha Anderson arrangierte, aber sie waren vom Prenzlauer Berg nicht abhängig. Sie waren von Erich Honecker abhängig, der sie publizieren, reisen und sich einen Namen machen ließ, der sie rettete. Sie bildeten eine Elite in Ostdeutschland. »Ich gebe zu, ich habe niemals geglaubt, daß ›das Volk‹ recht hatte«, sagt dazu der Schriftsteller Stefan Hermlin. Von Heiner Müller stammt der Ausspruch, er habe nie erwogen, »nicht zu reisen, weil kein anderer das konnte«. Er ist ein Zyniker, und die Tatsache, daß die Reisefreiheit das größte Privileg in der DDR war, scheint ihn nicht gestört zu haben. Zu seinen Freunden in Westdeutschland pflegte er zu sagen, er lebe in »der anderen Diktatur«. Dem Filmemacher Marcel Ophüls erzählte er, daß er wahrscheinlich den Druck der Diktatur sogar gebraucht habe, »denn ich weiß, wie man mit einer Diktatur umgeht, und die Demokratie langweilt mich«.

Bert Papenfuß-Gorek ist unter den Lyrikern vom Prenzlauer Berg der beste und derjenige, der den Prenzlauer Berg bestimmt überleben und sich Anerkennung in »Deutschland« verschaffen wird. Er erzählt, daß wann immer einer der Dichter vom Prenzlauer Berg in Schwierigkeiten gewesen sei, Christa Wolf oder Heiner Müller »zum Telefon gingen und Honecker anriefen«, aber es sei ihm nie eingefallen zu fragen, wie Christa Wolf und Heiner Müller dazu kamen, Honecker anzurufen. Christa Wolf war eine gläubige Sozialistin, und sie bewarb sich sogar einige Male um einen Sitz im Politbüro und war enttäuscht, als man sie ablehnte. Sie wollte, daß Ostdeutschland Ostdeutschland bleibt. Nach dem Fall der Mauer flehte sie die Ostdeutschen an, das Land nicht zu verlassen. Sie versuchte, die Leute dazu zu überreden, Westdeutschland Widerstand entgegenzusetzen und für eine »bessere« DDR zu demonstrieren, aber zu ihrer Demonstration kamen nur wenige Leute, und danach zog sie sich zurück und sagte, sie leide zu sehr an der »Geschichte«, um an Diskussionen über Sascha Anderson oder Bierman teilzunehmen; Biermann hatte sie immer in Schutz genommen, wenn sie eine Apologetin des Regimes genannt wurde. Ihr Beitrag zur Stasidebatte und zur lästigen Anwesenheit der Stasi im literarischen Leben Ostdeutschlands war »Was bleibt?«, eine Erzählung über einen Tag im Leben einer Schriftstellerin, die entdeckt, daß sie überwacht wird. Die Erzählung, sagte sie, habe sie schon 1979 geschrieben, aber in eine Schublade gesteckt, denn schon viel zuviel Begabung sei im Gefängnis vergeudet worden; es sei nicht die Pflicht eines Schriftstellers, heldenhaft zu sein, sondern dauerhafte Werke zu schreiben. Sie sprach über Galileo, nicht aber über Cervantes oder Dostojewski oder gar Havel. Nach dem Fall der Mauer trauerte sie über den Tod des Sozialismus, veröffentlichte »Was bleibt?« und nahm eine Einladung an, ein Jahr am Getty-Center in Santa Monica zu verbringen.

Vielleicht hingen die »Glaubwürdigkeit« und auch der Mut von Autoren wie Christa Wolf und Heiner Müller mit den Reisepässen zusammen, die sie hatten, und vielleicht lag es auch daran, daß die Rolle, die sie als Ostdeutschlands berühmteste literarische Dissidenten spielten, ihnen etwas gab, was mir jemand als »ästhetische Zusatzbelohnung« beschrieb, »die das Leben interessant machte«. Hansjörg Geiger in der Gauck-Behörde nennt dies – etwas hart – »den großen Selbstbetrug von priviligierten Leuten, die dachten, sie verhandelten ›präventiv‹ mit dem System, während sie tatsächlich innerhalb des Systems mitarbeiteten.« West-Berliner, die deren Stücke sahen und deren Bücher lasen, bemerkten, daß sie voller Bissigkeiten und Kritik, voller Schmerz und sogar Panik waren. In Ost-Berlin wurde die Bissigkeit aus den Texten entfernt, die Kritik sowieso, wenn es sich um Kritik an den eigenen Verhältnissen handelte. Müller und Wolf waren insofern eine Art Modell, weil sie langfristig dachten und ihre Arbeiten über den Westen in Umlauf brachten und sich als ostdeutsche Genies »unverzichtbar« machten. Die Kids im Prenzlauer Berg, die Dada schrieben, versuchten ihnen nachzueifern. Einer der Lyriker sagte mir, sein Freund habe fünf Jahre darauf gewartet, eine Anthologie herauszubringen. »Die Stasi sagte nein, und dann wurde sie im Westen publiziert, und danach gab die Stasi ihr o.k. und so haben wir es schließlich geschafft.« Zu diesem Zeitpunkt lebten schon neun der in der Anthologie versammelten Dichter im Exil.

Es gehörte am Prenzlauer Berg zum guten Ton, daß man sich nicht beschwerte und schon gar nicht bei den Medien in Westen – nicht einmal nach dem Fall der Mauer. Man war kein Feigling und man spielte nicht den Helden. Der Lyriker Jan Faktor, der mit Christa Wolfs Tochter verheiratet ist, schrieb 1991 einen zornigen Artikel über die literarischen Dissidenten Ostdeutschlands und sagte: »Den großen Kämpfer zu spielen, war kein Problem. Aus diesem Grund haben Leute mit Geschmack davon Abstand genommen.« Das war vor der Büchner-Preis-Rede, aber gemeint war schon Biermann. »Geschmack« hingegen war etwas, worauf sich ein sozialistischer Gentleman verließ. Wolfgang Kohlhaase sagt, damit habe man dem Westen sagen wollen: »Wenn ihr denkt, ich werde aufstehen und mich für mein Leben entschuldigen – Pustekuchen!« Er war selbst ein Dissident, aber er glaubt, daß die meisten Menschen von Natur aus sich irgendwo zwischen »Nonkonformismus und schamlosem Opportunismus« bewegen, daß es also vielleicht an der menschlichen Natur lag, die über Sascha Anderson siegte, als er damit begann, Bericht zu erstatten. Im kommunistischen Ostdeutschland bedurfte es nach Kohlhaases Worten des »augenfällig exzentrischen Talents eines Wolf Biermann«, um etwa folgende Zeilen zu schreiben: »Die einst vor Maschinengewehren mutig bestanden / fürchten sich vor meiner Gitarre / Panik bricht aus / wenn ich den Mund aufmache«, und diese Verse auch noch zu glauben und wahr werden zu lassen.

Keiner weiß, warum Leute wie Sascha Anderson Informanten wurden – war es Schwäche, Druck, eine krankhafte Regung, Abenteurertum, Erpressung oder ein sehr deutsches Spiel mit der Identität? Geschah es aus Bewunderung für das System oder eher aus Verachtung? Keiner weiß, warum die Stasi so viel Erfolg bei diesen Leuten hatte; waren die Stasibeamten gute Polizisten, gute Psychologen oder einfach gute Marxisten, die den »Mehrwert« französischen Denkens im Prenzlauer Berg verbreiteten? Michael Naumann vermutet, daß die Stasi ihren Marx gelesen hatte oder zumindest wußte, daß es sich bei den hochgestochenen Theorien eines Derrida oder Barthes, »den Gucchis unter dem intellektuellen Schuhwerk des Westens«, um echte Luxusgüter handelte, die nichts mit dem kritischen Diskurs zu tun hatten, der revolutionäre Bestrebungen ermuntert. Aber eigentlich weiß überhaupt keiner mehr richtig, ob die Aufdeckung der Stasitätigkeit den Deutschen jetzt dabei hilft, ernsthaft über ihre eigene Vergangenheit nachzudenken, oder nicht eher dabei, die Tatsache zu ignorieren, daß sie sich nicht mit ihrer Vergangenheit auseinandersetzen. Keiner weiß, wer die ersten »Opfer« waren oder gar, was das Wort »Opfer« in einem Land bedeutet, in dem Stefan Hermlin, ein Jude, sagen kann, daß die Beschuldigung Andersons durch Biermann »nur zu vergleichen ist mit den Anschuldigungen gegen die Juden während der Nazizeit«.

Der West-Berliner Schriftsteller Peter Schneider sagt, daß er nach den Argumenten, die Schriftsteller in diesem Jahr vorgebracht hätten, Ralf Kerbach darin zustimmen müsse, daß »die Mauer zwischen Intellektuellen noch nie so hoch gewesen ist, noch nie so gut funktioniert oder jeden so verrückt gemacht hat«. Er hatte nie geglaubt, daß Schriftsteller in Ost und West »untereinander verbunden« seien, und jetzt findet er es interessant, daß die meisten Autoren, die er im Osten kannte und schätzte, schließlich nicht deshalb im Westen landeten, weil sie privilegiert waren, sondern weil die Stasi es so entschieden hatte. Auch er kannte Anderson. Er sagt, daß Anderson »irgendwie zu cool« gewesen sei; er habe dies für Schüchternheit gehalten, und Anderson habe ihm ein wenig leid getan, denn als dieser dann mit seiner geschäftigen Art schließlich im Westen gewesen sei, habe ihn eigentlich keiner so recht gewollt. Anderson war wie seine Lyrik: als er um Aufmerksamkeit kämpfen mußte, da schien er nicht weiter aufzufallen. Jetzt versteckt er sich, und in manchen Kreisen im Prenzlauer Berg hält man ihn eher für ein »Opfer« als die von ihm Geschädigten. Das wirft die Frage der »Opfer« erneut auf. Ralf Kerbach meint, daß manche Leute, wie etwa Biermann, schon Opfer ihrer eigenen Opferrolle geworden seien. Biermann leide am Kohlhaas-Syndrom, sagt er und meint damit, dieser verhalte sich wie Michael Kohlhaas, der Pferdehändler bei Heinrich von Kleist. Dieser hatte seine Pferde an einen bösartigen Junker verloren und war danach so besessen von dem ihm zugefügten Unrecht, daß er bei der Suche nach »Gerechtigkeit« sein Leben ruinierte.

Rainer Schedlinski war einer der Informanten am Prenzlauer Berg. Auch er gehört zu den Lyrikern vom Prenzlauer Berg und ist einer der Literaturkritiker dort. Außerdem ist er ein Teilhaber von *Galrev*, einem Lyrikverlag im Prenzlauer Berg, den er mit Sascha Anderson und einigen Freunden ins Leben gerufen hatte; aber wahrscheinlich ist es zutreffender, wenn man sagt, daß er in seiner Eigenschaft als Informant vom Prenzlauer Berg in Deutschland bekannt geworden ist. Schedlinski ist fünfunddreißig Jahre alt und tauchte in der Prenzlauer Berg-Szene zwei oder drei Jahre nach Anderson auf. Er hatte eine schwere Zeit hinter sich und warb nie so um Aufmerksamkeit, wie Anderson das tat, obwohl er eine wichtige Untergrundzeitschrift, die *Ariadnefabrik*, herausbrachte und bei radikalen Lyrikern und Literaturkritikern im Westen wegen seiner Textinterpretationen bewundert wurde. Als die Mitarbeiter von *Sulfur*, einer »Literarischen Halbjahresschrift für die gesamte Kunst«, sich mit den Lyrikern vom Prenzlauer Berg beschäftigen wollten, da zitierten sie vornehmlich Rainer Schedlinski. Es war Rainer Schedlinski, der darüber schrieb, wie Bert Papenfuß-Gorek die Sprache in »mnemotische Einheiten« zerlegte, die »vom Text gereinigt, eine neue Anordnung erlauben« und wie Stefan Döring »digitalisierte, dialektische Kettenreaktionen« produzierte, »bei denen jedes Wort das nachfolgende zerstört«. Als die Leute Schedlinski lasen, da verstanden sie, warum Biermann langweilig war – nicht weil Biermann langweilige Gedichte schrieb, was oft stimmte, sondern weil Biermann an den Sozialismus *glaubte*, wohingegen die neuen Lyriker vom Prenzlauer Berg es mit der »Subjektivität« hatten und an gar nichts glaubten.

Schedlinski selbst schien auch nicht an viel zu glauben. Er schrieb Gedichte über »Kuppeln des Nichts« und »Innere Ödnis« oder »Schwere Särge der Leere«. Heute sagt er, er habe so sehr an die Schriftsteller vom Prenzlauer Berg geglaubt, daß er Geld von der Stasi nahm, um diese Autoren in seiner Zeitschrift veröffentlichen zu können; er habe den Leuten, die er bespitzelt habe, wirklich geholfen, denn jedesmal, wenn er eine Nummer der *Ariadnefabrik* herausbringen wollte, erhielt er von der Stasi vierhundert Mark, um das Papier zu bezahlen. Schedlinski führte immer ein bescheidenes Leben, so wie es im Prenzlauer Berg eben üblich war. Er sagt, er habe nie Beträge erhalten wie die Leute aus der politischen Opposition, die ungefähr fünfhundert Mark für jeden Bericht bekommen hätten. Als Schedlinski mit seiner Spitzeltätigkeit begann, da erhielt er höchstens einige Pakete Kaffee, und irgendwann erhielt er einen Tisch, als ein »netter« Stasimann zu ihm nach Hause kam und feststellte, daß sein alter Tisch wackelig war. Schedlinski wohnt noch immer im Prenzlauer Berg, und zwar in einem sechsstöckigen Haus ohne Aufzug, das er 1985 leer vorfand und in Beschlag nahm. Die alte Badewanne, die er damals ins besetzte Haus mitbrachte, steht noch inmitten seines Wohnzimmers, doch jetzt ist sie Teil einer »Mauer« aus Industrieregalen, in welchen er einige seiner Bücher und einen seiner Computer aufbewahrt; der Raum ist jetzt geheizt, und er besitzt ein Auto. Als Informant operierte er nie auf Andersons Niveau. Bei einer Party, einer Lesung oder bei Treffen im Prenzlauer Berg waren immer vier oder fünf Informanten anwesend, und Schedlinski fing im Prenzlauer Berg als einer der Autoren an, die über andere Schriftsteller berichteten, die selbst wiederum schon Informanten der Literaturszene waren. Anderson berichtete vermutlich über Schedlinski. Sie beackerten dasselbe Gebiet. Sie hatten diesselben Freunde.

Schedlinski unterschied sich jedoch von Anderson, auch wenn dieser für sein Erscheinungsbild im Prenzlauer Berg Modell gestanden zu haben schien: er hatte den gleichen Dreitagebart, die gleiche Nickelbrille und die gleiche Stoppelfrisur. Er sagt, er habe Anderson als Schriftsteller eigentlich nie gemocht, ihm habe die Sprache von Lyrikern wie Papenfuß-Gorek und Jan Faktor mehr zugesagt. Anderson legte als Informant eine eigentümliche Trockenheit an den Tag. Er ging auf die Detailversessenheit der Stasi ein. Wenn er Ausstellungen besuchte, um beispielsweise Maler zu bespitzeln, dann berichtete er immer über die Körpergröße der Gäste, die Maße der Bilder oder sogar über den Grundriß der Galerie, während Schedlinski von Ausstellungen nur berichtete, ob ihm die Bilder gefielen oder nicht. Wenn Anderson ein »schlechtes Gewissen« gehabt habe, so hieß es später, dann habe Schedlinski überhaupt kein Gewissen gehabt. Er ist ziemlich stolz darauf, daß »neunzig Prozent meiner Unterhaltungen mit der Stasi davon handelten, was *ich* dachte«, ganz so, als seien schlechte persönliche Eindrücke weniger schädlich als abträgliche Informationen. Er berichtete über den Schriftsteller Lutz Rathenow und erzählte der Stasi, wie penetrant Rathenow sei, was für schlechte Texte er schreibe, jedoch nicht, so sagt er, wie Rathenow seine Manuskript in den Westen geschafft oder wieviel Geld er damit gemacht habe – was er wahrscheinlich nicht berichten konnte, weil er gar nichts darüber wußte. Rathenow wurde einige Male festgenommen und verbrachte einige Nächte im Gefängnis, doch Schedlinski sagt, *er* habe dafür keinen Anlaß geliefert. Er meint, er habe Rathenow nicht mehr Schaden zugefügt als die Kritiker heute, die sich damit begnügen können, Rathenow zu zitieren, etwa: »Schäbig blühende Wolkenfabrik / Spraydose, die sich nicht leeren läßt / Eine Platte, die einen Sprung hat / Gerüche tätowieren die Stadt« – und ihn auf diese Weise fertigmachen. Schedlinski ging, wenn er über Lyriker berichtete, nie so ins Detail wie Anderson. Anderson berichtete einmal über den Lyriker Uwe Kolbe (der in diesem Winter einer der Stipendiaten an der Villa Massimo war) und lieferte der Stasi die verwirrende Auskunft, daß Kolbe »das Substantiv von seiner Last befreit ... indem er lautmalerische adjektivische Übertreibungen verwendet«.

Schedlinski kommt aus Magdeburg und spricht gern über das »ostdeutsche Zusammengehörigkeitsgefühl«, das in seinem Magdeburger Lieblingscafé und unter den Leuten vorherrschte, die er dort kannte. Er mochte diese Leute. Das waren abgebrannte Theologen, die morgens mit der Bibel ins Café kamen, arbeitslose Physikprofessoren, die dort an den Tischen saßen und ein Buch über Einstein schrieben, und ein »mystischer« alter Graphikkünstler, der kompromißlos lebte und bitterarm war. Dieser Künstler hieß Rudolf Thiele. Er besaß ein Auto, aber das hatte keinen Motor, und immer, wenn er einen Aushilfsjob fand – etwa Bilder in einer Kirche zu restaurieren oder einen Kiosk anzustreichen – setzte er sich ans Steuer und Schedlinski schob ihn dann zur Arbeit. Schedlinski spricht über ihn wie über einen Vater. »Als Rudi starb, da fragten wir uns alle: Was war das Besondere an ihm? Geld hatte er nie. Wir mußten ihm Schuhe für den Winter besorgen. Er lebte davon, daß er Leute im Café zeichnete und sich für die Skizzen einen Kaffee bezahlen ließ. Er war die Lauterkeit persönlich, und wir waren seine Schüler. Wir waren so ganz anders, aber wir teilten seine Wertvorstellungen.«

Schedlinski hat einen Roman über sein altes Café geschrieben. Er meint, er könnte immer noch dort sein und Kaffee mit seinen Freunden trinken, wenn es nicht das Problem mit seinem Bruder Wolfgang gegeben hätte. »Wolfgang war bei der Handelsmarine und besaß ein Westauto, eine Blinddarmnarbe aus Hawaii und hatte sieben Spionageprozesse auf seinem Konto, als die Stasi ihn nach Westdeutschland verkaufte, wo er Geschäftsmann wurde, eine Menge Geld machte und sich in einer neonazistischen Partei betätigte. Schedlinski sagt: »Er stand mir am nächsten, er war derjenige, der in den Westen ging, der einzige, der etwas fertiggebracht hat.« Das beste Geschäft seines Bruders, so vermutet er, war es, Leuten bei der Flucht aus Ostdeutschland zu helfen, denn er – damals war er neunzehn – erhielt einen Brief aus einer Stadt in der Nähe von Düsseldorf, dem Wohnsitz seines Bruders. Im Umschlag waren zwei Briefe, die er in Magdeburg zustellen sollte, und damit habe sein eigenes Problem mit der Stasi angefangen. Die Empfänger dieser Briefe hat er nie gesehen, und er weiß nicht, ob sie ins Gefängnis gewandert sind oder ob sie es jemals nach Westdeutschland geschafft haben. Er dachte, wenn er die Briefe ausliefere, dann würde ihm Wolfgang auch eines Tages dabei helfen wegzukommen, und deshalb befolgte er die Anweisungen seines Bruders, steckte die Briefe ein und ging wieder nach Hause. Vier Wochen später buchtete ihn die Stasi in ihrer Magdeburger Zentrale ein. Sie ließen ihn ein Dokument unterschreiben, in dem er eidesstattlich versicherte, niemals in dieser Behörde gewesen zu sein. (Zur eigentümlichen Logik in den Stasibüros gehörte es, Gegendarstellungen von Leuten zu sammeln, die derartige Erklärungen hätten gar nicht unterschreiben müssen, wenn sie nicht dort gewesen wären, um sie zu unterzeichnen). Sie legten ihm die Briefe seines Bruders vor. Sie sagten ihm, als Wolfgangs Kurier habe er mit zehn Jahren Gefängnis zu rechnen und danach mit einem totalen Veröffentlichungsverbot. Ein »harter Stasimann« schüchterte ihn ein. Ein »netter Stasimann« bot ihm einen Handel an. Der nette Stasimann – er hieß Joachim – sagte zu Schedlinski, er solle sich das Angebot überlegen, denn seine Zukunft sei erst einmal nicht vielversprechend, und bei einer Weigerung würde er bestimmt sein Leben ruinieren. Schedlinski sagt manchmal, daß Joachim ihm »Aufbauhilfe« angeboten habe. Und manchmal sagt er: »Ich habe einfach unterschrieben, um rauszukommen.« Bei seinem dritten Besuch in der Magdeburger Stasizentrale – mal erwähnt er auch einen vierten oder fünften Besuch – setzte er seine Unterschrift unter eine sogenannte *Verpflichtungserklärung*, ein Dokument, das sozusagen seine Berichtspflicht vertraglich regelte.

Die Stasi versprach, Schedlinski in Ruhe zu lassen. Für eine Weile hielt sie sich daran, auch wenn hin und wieder jemand bei ihm auftauchte und Kaffee brachte, guten Kaffee, an den er sich gewöhnte. Das erste Mal, daß er für die Stasi »etwas gemacht« habe, sagt er, sei gewesen, als Joachim seine Wohnung benutzt habe, um Leute zu beobachten, die Erich Honecker sehen wollten, als dieser zu einer Parade nach Magdeburg kam. Schedlinski wohnte zu dieser Zeit in der Otto von Guericke-Straße. Die Polizei hatte sich bei ihm beschwert, weil er keine Vorhänge an den Fenstern hatte, und da die Straße als »Protokollstraße« galt, hätten Vorhänge da sein müssen. Doch Joachim hatte eine hervorragende Aussicht. Er beobachtete den Aufmarsch, und Schedlinski konnte weiter das tun, was ihm Spaß machte, nämlich Rezensionen für die Lokalpresse schreiben und Gedichte verfassen.

Schedlinski war ein »kalter Agent«, will heißen, er war auf Eis gelegt, »jung und verfügbar für den Fall, daß sie mich brauchten«. Sein Leben änderte sich, als seine Kontrolloffiziere wechselten. Dies geschah ungefähr zu der Zeit, als Sascha Anderson Heiner Müller zu einer Lesung nach Magdeburg brachte und dort auch eine Ausstellung für Ralf Winkler arrangierte, den man als Maler unter dem Pseudonym A.R. Penck kennt. Die Stasi wollte Informationen über die örtlichen Kontakte der beiden haben und fragte Schedlinski danach. »Das war nicht so schlimm«, sagt Schedlinski, »niemand kam dadurch in Gefahr. Niemand wurde je dafür verurteilt, daß er bei einer Lesung auftrat oder ein Gemälde präsentierte.« Es wäre freilich korrekter zu sagen, daß Künstler wie Müller und Penck zu bedeutend waren, um sie zu verurteilen – ihr Ruhm war ihr Schutz. Die

Künstler, die Beute der Stasi wurden, waren Leute wie Rainer Schedlinski, Leute mit großen Erwartungen, die im Ausland weder Geld noch Geltung besaßen. Sie wählten Schedlinski aus, weil ihn 1983, wenn er im Gefängnis gelandet wäre, weder im Westen noch im Osten jemand vermißt hätte.

Schedlinski behauptet, er sei nur widerwillig Spitzel gewesen: »Ich sagte mir, daß ich denen erzählen könnte, was Heiner Müller las, aber nicht, wer alles da war und daß die Veranstaltung subversiven Charakter hatte.« Er erzählt, daß die Stasi ihn bestrafte, indem sie die Veröffentlichung seiner Kritiken abwürgte, doch die wirkliche Strafe sah so aus, daß er mit fünfundzwanzig Jahren eingezogen wurde – das Höchstalter für die Ableistung des Wehrdienstes war sechundzwanzig. Man steckte ihn als Pförtner in ein Offizierskasino in der Nähe von Bad Sarow, wo die Offiziere mitten in der Nacht aufkreuzten, mit ihren geladenen Waffen herumfuchtelten und Schnaps verlangten. Schedlinski war vier Wochen dort, da schoß einer der Offiziere einem anderen das Ohr ab, und Schedlinski, der wegen Herzgeräuschen Medikamente nehmen mußte, erlitt einen Nervenzusammenbruch, nahm eine Überdosis Tabletten, kam mit einem Herzschrittmacher in der Brust in einer Nervenklinik wieder zu sich und behauptete steif und fest, die Stasi sei hinter ihm her. »Es war der Druck der Stasi, des Militärs und der Irren, was mich fertiggemacht hat«, erzählte er mir eines Tages bei einem Bier und Frühlingsrollen im »Kaiser von China«, einem Restaurant im Prenzlauer Berg, in das er gerne geht. »Die wirklich Irren in der Klinik, das waren die Ärzte. Sie sagten dauernd zu mir: ›Das ist alles Einbildung, Ihre Phantasie ist mit Ihnen durchgegangen.‹ Ich schrieb eine Rede für sie mit dem Titel ›Die Ästhetik des Militärs‹, und nachdem ich daraus eine Stunde vorgelesen hatte, da sperrten sie mich einfach ein und diagnostizierten Paranoia, also genau das, was ich wollte. Dann wurde ich in eine andere Klinik gebracht, wo alle verrückt waren. Ich war in einer geschlossenen Abteilung, aber auch dort gibt es Leute, mit denen man sich unterhalten möchte. Da gab es diesen Typen, der immer im Jogginganzug an meinem Fenster vorbeirannte. Eines Tages sah er mich. Er rief mir zu: ›Eh, in welchem Verein bist Du denn drin?‹ Ich sagte: ›Ich gehöre überhaupt keinem Verein an.‹ Und er gab mir einen Rat, er sagte: ›Ich hatte gestern dasselbe Problem, aber heute bin ich ein Irrer.‹«

In der Heilanstalt webte Schedlinski Teppiche und hielt die Bibliothek sauber. Er las Camus, Benjamin, Flann O'Brien, Lars Gustafsson und eine Menge medizinischer Fachliteratur und entschied, daß er bereits alles wußte, was diese »klugen Bücher« mitzuteilen hatten. Nach sechs Monaten ließen ihn die Ärzte gehen, und er machte sich zum Prenzlauer Berg auf, wo er eine Freundin mit Wohnung kannte. Wenn er heute über seinen Nervenzusammenbruch spricht, dann sagt er, der »Druck« der Stasi sei daran schuld gewesen, doch im selben Atemzug sagt er, die Stasi sei »keine große Sache« gewesen und habe niemals etwas Schlimmes getan. Die Stasi kam regelmäßig in sein Magdeburger Café, und Schedlinski sagt, daß jeder gewußt habe, um wen es sich handelte und daß »wir die nicht ernstgenommen haben«, daß er und seine Freunde den Stasileuten Zettel mit Nachrichten zugeschoben und sich hinterher darüber lustig gemacht hätten. Er sagt, daß selbst der Mann, der alle Untergrundausstellungen in Magdeburg organisierte, gewußt habe, daß er mit der Stasi spreche. »Er befand sich in einem Konflikt«, sagt Schedlinski, »aber letztlich gab er mir und einem anderen Stasimitarbeiter den Auftrag, seine Heizung zu installieren.«

Die Stasi fand Schedlinski im Prenzlauer Berg wieder, als dieser zum Zahnarzt gehen und wegen eines Krankenscheins seine Anschrift angeben mußte. Zwei Stasileute kamen in seine besetzte Wohnung und nahmen ihn mit, und mal sagt er, es habe sich dabei »um einige Monate Gefängnis« gehandelt, mal sagt er, es sei »nicht Haft im üblichen Sinne, sondern ein Verhör« gewesen. Die Anklage lautete diesmal auf »asoziales Verhalten« und »illegalen Wohnsitz«, und dann fügte die Stasi noch den Punkt »Besitz ausländischer Zahlungsmittel« hinzu, denn Schedlinski hatte gerade fünfhundert DM für seine erste Veröffentlichung im Westen erhalten. Seine Geschichte trug den Titel »Berlin Simultan«. Sie erschien in einer Anthologie zwölf »neuer deutscher Erzähler«, und die West-Berliner, die als »Kulturtouristen« zum Prenzlauer Berg gekommen waren und das Manuskript mit hinausgenommen hatten, hielten Schedlinski für sehr mutig, für so mutig wie Sascha Anderson.

»Ich legte mir in Gedanken zurecht, was ich der Stasi erzählen könnte, und danach gab es kein Problem«, erzählte mir Schedlinski. »Sie fragten mich: ›Wo sind Sie in der Sylvesternacht gewesen?‹ Und ich antwortete: ›Bei Lutz Rathenow, wir haben Monopoly gespielt.‹ Ich dachte, sie würden mich abschieben oder mir irgendein Angebot machen. Sie wußten, daß ich unzuverlässig war, aber sie waren ziemlich freundlich. Sie mußten an ihre eigenen Vorgesetzten berichten, um diese bei Laune zu halten, und ich hatte dabei keine Skrupel. Ich dachte mir, wenn die Stasi den Untergrund finanzieren möchte – gut so. Die Leute wußten sowieso, daß ich für die Stasi arbeitete.«

Doch tatsächlich wußte niemand außer der Stasi selbst, daß Rainer Schedlinski ein Spitzel war. Es gab entsprechend lautende Gerüchte so wie im Fall Anderson, und auf gewisse Weise schützten ihn diese Gerüchte. Und außerdem ist es unwahrscheinlich, daß einer seiner Freunde – ausgenommen vielleicht Freunde von der Art Andersons, die wiederum über ihn berichteten – ihm auf den Parkplatz, wo er sich mit seinem Kontrolloffizier traf, oder in das Haus auf dem Land folgten, wo er Bericht erstattete. Nach allem, was man hört, waren seine Freunde glücklich, als er damit anfing, die *Ariadnefarbik* herauszugeben. Er erklärte ihnen, es handele sich um »ein neues Konzept«, um kritische Essays über »das Denken des Prenzlauer Bergs«, und Leute wie der oppositionelle Pfarrer Wolfgang Ullmann, der heute im Bundestag sitzt und die Lyrikerin Elke Erb, ja auch Sascha Anderson, schickten Manuskripte. Schedlinski wußte nicht, daß Anderson für die Stasi arbeitete, und es fällt schwer zu glauben, daß umgekehrt Anderson über ihn Bescheid wußte, auch wenn einige Leute behaupten, sie hätten »Beweise« dafür, daß Anderson so wichtig für die Stasi gewesen sei, daß diese ihm die Namen aller anderen Spitzel im Prenzlauer Berg ausgehändigt habe, als er in den Westen ging. Eigentlich wußte Schedlinski über Anderson nur, daß Anderson mit Heiner Müller nach Magdeburg gekommen war, für die *Ariadnefabrik* geschrieben und ihm sogar einmal ein Photokopiergerät geschickt hatte.

Die erste Ausgabe der *Ariadnefabrik* erschien 1986, fünfzig Seiten Computerausdruck in grobem, schwarzem Pappeinband, und danach konnte Schedlinski jeden zweiten Monat eine Nummer herausbringen. »Ich habe der Stasi von meinem neuen Konzept berichtet«, erzählt er, »ich habe ihnen gesagt: ›Ich werde diese Zeitschrift herausbringen‹, und es gab kein Problem, da die Stasi eigentlich alles organisierte.« Er besteht darauf, daß die vierhundert Mark pro Heft die einzige »Zuwendung« der Stasi gewesen sei. Er sagt nicht, woher er acht- oder neuntausend Mark für einen japanischen Computer oder rund tausend Mark hatte, um seinen Freund Andreas Koziol für die Schreibarbeiten zu bezahlen. Die meisten Ausgaben erschienen in fünfzig bis sechzig Exemplaren, denn das Gesetz in Ostdeutschland bestimmte, daß die Publikation von Zeitungen und Zeitschriften mit einer Auflage von mehr als neunundneunzig Exemplaren der behördlichen Genehmigung bedurfte. Schedlinski verkaufte die Exemplare im Untergrund, das Stück zu vierzig Mark. Bei Gelegenheit stellte er eine Anthologie mit Erzählungen und Gedichten zusammen, zog mit Wachsmatrizen tausend Exemplare davon ab, die er dann auch verkaufte. Schließlich schaffte er sich eine Offsetmaschine an, aber dann fiel die Mauer, und so kam er nie dazu, die Druckmaschine zu benutzen.

Vor Jahren dachte Schedlinski daran, in den Westen überzusiedeln. 1988 erhielt er ein Visum und fing an, nach West-Berlin hinüberzugehen, und einmal sprach er auch mit Anderson darüber, einfach dazubleiben. Anderson versuchte, ihm dies auszureden, und schließlich brachte ihn die Freundin, mit der er sich traf, davon ab. Heute sagt er, er sei froh darüber, daß er zu Hause geblieben sei. »Die westdeutsche Mentalität paßt mir nicht«, meint er. »Der Westen ist nicht viel besser als der Osten – nur glänzender. Das war das erste, was ich dort gemerkt habe. Die zweite Sache war, daß man in einer Kneipe sein Getränk immer selber bezahlt. Es geht dort nicht so sozial zu wie hier. Im Westen gibt es Cafés für Künstler mit Seidenschals, Cafés für Künstler mit Hunden, aber nicht einfach Cafés für alle Künstler zusammen. Leute im Westen wollen immer anders sein. Um hier ›anders‹ zu sein, mußte man immer eine Gruppe bilden und zusammen aus der Gesellschaft aussteigen – ansonsten war man als Verlierer ganz allein.«

Seit zwei Jahren, vom Tag der Verlagsgründung an, arbeitet Schedlinski bei *Galrev*. Sein Interesse an dem Unternehmen ist das eines Eigentümers, auch wenn es sich in vieler Hinsicht um ein Projekt Andersons handelte. Anderson organisierte es. Er steckte Geld hinein und entwarf als Kennzeichen des neuen Verlags einen hübschen Schutzumschlag – einen farbigen Schrägstrich, der die Titelfutura von der Illustration abhob, und er kaufte die Textverarbeitungssysteme, die Kopiergeräte und sogar eine Heidelberger Druckmaschine, die, wie Schedlinski sagt, der Ferrari unter den Druckmaschinen sei und rund siebzigtausend Mark koste. Doch die Druckerei wird als Kooperative betrieben und ist heute vielleicht einer der wenigen Plätze im Prenzlauer Berg, wo Schedlinski einen Job bekommen könnte, weil die Leute vom Prenzlauer Berg zu der Ansicht neigen, daß es heuchlerisch und »christlich« sei, sich zu sehr über Informanten wie Schedlinski aufzuregen und daß dergleichen nur Leute täten, die sich beim Westen anbiedern wollten, und diese Einstellung verschafft Schedlinski einen gewissen Schutz. Die meisten Leute, denen er im Prenzlauer Berg geschadet hat, lassen ihn in Ruhe, damit niemand sie fälschlicherweise für lautstarke, moralisierende Westler hält. Oder sie behandeln ihn, als wäre er selbst ein Opfer, was er in gewisser Weise ja auch ist. Oder sie treffen sich mit ihm und diskutieren über die Tücken der »deutschen Identität«. Über den Schriftsteller Detlev Opitz sagt Schedlinski: »Ich hätte ihm Ärger bereiten können, hab's aber nicht getan; ich erzählte der Stasi ganz normale Sachen.« Detlev Opitz lud ihn in diesem Winter für einige Tage an die Ostseeküste ein, »um uns auszusprechen und um ein klärendes Gespräch über unsere Freundschaft zu führen, aber auch um mehr über Informanten zu erfahren, da er gerade an einem Roman über dieses Thema schreibt«. Sie verbrachten zwei ruhige Tage in Ahrenshoop und hielten auf zweihundertfünfzig Seiten ihre Gespräche fest, die Schedlinski lieber »Essays und Kurzgedichte« nennt, und sie brachten die *Süddeutsche Zeitung* dazu, ihnen das Hotel zu bezahlen.

Nachdem die Stasiakten zugänglich waren, erfuhren Leute im Prenzlauer Berg, daß A.R. Penck, der dem *Galrev-Verlag* einige hunderttausend Mark gegeben und einige der von Anderson bestellten Geräte bezahlt hatte, damit drohte, sein Geld aus dem Unternehmen abzuziehen, wenn Schedlinski und Anderson blieben. Penck war eine Art Paterfamilias der Szene im Prenzlauer Berg gewesen. Er ist der bekannteste aus Ostdeutschland stammende Maler, und er hat heute Ateliers in Düsseldorf, Berlin und London. Damals in Dresden wütete die Stasi in seinem Atelier, und nachdem man ihn in den Westen geschickt hatte, tat er für ostdeutsche Künstler alles, was in seinen Kräften stand. Er verabscheut die Stasi, aber er fühlt sich Anderson verbunden, und Anderson und Schedlinski kreuzen immer noch bei *Galrev* auf. Schedlinski »verabschiedete« sich offiziell für drei Monate, kam aber immer wieder zurück.

Galrev hat ein großes Ladenbüro, in dem früher eine Marionettenwerkstatt gewesen war. Alles darin ist schwarz oder grau gestrichen, passend zu dem Mobiliar, das Anderson in West-Berlin gekauft hat, und im Fenster hängen dünne modische Sichtblenden. Sie werden heruntergelassen, wenn das siebenköpfige Leitungsgremium zu seiner montäglichen Sitzung zusammentritt. Vielleicht geschieht dies, weil trotz der Behauptungen von Schedlinski, es gäbe dort »kein Problem« mit ihm, bei *Galrev* die Beziehungen untereinander jetzt abgekühlt sind, sich die Mitarbeiter mit Mißtrauen begegnen und die fremden Leute, die Schedlinski mitbringt, mit Argwohn beäugt werden. Sie verrichten ihre Arbeit, doch wenn Fremde zu Besuch kommen, dann verhalten sie sich – je nach Sichtweise – verstohlen oder gelassen. Niemand sieht auf, keiner lächelt, niemand wird vorgestellt. Wilfriedes Freundin Petra Schramm geht gelegentlich zu *Galrev*, um den Computer zu benutzen und sagt, bei *Galrev* sei »die Luft raus«, die Leute, die dort arbeiteten »kommen nicht klar miteinander«. Ihrer Beschreibung nach »arbeiten dort Leute zusammen, die nicht mehr zusammengehören«, und damit hat sie recht, denn gemeinsam ist diesen Leuten nur noch, daß ihr gegenseitiges Vertrauen zerstört ist.

Wilfriede hält Schedlinski bei *Galrev* für »etwas überschätzt«, sie meint, er sei zu *Galrev* gekommen, weil er Verleger werden wollte und Anderson ihn einsteigen ließ. Kerbach ist anderer Meinung. Er sagt, das Problem bei *Galrev* sei nicht Schedlinski, nichts wäre gewonnen, wenn man ihn aufforderte zu gehen. Seiner Auffassung nach handelt es sich um ein strategisches Problem, denn nach der Erschließung der Stasiakten und als alle das Schlimmste über Schedlinski und Anderson wußten, habe *Galrev* es versäumt, die Leute schriftlich der Glaubwürdigkeit und Verläßlichkeit des Verlags zu versichern, ganz zu schweigen davon, daß man dies auch gegenüber den Banken hätte tun müssen, die dem Verlag Geld geliehen und geglaubt hatten, sie unterstützten ein echtes »alternatives« ostdeutsches Unternehmen. Die Deutsche Bank gab *Galrev* achtzigtausend Mark zu dreizehn Prozent, und über ein weiteres Darlehen wurde verhandelt, als Schedlinski sich »zurückzog«. (Er sagte, es sei entschieden worden, daß »meine Unterschrift auf all diesen Sachen nicht gut für den Verlag ist«.) *Galrev* war der erste »legitime« Verlag am Ort, der die Lyriker vom Prenzlauer Berg herausbrachte, und der Verlag wurde gerühmt, weil er die früher von Sascha Anderson in schönen, kleinen und handcolorierten Bändchen herausgebrachten Lyriker übernahm und nun als »Erstausgaben« für vier- oder fünfhundert Mark an die Kulturtouristen verkaufte, weil er diese Lyriker vom Untergrund nun in die Buchläden brachte und weil er als ein Symbol für den neuen Unternehmungsgeist rechtschaffener ostdeutscher Intellektueller galt.

Am Anfang gab es nur einen Konkurrenten im Prenzlauer Berg, den Verlag Basis-Druck, der Sachbücher herausbrachte und als »zum Biermann-Lager« gehörig betrachtet wurde. Basis-Druck, das war »die andere Seite«, der Westen im Osten nach dem Sprachgebrauch des Prenzlauer Bergs. Dort wurde Rathenow veröffentlicht. Dort erschien Andreas Sinakowsky, ein Ex-Informant, der eine vernichtende Beichte in Romanform unter dem Titel »Das Verhör« geschrieben hatte. Basis-Druck spezialisierte sich auf Essays über Mittäter und Lügner und auf Enthüllungen über die ostdeutsche Korruption, während *Galrev* Autoren wie Papenfuß-Gorek, Anderson und Schedlinski herausbrachte und Übersetzungen keltischer Lyrik und amerikanischer Dichter veröffentlichte, die im Stil des frühen Gregory Corso schrieben. Vielleicht ist das Problem für *Galrev* weniger eine Frage seiner Informanten oder seiner Strategie, sondern eine Frage der Marktwirtschaft, die in den Prenzlauer Berg kommt. Gerhard Wolf, Christa Wolfs Ehemann und langjähriger Ost-Berliner Verleger, hat gerade mit einer Lyrikreihe begonnen, die er in einem, bedenkt man die Vielzahl der Informanten unter den Lyrikern im Prenzlauer Berg, kurioserweise *Janus Presse* genannten Verlag herausbringt. Und die Dichter selbst sind nicht mehr bei ihren lokalen Verlegern zu halten, sie unterschreiben Verträge bei großen westdeutschen Verlagen, die ihnen Vorschüsse zahlen, einen ordentlichen »West«-Vertrieb, Auslandsverträge und auch die öffentliche Aufmerksamkeit besorgen können, die sie als ostdeutsche Dissidenten nun eingebüßt haben. Anderson veröffentlicht jetzt hauptsächlich im Westen. Schedlinski teilt sich zwischen *Galrev* und dem Frankfurter Suhrkamp-Verlag auf, der vor einigen Jahren seinen Gedichtband »Die Rationen des Ja und des Nein« veröffentlicht hatte und wahrscheinlich auch den Roman, an dem er gerade sitzt, herausbringen wird. Schedlinski sagt, daß er *Galrev* vorziehe, denn dort »stehen ganz traditionell die Autoren im Mittelpunkt – sie machen ihr eigenes Layout, kümmern sich um den Druck und um alles andere«. Er denkt, dieser Verlag sei das letzte Glied, das den Prenzlauer Berg mit den alten Tagen verbinde, mit der Zeit »als das Leben dort locker lief und man sich nicht um Arbeit, Geld oder Wohnung sorgen mußte, als man mehr Freiheit hatte, zu schreiben, was man wollte, weil man sich nicht um den Markt kümmern mußte«. Vom Markt redet er viel. Er glaubt anscheinend, es sei die Marktwirtschaft und nicht die Stasi gewesen, die ihn reingelegt und verraten, seinen

Ruf ruiniert und ihm den Prenzlauer Berg mies gemacht hat.

Jeden Morgen gegen elf fährt Schedlinski zu *Galrev*. Er sieht die Maschinen nach, die Anderson gekauft hat und wendet sich dann der Arbeit an seinen Projekten zu, einer amerikanischen Anthologie, einer Anthologie früherer ostdeutscher Untergrundzeitschriften und einem »postmodernen Kunstmagazin« mit dem Namen *Warten: Das Magazin*. Diese Zeitschrift, die Anderson zu *Galrev* brachte und in welcher es angeblich »um alles zwischen Kühen und Mathematik«, in Wirklichkeit aber um Sex und »Anarchie« geht, enthält grelle, teure Farbgrafiken und pornografische Vignetten und ist, da auch einige Texte auf englisch sind, eindeutig für den Markt konzipiert. Anderson schaut gelegentlich vorbei. Er ist »mal hier, mal dort«, wie Schedlinski sagt, und erledigt seine Sachen, ohne viel mit anderen zu reden. Anderson ruft Schedlinski kaum noch an, doch der meldet sich bei ihm in West-Berlin, wenn er Material bestellen muß oder wenn es Probleme mit den Maschinen gibt. Schedlinski denkt, daß »Anderson seinen Standort in der ganzen Geschichte nicht findet«, das heißt, daß Anderson ein Gespräch darüber ablehnt, *warum* er zur Stasi gehörte, ja daß er nicht einmal davon reden möchte, *daß* er dazugehörte. Schedlinski erzählt, Anderson habe im vergangenen Herbst nach der Buchmesse seine eigene Akte auf dem Schwarzmarkt gekauft. Er mußte dafür dreißigtausend Mark hinlegen, aber vermutlich war es seine »Opferakte«, die Berichte anderer Informanten über ihn enthielt. Aus Andersons »Täterakte« fehlen drei Ordner, und zwar die Ordner über seine Jahre im Westen. Während Informanten, die nur in Ostdeutschland tätig waren, nach westdeutschem Recht, das jetzt in ganz Deutschland gültig ist, nicht zur Verantwortung gezogen werden können, gilt dies nicht ohne weiteres für Informanten, die in Westdeutschland operierten, denn denen könnte durchaus der Prozeß wegen Spionage gemacht werden. Keiner weiß, ob Anderson jene fehlenden Aktenteile hat, oder ob jene Unterlagen vernichtet oder von Leuten gestohlen worden sind, die Anderson erpressen oder schützen wollen, oder ob jene Akten zu einem Handel gehört haben, der mit Anderson geschlossen wurde, damit er nicht auspackte. Die Stasi hatte ihn nach seiner Scheckfälscherei in Dresden rekrutieren können, und nun gibt es Gerüchte, die ihn mit anderen Straftaten in Verbindung bringen, und Leute, die sagen, daß die wichtigen »Westagenten der Stasi«, die in Andersons fehlender Akte auftauchen – darunter einige Westdeutsche auf Regierungsebene – möglicherweise jene Straftaten benutzen würden, um Anderson zu »überreden«, *sie* nicht bloßzustellen.

Wenn man etwas über einen einzelnen Stasiangehörigen in Erfahrung bringen will, kommen automatisch Dutzende anderer Deutscher ins Spiel, die auch bei der Stasi waren. Und wenn Touristen auf ihrer Route durch den Prenzlauer Berg am *Galrev-Verlag* vorbeikommen oder Reporter gegen die Tür hämmern, um zu sehen, wo Sascha Anderson und Rainer Schedlinski Bücher drukken, dann wird *Galrev* ein weiteres Merkzeichen auf einer ohnehin schon verwirrenden moralischen Landkarte.

Schedlinski läßt die Besucher eintreten und erzählt von den Dingen, die er nicht getan hat: er erzählte der Stasi nichts vom Plan der *tageszeitung*, Exemplare des Blattes auf polnischen Lastwagen zu verstecken, um die Zeitung so nach Ostdeutschland hineinzubrigen; er erzählte der Stasi nichts über Lutz Rathenows Geld; er erzählte der Stasi nichts von den wirklich »kriminellen Dingen« seines Freundes Detlev Opitz; er erzählte der Stasi nichts über die politischen Aktivitäten seiner Freundin Cornelia Jentzsch, die bei *Galrev* arbeitete – er berichtete nämlich über ihren Freund; er erzählte der Stasi nichts über die Pläne des Friedensaktivisten Gerd Poppe, der vor russischen Raketenstützpunkten demonstrieren wollte – er berichtete nur seine »Eindrücke« vom Abendessen bei Poppe zu Hause.

Im letzten Sommer kam ein Redakteur des Westdeutschen Rundfunks zum Prenzlauer Berg, um ein »Portrait des Lyrikers Rainer Schedlinski« zu drehen. Im Januar kam der Redakteur nochmal zu einem Nachdreh und hatte einige Seiten aus Lutz Rathenows Akte dabei, die er von Rathenow selbst erhalten hatte. Er zeigte Schedlinski einen Bericht, den dieser 1985 über Rathenows Unterschriftensammlung für eine Petition in Sachen Reisebestimmungen gemacht hatte, und dann filmte er die Reaktion in Schedlinskis Gesicht. Rathenow sagte später, Schedlinski habe mit diesem Bericht »meine innersten Beweggründe« publik gemacht. Doch Schedlinski versteht nicht, weshalb Rathenow so reagierte, wo er die Petition doch selbst in allen Untergrundzeitungen und sogar in der *Ariadnefabrik* abgedruckt und ganz viel davon geredet hatte, die Unterschriften zur Veröffentlichung in den Westen zu bringen. Schedlinski sieht wirklich keinen Unterschied darin, die eigenen, persönlichen Beweggründe selbst publik zu machen oder dies jemand anders machen zu lassen, obgleich er diesen Unterschied dann versteht, wenn die westdeutsche Presse mit ihm so verfährt wie er mit Rathenow. Er stritt die Gerüchte über seine Person ab, bis die Akten geöffnet wurden. Er leugnete vor der Kamera alles, bis er eine Kopie seiner »Verpflichtungserklärung« vorgelegt bekam.

Der erste richtige »Beweis« im Fall Schedlinski erschien im Januar im *Stern*. Es handelte sich dabei um die Kopie seines Berichtes über das Monopolyspiel am Sylvesterabend bei Rathenow. Danach »beichtete« er in einem Artikel in der *Frankfurter Allgemeinen Zeitung*. Und anschließend gab er täglich drei oder vier Interviews, denn die Stasi war zu einem Dauerbrenner geworden. »Täter und Opfer« nannte man das Spiel, und die Mitwirkenden wurden aufgefordert, sich im Fernsehen und in den Zeitungsspalten gegenüberzutreten; und die alten Führungsoffiziere, die jetzt einen guten Job haben oder mit einer angenehmen Pension leben, wurden dafür bezahlt, ihren Kommentar dazu abzugeben. Schedlinski wurde eine Menge Aufmerksamkeit zuteil (auch wenn er sich gelegentlich selbst als »ein Opfer des Presseterrors« bezeichnete). Er schrieb Artikel für alle bedeutenden Zeitungen in Deutschland, für die Züricher *Wochenzeitung* und für das holländische Nachrichtenmagazin *Elsevier*. Er begann, ein Buch mit Essays über »die Rolle der Stasi in der DDR« zu schreiben. Von der Georgetown University wurde er eingeladen, einen Vortrag über »Germanistik und Politische Wissenschaft« zu halten, und das Goethe-Institut in Chicago lud ihn zu einer Lesung ein. »Ich bin nicht aufgeregt«, sagt er. »Ich habe nie gedacht, ich erzähle irgendetwas Wichtiges.«

Die Mitarbeiter der Gauck-Behörde reagierten anfänglich übereinstimmend. Viele meinten, die Akten sollten geschlossen bleiben, denn eine Offenlegung würde mehr Kummer als Klarheit schaffen; sie befürchteten, daß die Opfer in ihrer Empörung zu einer »Stasi« und die Stasiangehörigen zu Opfern würden, womit niemand gedient wäre; das Beste für Ostdeutschland sei also »Verzeihen«. Es war der Vorsitzende der Behörde, Pfarrer Joachim Gauck, der die Deutschen daran erinnerte, daß diese Behörde kein Gerichtshof sei, daß hier niemand verurteilt und nichts vergolten werde, daß diese Behörde der »Wahrheit« und einer höheren Gerechtigkeit diene und daß, egal was Politiker sagten, die Botschaft zwar nicht »Liebe Deine Feinde«, aber doch »Erkenne Dich selbst« laute. Aber nach Durchsicht der Akten waren die meisten Mitarbeiter der Überzeugung, daß die Akten offengelegt werden müßten; sie hatten vergeblich versucht, schlau zu werden aus Millionen Seiten voller wahnwitziger Vermutungen über »feindliche negative Grundeinstellung« und »Feindverhalten«, voller Aktennotizen, die von der Frage, warum Biermann einer Freundin, mit der er geschlafen hatte, Cognac anbot, bis zu der Überlegung reichten, ob Biermann Ostdeutschland verlassen würde, wenn er die Nachricht erhielte, daß seine Großmutter in Hamburg im Sterben liege. Der intime Charakter der Akteninhalte löste bei den Mitarbeitern der Behörde Entsetzen aus. Spiros Simitis, einer der westdeutschen Berater der Behörde, sagt, es sei so schrecklich gewesen, daß er, wenn auch widerstrebend, entschieden habe, die Opfer müßten Zugang zu ihren Akten haben, selbst wenn seiner Meinung nach »nichts Gutes dabei herauskommt, außer daß die Deutschen vielleicht dann sehen, wie abstoßend das ganze System war und wie jeder schließlich zum Lügner wurde«. Michael Zabel, dessen Büro die Akten verwaltet, kam zu dem Schluß, daß die Ostdeutschen »gar keine Zukunft« hätten, solange sie sich nicht mit ihrer Stasivergangenheit auseinandersetzen und das Ausmaß ihres Verrats zur Kenntnis nehmen. Geigers persönliche Schlußfolgerung lautete, der Zugang zu den Akten habe etwas mit dem »Recht« der Ostdeutschen auf »Kontrolle des eigenen Lebens« zu tun – die Ostdeutschen müßten davon überzeugt werden, daß sie dieses Recht schließlich in »Deutschland« hätten und deshalb selbst entscheiden könnten, ob jemand, der sie denunziert hatte »weiterhin einmal die Woche auf ihrer Couch sitzt und Whiskey trinkt«.

Ich traf Geiger am Tag, nachdem er eine Akte über einen Sechzehnjährigen gelesen hatte, der dem Küster in seiner Kirche einen Witz über Honecker erzählt hatte. Der Witz handelte von Bush, Gorbatschow und Honekker, die von Kannibalen verfolgt wurden. Bush bot den Menschenfressern Geld an, wenn sie ihn verschonten, und Gorbatschow versprach ihnen das »Paradies«. Erfolglos. Aber als Honecker sagte: »In zweihundert Metern erreichen wir die Deutsche Demokratische Republik«, da machten die Kannibalen schleunigst kehrt. Der Küster wiederholte den Witz vor der Stasi, und der Junge wurde für zwei Jahre ins Gefängnis geworfen. Geiger konnte nicht glauben, was er da las. Er ist ein sanfter Mensch, aber er gerät in Rage, wenn er hört, daß Informanten »niemandem geschadet« hätten; er sagt, je mehr er lese, desto mehr verstehe er, daß die ganze ostdeutsche Gesellschaft auf einem »Alptraum, auf Unsicherheit und Verrat« aufgebaut war. Das anderen zugefügte Leid verfolgt ihn. Er erzählte mir, er habe eines sonntags allein in seinem Büro über einer Akte gesessen und »plötzlich, da hörte ich einen Schluchzer. Ich sah mich um – und dann merkte ich, daß ich es war, der weinte«.

Einige der Intellektuellen vom Prenzlauer Berg trafen sich im März und sprachen darüber, ein »Russell-Tribunal der Opfer« einzuberufen, auf dem die Informanten des Verbrechens gegen die Menschlichkeit angeklagt werden sollten – vermutlich würden sie dann zu heilsamer Reue verurteilt. Man hielt das für eine Idee wie von Biermann ausgeheckt, denn nur sehr wenige der Informanten vom Prenzlauer Berg gebrauchen Worte wie »Verbrechen« oder gar »Recht« und »Unrecht«, wenn sie von sich selbst reden. Sie sagen: »Ich hab's für Deutschland getan«, oder: »Ich habe nie jemand ein Leid zugefügt«, oder: »Ich hatte Angst«, oder: »Ich wollte mich schützen« – und machen sich selbst zu Opfern. Die zur Zeit beliebteste Unterhaltung in Ost-Berlin ist eine wöchentliche Psycho-Sitzung von Opfern und Informanten im Haus am Checkpoint Charlie, das ein findiger Berliner vor Jahren am alten Übergang eröffnet hat. Die teilnehmenden Stasiangehörigen sprechen von einer »internen Untersuchung«. Henryk Broder hält die Bezeichnung »Obsession« für angemessener. Er sagt: »Wenn man da einen Typen zusammen mit seinem Nachbarn heulen sieht, der ihn bespitzelt hat; wenn man sieht, wie jemand, der verfolgt und vielleicht gefoltert wurde, sich darüber jetzt mit dem Stasimann, der das getan hat, aussprechen möchte – dann hat man Deutschland in einer Nußschale vor sich.« Einige seiner Freunde sagen, er sollte besser nicht von Tätern und Opfern reden, denn die Stasi sei »eine deutsche Angelegenheit«.

Mein Freund, der Berliner Journalist Wiglaf Droste, fürchtet, in Deutschland könnte sich ein »Opferkult« ausbreiten. Er stimmt mit Broder darin überein (mit dem ihn ansonsten nur Meinungsverschiedenheiten verbinden), was es bedeutet, wenn Deutsche anfangen, sich selbst als Opfer aufzuführen. Als die Gerüchte über Sascha Anderson einsetzten, schrieb Droste, daß Anderson jetzt wahrscheinlich zu sehr mit dem Skandal beschäftigt sei, »um seine schlechten Gedichte zu schreiben«, aber wenn er jetzt die Aufmerksamkeit sieht, die Biermann und sogar Rathenow zuteil wird, und wenn diese so beharrlich das Opfer spielen, dann beschleicht ihn die Sorge, daß andere Leute nun auch anfangen, ihre eigenen schlechten Gedichte und ihre ebenso schlechte Prosa fast ehrfürchtig zu betrachten, die Sorge, daß Kunst zu einer Angelegenheit der Politik wird. Ihn stört an der Gauck-Behörde, daß diese »die Opfer ermutigt, sich für die Presse, für die ›Kunst‹ und sich gegenseitig interessant zu machen«. Er meint, die Deutschen schwelgten zur Zeit in einer sehr ungesunden, sehr deutschen Selbstbezogenheit und hörten sich bei ihrer Suche nach »Identität« langsam so an wie Novalis' Heinrich von Ofterdingen auf der Suche nach der blauen Blume und machten »Deutschland« zum einzigen Thema in der Welt, das ihrer Aufmerksamkeit wert sei.

Deutsche sind sehr kompliziert, wenn sie von Reue reden: sie wollen, daß »korrekt« bereut wird. Sie reden deshalb gern in moralischen Metaphern – die Stasi steht für den kommunistischen Staat, der kommunistische Staat für den Nazistaat und der Nazistaat schließlich für »Deutschland«. Gelegentlich hat es den Anschein, als wollten sie zum Ausdruck bringen, sie könnten die Probleme ihrer Vergangenheit dadurch »lösen«, daß sie die Gegenwart bewältigen; sie scheinen zu glauben, daß eine korrekte Gesinnung und eine korrekte Reue die Ausflüchte in der Vergangenheit ungeschehen machen könnten, so als ob sie – wie ein jüdischer Freund in Berlin sagte – eine »Endlösung der Nazifrage« erreichen könnten. Mit derlei Ironie können die Deutschen nichts anfangen. In schwierigen Zeiten haben Deutsche kein Interesse an Ironie. Sie reden lieber darüber, warum die Opfer so »deutsch« und warum die Informanten so »deutsch« oder warum gerade jene Informanten so »deutsch« sind, die sich der DDR gegenüber einigermaßen loyal verhalten haben und nun mit leeren Händen als Verräter dastehen.

Anderson will nicht über die Biermann-Affäre reden. Die meiste Zeit verbringt er in Jena, wo er eine Freundin hat, in Berlin meldet sich nur sein Anrufbeantworter. Biermann lehnt es ab, über die Affäre zu sprechen, weil er einen Exklusiv-Vertrag mit dem *Spiegel* hat. Biermann ist ganz schön geladen. Die Stasi sammelte eifrig Beweise seines »destruktiven« Charakters, und das Politbüro kam wiederholt zusammen, um seinen Ruin zu planen, und jetzt beunruhigt ihn sehr, daß ostdeutsche Schriftsteller wie Stefan Heym über Joachim Gauck sagen, dieser sei »blind vor Haß ... und schlimmer als die Stasi je war« oder wenn Bärbel Bohley des »McCarthyismus« bezichtigt wird, weil sie herausfinden möchte, wer sie verraten hat. Einige Schriftsteller sind der Meinung, Biermann habe sich voller Groll die Rolle der obersten Instanz angemaßt. Biermann sagt Reportern, die ihn anrufen, dasselbe wie mir, nämlich: »Das Thema ist erledigt« – und zwei Wochen später greift er es im *Spiegel* wieder auf und macht damit eine Menge Geld, und die Leute lesen ihn und sagen, Wolf Biermann habe noch nie zuvor so tief gelitten oder so wunderbar geschrieben.

Vor einigen Monaten fertigten die Redakteure der *tageszeitung* eine lyrische Collage an. Sie nahmen hier ein Stückchen, da ein Stückchen Lyrik vom Prenzlauer Berg, fügten die Teile neu zusammen und publizierten den Text als »Gedicht« der Lyrikerin »Rebecca Goldblum«. Später teilten sie mit, es habe sich um eine Parodie gehandelt, doch nicht viele Leute im Prenzlauer Berg merkten den Unterschied. Bert Papenfuß-Gorek wird, soweit ich weiß, nicht in dem Gedicht von »Rebecca Goldblum« zitiert. Er lebt seit 1976, also länger als alle anderen Lyriker im Prenzlauer Berg und hat nicht die Absicht, von dort wegzugehen. Die Stasi versuchte, ihn 1972 zu rekrutieren, da war er sechzehn Jahre alt und wohnte noch bei seiner Mutter in Greifswald. Im gleichen Jahr wurde er aus dem Gymnasium hinausgeworfen und fing an, Gedichte zu schreiben; er brach mit seinem Vater und wurde zum Arbeiten in die Fabrik geschickt. Sein Vater war ein ziemlich wichtiger Wissenschaftler bei der Armee, und er konnte mit der Familie einmal ein Jahr in Leningrad verbringen; er leitete ein Institut für Weltraummedizin in der Nähe von Dresden und wollte, daß Papenfuß-Gorek ebenfalls Mediziner wurde. Sein Vater galt als »unersetzlich«, und wahrscheinlich konnte Papenfuß-Gorek deshalb die Stasi abblitzen lassen und mußte nichts Schlimmeres als ein paar Jahre in der Fabrik dafür hinnehmen.

Er war *débrouillard*, wie sein Freund Sascha Anderson. Er sagt, er sei mit eingeschmuggelter Literatur über »Anarchismus« aufgewachsen, er sei einer der »Greifswalder Intellektuellen« gewesen, die es geschafft hätten, sich ihre Lektüre aus Westdeutschland zu besorgen, und für jeden Hermann Hesse in der Schule habe er einen Max Frisch, ein Buch über das deutsche Barock oder den russischen Futurismus oder Dada-Lautgedichte gelesen. Längst bevor Anderson Kurt Schwitters im Prenzlauer Berg vorgestellt habe, sei er mit diesem Autor vertraut gewesen. Er habe keltische Lyrik und

Camus gelesen. »Richtige Literatur«, sagt er. Er war so forsch, seine eigenen Gedichte an einen Ost-Berliner Verlag, den *Verlag Neues Leben* zu schicken, und auch so gut, daß sechs seiner Gedichte in *Temperamente* erschienen, der besten literarischen Untergrundzeitschrift in Ostdeutschland. Es überraschte nicht, daß er in den Prenzlauer Berg zog. »Es war die Langeweile, die mich dahin brachte«, sagt er heute. Vielleicht auch, weil er 1978 ein Publikationsverbot erhielt oder nicht wie die anderen Lyriker vom Prenzlauer Berg im Literaturhaus lesen durfte oder weil er den Job als Ton- und Lichttechniker behalten wollte, den er sich an einem kleinen Experimentiertheater besorgt hatte. Er las privat, bei Leuten zu Hause oder in Kirchen. Das Verbot sei »prima Reklame« gewesen, sagt er. Er gründete eine Punk-Band mit dem Namen »Ornament und Verbrechen«, las Gedichte zur Musik der Band und kam, als die Gruppe vor Zuhörern in Ost-Berlin spielte, zu dem Schluß, es gebe »keinen großen Unterschied« zwischen Punks und den Literaten.

Er tritt immer noch mit »Ornament und Verbrechen« auf, auch wenn er nun eine neue Gruppe namens »Novemberclub« hat, die er gern als »postmoderne Lyrik-Trashband« bezeichnet. Und er wohnt noch immer im selben besetzten Haus im Prenzlauer Berg, zusammen mit drei schwarzen Katzen, seiner Verlobten aus Chicago, einer Menge Schallplatten und schwarzen Tüchern, die überall auf dem Boden herumliegen. Die Farbe Schwarz gehört zu den wenigen Dinge, auf die »coole« Leute in Ost und West gleichermaßen stehen, und Papenfuß-Gorek würden sie als »schwarze Person« bezeichnen, denn er zieht sich schwarz an. Sein besonderer Stil sind schwarze Stiefel, scharfe schwarze Lederhosen, eine schwarze Lederjacke mit Reißverschlüssen – und außerdem umgibt er sich mit Dingen in schwarz. Er selbst hält sich eher für eine »Ostperson«. Er hat die typische Frisur vom Prenzlauer Berg: kurze Stoppelhaare und auch die dort typische Einstellung zum Fall Sascha Anderson. Es ist ihm ziemlich egal, ob Sascha Anderson ein Spitzel war, und erst recht, ob Anderson über ihn berichtet hat. Er sagt, die Gruppe habe ungefähr aus fünfzehn Malern, Musikern und Lyrikern bestanden. Sie hätten sich 1977 kennengelernt, seien zusammengeblieben, und jeder habe jeden gemocht: »Wenn ich einen Menschen mag, wenn jemand mein Freund ist, dann akzeptiere ich ihn so, wie er ist, und fange nicht an, an seinem Charakter zu zweifeln.«

Papenfuß-Gorek wurde einen Tag vor seinem sechsundzwanzigsten Geburtstag zur Volksarmee eingezogen. Er lehnte es ab, eine Waffe zu tragen und wurde in eine Sondereinheit gesteckt, wo niemand eine Waffe hatte oder an einer Waffe ausgebildet wurde. Diese Einheit war für »feindliche Personen« – für Anarchisten, Straftäter, Neonazis, Punks, Homosexuelle, Christen und ein paar Dichter geschaffen worden. Keiner der anderen Soldaten durfte mit ihnen sprechen. »Wir waren interessant, aber wir waren der Abschaum«, sagt Papenfuß-Gorek – und er übte praktische »Solidarität«, was, wie er sagt, sehr gut gewesen sei, denn als er zum Prenzlauer Berg zurückgekommen sei, da hätten sich die meisten Dichter, die er kannte, in Schwierigkeiten befunden. Sie hatten keine Arbeit, Geld kam keines herein. Die Stasi hatte entschieden, daß sie »als Lyriker negativ« seien, und Papenfuß-Gorek, der mit Ralf Kerbach zusammen an einer Mappe mit Siebdrucken und Gedichten arbeiten wollte, lebte von »Geld und Hilfe« von Heiner Müller und Christa Wolf und war abhängig von Sascha Andersons Westkontakten.

Sein erster Gedichtband lautete: »harm. arkdichtung 77«. Er kam 1985 in Westdeutschland heraus, ein Jahr bevor Anderson den Prenzlauer Berg verließ. Das erste Mal, als er Anderson danach wiedersah, war bei einer Lesung in Rotterdam, das war 1988, da hatte er bereits ein Visum, und danach sah er Anderson bei einer Lesung irgendwo in den italienischen Alpen. Zusammen treten sie jetzt bei Lesungen in Deutschland auf. Vor zwei Monaten hatten sie eine Lesung in Essen. Sie fuhren von Berlin dorthin und sprachen unterwegs nicht über die Stasi, denn »Sascha wollte nicht, und ich bin nicht der Mensch, ihn dazu zu zwingen«. Sie hatten vor, nach Köln weiterzufahren, denn dort wohnte ein alter Bekannter vom Prenzlauer Berg, der Lyriker Thomas Kling, und *der* wollte über die Stasi sprechen, aber Anderson lehnte schließlich ab. »Bei der Lesung gab es ›Diskussionen‹«, sagt Papenfuß-Gorek, »und ich muß zugeben, eine Menge Leute war böse auf Sascha, und der wiederholte immer nur: ›Ich habe niemandem Schaden zugefügt‹. Sascha war unmoralisch – das hat die Leute eigentlich gestört. Und in gewisser Weise ist er zusammengebrochen. Er versucht, sich vor allem zu drücken. Das fing im Herbst an. Da war eine Lesung in Frankfurt, Sascha trat auf, las ein Gedicht, eine Diskussion gab es nicht. Er wollte keine Diskussion. Er war richtig nervös. Ich sagte zu ihm: ›Warum bist du nervös?‹ Und er sagte: ›Es gibt eine Kampagne gegen mich.‹ Biermann schrieb damals, Anderson sei ein Spitzel, und Sascha sagte, er sei kein Spitzel gewesen, er habe mit der Stasi gesprochen, aber nie für die Stasi *gearbeitet*. Ich ärgerte mich irgendwie über Biermann. Manche Leute ärgerten sich über Sascha, und gute Freunde von ihm wie Ralf Kerbach und Cornelia Schleime wurden richtig böse auf ihn. Ich nicht, denn in der Gesellschaft von Wolf Biermann wollte ich nicht sein. Ich mag die Medienszene nicht. Ich dachte, wir werden das zusammen aufarbeiten, wir müssen Zeit und Geduld haben und nicht diesen Streß. Manchmal fühle ich mich hereingelegt, aber ich mag Sascha immer noch. Und ich arbeite bei Projekten gerne mit ihm zusammen. Ich arbeite gerade an einem Buch, das macht mir Spaß, und meiner Meinung nach sollten wir dieses Buch zusammen machen.«

Papenfuß-Gorek hat dieses Jahr drei neue Lyrikbändchen vorgelegt. Er brachte sie unter die Leute. Ein Gedichtsammlung ist bei *Galrev* erschienen, eine bei Janus und die dritte in einem Göttinger Lyrikverlag. Er bereitet gerade eine Reihe anderer Sachen vor, eine Mappe für den Berliner Kunstverlag Endart und dann noch ein »Buch«, bei dem es sich eigentlich um eine CD mit Aufnahmen einer seiner Punkgruppen handelt, die im Verlag Steidl herauskommen sollen. Er ist in Sascha Andersons Anthologie mit Lyrikern vom Prenzlauer Berg vertreten und verdient seinen Lebensunterhalt mit Lyriklesungen. Ich glaube nicht, daß ihn die Frage sehr bekümmert, ob die Lyriker vom Prenzlauer Berg »vom französischen Denken neutralisiert« wurden, wie es Westdeutsche wie Michael Naumann sagen, oder ob die Kirchen, in denen sie lasen, von »pastoralen Stasisoziologen« infiltriert waren oder ob die Leute von Basis-Druck, die ihr Programm machen, nun die Nachbarschaft ruinieren. Diese Leute, sagt er, seien im »Literaturgeschäft der Stasi – das ist ihr Programm, das ist ihr Problem«.

Einmal trat er dieses Jahr im Fernsehen auf, um Anderson zu verteidigen. Er sagte, er habe eine Menge Leute gekannt, die mit der Stasi gesprochen hätten und erwähnte den Namen von Rathenow. »Seht euch Lutz Rathenow an«, sagte er und meinte, Rathenow sei ein Spielverderber und könne keinen Scherz vertragen. Daraufhin bekam er ein Schreiben von einem »Westanwalt«, der ihm androhte, ihn auf fünfhunderttausend DM Schadensersatz zu verklagen für den Fall, daß er den Namen Rathenows nochmals öffentlich mit der Stasi in Zusammenhang bringen würde. Seine Meinung nach hatte der Anwalt »eine Menge Spaß« und Rathenow überhaupt keinen Grund, sich zu beschweren, »denn der fährt einen roten Saab«. Papenfuß-Gorek gehen jetzt andere Dinge im Kopf herum. Er wird heiraten. Seine Verlobte singt bei »Ornament und Verbrechen« mit, und nun fragt er sich, ob er deren Namen seinem *Papenfuß* hinzufügen soll, wie er das tat, als er eine Frau namens Gorek geheiratet hatte. Er will nach Irland zurück, wo er nach dem Fall der Mauer gewesen war, und mehr keltische Poesie und mehr Bücher über Mythologie lesen. Er möchte an seinen eigenen Gedichten arbeiten, die, wie er sagte, im Begriff seien, »eine Grenze zu überschreiten«. Das Ergebnis werde »irgendetwas Unerhörtes, Unverschämtes« sein. Ralf Kerbach ist der Meinung, Papenfuß-Gorek sei von Ostdeutschland gezeichnet und sagt über ihn: »Er zieht sich zurück und ist ein wenig verschlossen.« Aber Papenfuß-Gorek ist lustig, er hat eine trockene Art, ein bezauberndes Lächeln, und manche seiner Gedichte sind wunderbare Liebesgedichte – ostdeutsche Liebesgedichte.

Die wirklichen Stasileute sind noch immer da. Es fällt nicht schwer, sie in Berlin auszumachen. Die Agenten, die noch nicht von ihrer Pension leben, fahren Taxi. Die Offiziere sind Fernsehstars und erteilen ihren Talkshowgästen Ratschläge in Sachen Glaubwürdigkeit der Opfer, die sich beschweren, und Ratschläge, was man von der Echtheit der Opferakten und der moralischen Qualität der Spitzel zu halten habe. Die Generäle machen sich ein schönes Leben an bayerischen Seen, wo sie die Prozesse abwarten, aus denen sie sicherlich als Sieger hervorgehen werden. (Eine Ausnahme ist der Stasichef Erich Mielke, dem nicht der Prozeß gemacht wird wegen des Terrors, den er jahrelang in Ostdeutschland ausübte, sondern weil er 1931 zwei Polizisten erschossen haben soll). Selbst Alexander Schalck-Golodkowski, der offizielle Geldwäscher der DDR und Chef einer Staatsholding, die Millionenbeträge in alle möglichen Westbetriebe investierte, hat sich in eine Villa am Tegernsee zurückgezogen; sein Herz für diesen Ort entdeckte er auf Geschäftsreisen zu Franz Josef Strauß und anderen

Führungspersönlichkeiten der deutschen Rechten, die eine Menge Kapital aus Willy Brandts sozialistischer Ostpolitik schlugen. Juristisch gesehen kann man diese Führungsriege genausowenig haftbar machen wie die meisten Informanten. Denn juristisch betrachtet handelte es sich um bezahlte Funktionäre, um Beamte des ostdeutschen Staates, die für die »Ordnung« in diesem Staat verantwortlich waren. (»Ich habe euch doch alle geliebt«, sagt Mielke heute).

Im Januar wurden zwei ehemalige wehrpflichtige Soldaten verurteilt, weil sie an der Berliner Mauer geschossen hatten – nicht ihr General stand vor Gericht, der den Befehl erteilt hatte, auf jeden zu schießen, der zu fliehen versuchte. Der Unterschied zu Sascha Anderson und Rainer Schedlinski ist nicht so groß: die beiden wurden bloßgestellt, während ihre Führungsoffiziere sich über die Medien als »Historiker« verkauften. Die Akten, mit denen man die mögliche Verwicklung dieser Stasioffiziere in einen »Straftatbestand« hätte nachweisen können, verschwanden bei dem Handel zwischen der Stasi und den Berliner Bürgern, die mit ihrer Software nicht umgehen konnten und nie auf den Gedanken kamen, bei IBM anzurufen oder einen Westdeutschen um Hilfe zu bitten, und das ist der Grund, warum sich die Informanten nun beschweren, »Opfer« zu sein, warum sie sagen, daß man *sie* ruiniere, während das »System« frei ausgehe.

Inzwischen machen selbst einige der Leute, die das System errichtet haben, die Stasispitzel für das System verantwortlich; etwas Ähnliches habe ich mal über Nazis gehört, die alles auf die Gestapo schoben. Dies macht das Leben für Ostdeutsche leichter, aber auch für einige Westdeutsche, nämlich für diejenigen, die auf die eine oder andere Weise das kommunistische Regime unterstützten, weil sie entweder daran verdienten oder weil sie selbst dafür spionierten; weil sie entweder naiv oder voller Illusionen waren; weil sie aufgrund »sozialistischer« Prinzipien mit dem Regime sympathisierten oder vor Faschismus in Westdeutschland mehr Angst hatten als vor dem Kommunismus in Ostdeutschland; weil die Teilung Deutschlands bequem war oder weil schließlich der Kalte Krieg eine zufriedenstellende und praktische Ablenkung von ihrer eigenen Geschichte war. Wenn die in Nürnberg begonnene Auseinandersetzung mit den Naziverbrechen (und dem Komplizentum der Deutschen) wegen Ostdeutschland abgebrochen würde, dann geschähe dies gerade noch rechtzeitig, um eine Generation Westdeutscher davor zu bewahren, Rechenschaft über sich selbst ablegen zu müssen vor allen anderen, vor ihren Opfern und vor der »Geschichte«. Der Kalte Krieg »rehabilitierte« diese Generation schneller und erfolgreicher als diese es selbst hätte tun können, und einige, die ihr angehören, bestimmen immer noch die Geschicke Westdeutschlands. Diese Generation verspürt keinen großen Appetit auf einen Rechenschaftsbericht. Sie hält sich selbst für eine Generation von Realisten und fühlt sich letztlich wohler dabei, mit den Apparatschicks der alten ostdeutschen Elite ins Geschäft zu kommen und nicht mit den unordentlichen, moralisierenden »radikalen Achtundsechzigern in Gesundheitslatschen« dieseits und jenseits der unsichtbaren Mauer. Diese Generation versteht den Schutz der Personen, die einst in Ostdeutschland das Sagen hatten, als eine Art Selbstschutz. Geiger sagt, daß die Leute, die eine Auseinandersetzung mit der Stasi im Interesse der »Einheit«, der »Gesundung« oder der »Stablität« vermeiden wollten, nicht nur die Ostdeutschen davon abhielten zu verstehen, was ihnen widerfahren war, sondern alle Deutschen.

Mai 1992

Aus der Reihe Critica Diabolis

21. Hannah Arendt, Nach Auschwitz, 26.-DM
23. Hannah Arendt, Krise des Zionismus, 28.-DM
27. Bittermann (Hg.), Gemeinsam sind wir unausstehlich, 20.-
33. Wolfgang Pohrt, Das Jahr danach, 36.-DM
34. Robert Kurz, Potemkins Rückkehr, 30.-DM
35. Gerhard Henschel, Menschlich viel Fieses, 20.-DM
36. Eike Geisel, Die Banalität der Guten, 26.-DM
37. Bittermann (Hg.), Der rasende Mob, 24.-DM
38. Gundolf S. Freyermuth, Endspieler, 34.-DM
40. Gerhard Henschel, Das Blöken der Lämmer, 26.-DM
41. Peter Schneider, Wahnsinn und Methode, 26.-DM
44. Klaus Bittermann/ Gerhard Henschel (Hg.), Das Wörterbuch des Gutmenschen Bd.1, 28.-DM
45. Bittermann (Hg.), Serbien muß sterbien, 28.-DM
46. Bittermann (Hg.), Identität und Wahn, 26.-DM
47. Georg Seeßlen, Tanz den Adolf Hitler, 28.-DM
48. Gerhard Henschel, Falsche Freunde fürs Leben, 26.-DM
49. Peter Schneider, Wahrheit und Verdrängung, 32.-DM
50. Harry Mulisch, Die Zukunft von gestern, 38.-DM
51. F.W. Bernstein, Die Stunde der Männertränen, 28.-DM
52. Rebecca West, Gewächshaus mit Alpenveilchen, 32.-DM
53. Klaus Bittermann/Wiglaf Droste (Hg.), Das Wörterbuch des Gutmenschen Bd.2, 28.-DM
54. Wiglaf Droste, Brot und Gürtelrosen, 20.-DM
55. Wolfgang Pohrt, Theorie des Gebrauchswerts, 34.-DM
56. Mathias Wedel, Erich währt am längsten, 26.-DM
57. Georg Seeßlen, Natural Born Nazis, 28.-DM
58. Folckers/Solms (Hg.), Risiken & Nebenwirkungen, 32.-DM
59. Bittermann/Roth (Hg.), Keine Anspielstation, 28.-DM
60. Guy Debord, Panegyrikus, ca. 26.-DM
61. Albert Hefele, Grauenhafte Sportarten, 24.-DM
62. Susanne Fischer/Fanny Müller, Stadt Land Mord, 29.80
63. Jane Kramer, Unter Deutschen, 44.-DM
64. Bittermann/Roth (Hg.), Das große Rhabarbern, ca. 26.-DM
65. Guy Debord, Die Gesellschaft des Spektakels, ca. 38.-DM